한눈으로 보는 구약성경

이노균 지음

한눈으로 보는 **구약성경**

초판발행_ 2002년 1월 25일
개정1판_ 2013년 5월 24일

지 은 이_ 이노균
펴 낸 곳_ 도서출판 美南
등록번호_ 02-06-162
주 소_ 부산광역시 동래구 사직1동 100-7
전 화_ 051) 502-0763
팩 스_ 051) 503-2241

공 급 처_ (주)비전북
주 소_ 경기도 고양시 일산서구 송산로 499-10(덕이동)
전 화_ 031) 907-3927

ISBN 978-89-962748-8-9

값 13,000원

한눈으로 보는 구약성경

추천서

최근에 한국교회에 성경공부의 열기가 뜨겁게 달아오르고 있다. 소그룹 성경공부 및 각 교회별 성경대학의 확산이 이 사실을 증명한다. 성경공부를 돕기위한 스터디 바이블이 홍수처럼 출판되고 있기도 한다. 그러나 역사적 관점에서 성경연구, 특히 구약연구가 빈약한 상태인데 금번에 이노균목사님께서 구약의 역사적 배경에서 구약을 개론적으로 다룬 책을 출간하게 됨을 진심으로 축하하는 바이다. 구약의 핵심부분을 잘 포착하여 자상하게 설명하여 누구나 쉽게 이해할 수 있게 되었다. 본서를 통하여 구약의 세계를 이해하는데 큰 도움이 되리라 믿어 마지 않으며 이에 추천하는 바이다.

전 총신대학총장

추천서

구약은 이해하기 어렵다는 말을 종종 듣습니다. 저는 그 말을 부정하지 않습니다. 새해가 되면 금년에는 성경을 완독해야지 하는 마음으로 창세기부터 읽기 시작합니다. 창세기를 지나 출애굽기의 들을 거쳐 레위기라는 산에 오르면 그만 좌절하게 됩니다. 성경을 읽어야 한다는 의무감에서 레위기를 읽고 나면 민수기의 벽을 넘기 어렵습니다. 이렇게 되어 결국 성경 읽기를 중단한 경험이 많았을 것입니다. 사실 이것은 저의 경험이기도 합니다.

아마도 이노균 목사님도 구약은 어려운 책이라고 생각하는 성도들에게 구약을 간명하게 소개해야겠다는 생각을 하신 것으로 보입니다. 그래서 이렇게 구약성경을 자상하게 소개하는 한 권의 책을 펴내신 것으로 생각됩니다.

이 책은 몇 가지 점에서 유익한 책이라고 생각합니다.

첫째는 구약 39권의 큰 흐름을 강줄기를 따라 본류와 지류를 헤처가듯이 소개하고 있다는 점입니다. 구약은 신약과 달리 역사적 기록입니다. 단편적인 교훈이나 강화가 아니라 긴 역사의 흐름 속에서 주어진 역사적 기록이기 때문에 구약 전체적인 흐름을 이해하는 안목이 필요합니다. 그 큰 흐름을 소개하고 있기 때문에 이 책이 매우 유용합니다.

둘째, 이 책은 구약의 전체적인 맥락을 제시한 다음 구약 각 책의 개요를 간명하게 설명하고 있다는 점입니다. 이것은 지도를 통해 각 지명을 안내하듯이 성경 지도를 읽게 만들어 줍니다.

셋째는 이 책 속에는 중요한 개념, 사건, 인물에 대한 정보를 제공하고 있고, 도표나 표를 통해 구약의 방대한 내용을 간명하게 소개하고 있다는 점입니다. 정리 정돈된 구약 해설서라고 할 수 있습니다.

구약을 읽거나 공부할 때 이 책을 옆에 두고 수시로 참고하고 안내를 받으면, 창세기를 지나 출애굽기를 거처 레위기의 산을 넘어 민수기의 땅을 통과하여 말라기까지 이르는데 아무 문제가 없을 것입니다. 저는 이 책을 대할 때 영혼의 교사로 일생을 사신 저자이신 이노균 목사님의 마음을 읽습니다. 그 분에게는 성도들을 구약성경의 세계로 인도하기 위해 노년의 시간을 집필에 쏟으시고 이런 귀중한 저서를 남기신 것입니다. 이 책이 독자들에게 귀한 안내가 될 것으로 확신하면서 진심으로 추천합니다.

2013년 4월

고신대학교 교수 겸 부총장 **이 상 규**

책머리에

나는 50이 가까워서 총신 신대원을 졸업하고 대구서문교회에서 대학부를 지도하게 되었다. 중 · 고등학교에서 근 20년간 근무하면서 전공과목이외 숱한 과목을 가르쳐 보았지만 별 어려움 없이 지도할 수 있었다. 그런데 성경을 가르치려니 무엇보다도 성경에 대한 체계적인 지식이 부족한 것을 절감하게 되었다. 그래서 성경을 좀 쉽게 이해할 수 있는 교재가 없을까 백방으로 찾아보았으나 그런 책자를 얻지 못했다.

마침내 교재를 만들기로 작정하고 구약부터 시작했다. 학생들과 함께 공부하며 가르치며 2년간의 각고 끝에 드디어 한 권의 교재를 만들게 되었다. 먼저 4000년간의 구약의 역사를 정리하고 그 다음 구약성경 각 권이 어떤 역사적 배경에서 기록되었으며 신학적 의미는 무엇인가를 밝혔다.

나는 이 교재를 갖고 시무하던 교회 구역장 성경공부에 1년간 활용해 보았더니 대학부 보다 반응이 더욱 좋았다. 나는 교재에 대한 자신감을 갖게 되었고 부산중앙교회 부임하여 구역장 성경공부, 전교인 성경공부(주일오후 예배)에 활용하여 더 많은 호평을 받았다.

그리고 이어서 여전도회 연합회 주부대학, 부산장신대, 각종 교사 세미나, 각 교회 수련회에 활용하였더니 하나같이 찬사를 아끼지 않았다.

나는 직분이 무엇이던 모든 성도들이 한결같이 바라는 것은 성경을 알고싶어 한다는 사실을 발견했다. 이 교재가 구약성경을 쉽게 접근할 수 있는 독창적인 방법이라고 스스로 자부한다. 이 교재야 말로 나의 목회생활의 오랜 동반자였다.

나는 은퇴를 하면서 〈한눈으로 보는 구약성경〉이라는 제목으로 출판했다.

그리고 초판(2002년 1월 출판)이 절판된 다음 10년이 넘게 있다가 앞으로 이런 책을 펴낼 사람이 별로 없을 것 같아서 다시 재판하면서, 이상규 고신대학 교수 겸 부총장님의 추천서를 추가했다.

이 책이 구약성경을 알고싶어 하는 분들에게 조금이라도 도움이 된다면 그 이상의 바람이 없겠다.

2013년 3월

경주 소금강산자락에서 이노균

차 례

제 1 편 구약사

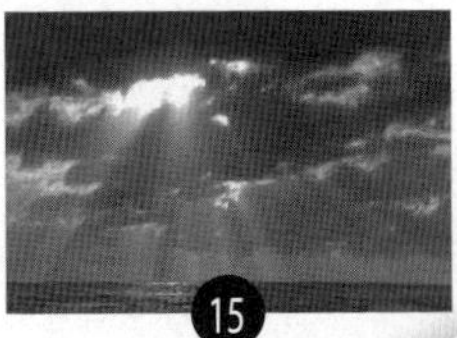

차 례

제 1 편 구약사

차 례

제 2 편 구약개론

제 1 장 구약전서의 서론

제 2 장 구약개론

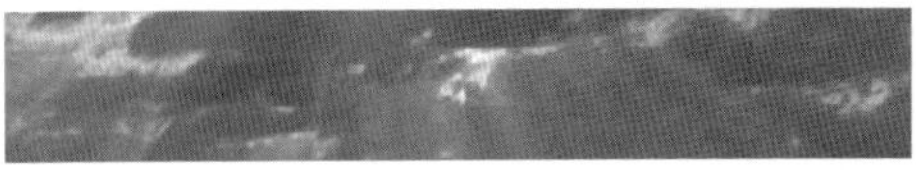

구 약 사

구약의 역사는 하나님께서 천지를 창조한 데서 시작하여 예수 그리스도가 탄생하기 전까지를 말한다. 이 시기는 일반적으로 12시대로 구분한다. 그 내용은 다음과 같다.

순 위	시대의 명칭	연 대
1	창조시대	연대 미상 – BC 2350년경
2	노아 홍수시대	BC 2350년경 – BC 2166
3	족장시대	BC 2166 – BC 1876
4	애굽 노예시대	BC 1876 – BC 1446
5	광야시대	BC 1446 – BC 1406
6	가나안 정복시대	BC 1406 – BC 1380
7	사사시대	BC 1380 – BC 1051
8	통일왕국시대	BC 1051 – BC 931
9	분열왕국시대	BC 931 – BC 606
10	포로시대	BC 606 – BC 536
11	귀환시대	BC 536 – BC 400년경
12	중간시대	BC 400년경 – 그리스도 탄생

※ 연대는 학자에 따라 다소 차이가 있다.

제 1 장

창 조 시 대

천지창조는 문자가 발명되기 이전의 일이므로 일반 역사에서는 그 기록을 찾을 수 없고 구약성경에 유일하게 기록되어 있다. 창세기 1장에서 11장까지는 창조를 비롯하여 인류의 태고사가 수록되어 있다.

1. 만물의 창조

하나님은 6일 동안 천지만물을 다 창조하셨다(창1-2장).

첫째 날 : 빛의 창조(창1:2-5)
둘째 날 : 궁창을 만드심(창1:6-8)
셋째 날 : 땅(식물)의 창조(창1:9-13)
넷째 날 : 해, 달, 별들의 창조(창1:14-19)
다섯째 날 : 물고기와 새의 창조(창1:20-23)
여섯째 날 : 짐승과 사람의 창조(창1:24-31)
※ 일곱째 날 : 안식(창2:2)

2. 인간의 범죄

1) 최초의 언약(창2:17)

하나님은 아담을 창조하여 아름다운 에덴동산에 살게 하시면서 한 가지 언약을 하셨다. "이 동산에 있는 각종 나무의 실과를 임의로 먹되 선악을 알게 하는 나무의 실과는 따먹지 말라" 고 엄히 명령하셨고 "먹는 날에는 정녕 죽으리라" 하셨다.

2) **아담의 범죄**(창3:1-7)

하와가 뱀의 유혹을 받아 하나님이 먹지 말도록 엄히 경고한 선악과를 따먹고 아담에게도 먹도록 권하였다. 그리하여 눈이 밝아져 벗은 줄을 알고 부끄러워하였으며 거룩한 하나님의 형상을 잃어버리고 죄인으로 전락되었다.

3. 범죄의 결과

아담은 하나님의 언약을 버리고 선악과를 따먹음으로 말미암아 거룩한 하나님의 형상을 잃어버렸다. 이후 인간에게는 고통이 더해졌고 땅도 저주를 받게 되었다.

1) 남자는 이마에 땀을 흘려야 살 수 있게 되었다(창3:19).
2) 여자는 해산의 고통을 당하게 되었다(창3:16).
3) 땅은 저주를 받아 독초를 내고, 동물은 사납게 변하여 약육강식을 하게 되었다(창3:18, 9:2).
4) 뱀은 저주를 받아 배로 다니게 되었다(창3:14).
5) 사탄은 여자의 후손과 원수가 되게 되었다(창3:15).

4. 하나님의 구속

하나님은 범죄한 인간을 버리지 아니하셔서 아담과 그 아내를 위하여 짐승을 잡아 그 가죽으로(구속의 도리를 보여줌) 옷을 지어 입히셨다. 이는 장차 여인의 후손(예수 그리스도)이 사탄의 머리를 상하게 하여 인간을 구속하실 것에 대한 예표인 것이다(창 3:15).

5. 아담의 후예

아담은 가인과 아벨을 낳았다. 그러나 가인은 하나님을 바르게 공경한 아벨을 쳐죽이고 최초의 살인자가 되어 불신앙의 선조가 되었다. 하나님은 아벨 대신에 '셋'을 다시 주셔서 믿음의 조상이 되게 하셨고 그의 후예에서 에녹과 노아 같은 믿음의 자손들이 태어나게 하셨다.

탐 구 문 제

창세기의 하루는 오늘날과 같이 24시간입니까?

여기에 대해서 성경과 과학은 크나큰 모순을 불러일으키는 것처럼 보인다. 과학은 창조연대를 수십 억만년으로 추정하는가 하면 성경의 역사는 불과 6000년(구약시대 4000년, 신약 2000년) 밖에 되지 않는 것으로 여겨지기 때문이다. 이 문제에 대한 해답으로 아래와 같이 세 가지 학설이 있다.

1) **1일 1시대설** : 창세의 하루는 산정할 수 없고 무한히 긴 한 시대라고 본다.
2) **태양창조 이전과 이후가 다르다** : 오늘날의 '하루'란 것은 태양을 중심으로 해서 지구가 자전하는 시간을 말하는 것이므로 태양이 창조되기 이전 3일은 무한히 긴 시대이고 태양이 창조된 이후 3일은 오늘날과 같은 24시간일 것이라고 본다.
3) **1일 24시간설** : 창조의 6일은 오늘날과 똑같이 24시간이었다고 본다. 과학의 자로 측정할 때 수십억 년이 될 수 있겠지만 하나님은 불

과 하루만에도 그렇게 만들 수 있다는 이유를 들어 설명한다. (마치 아담을 만드실 때 어린아이로 만들지 아니하시고 청년으로 만드신 것과 같다.)

논평 〉〉〉 성경에 규명이 없기 때문에 어느 학설이 정설이라 단정할 수는 없지만 첫째 학설은 성경보다도 과학에 우선을 둔 자유주의자들의 주장이므로 논평의 여지가 없다. 둘째 · 셋째 학설은 다 일리가 있는 학설이라 여겨진다.

창조의 원리에 의하면 하나님의 피조물 가운데 최대의 걸작품이라고 할 수 있는 것은?

하나님의 창조 원리에 의하면 하나님은 처음보다 나중에 더 고등하고 훌륭한 것을 창조하셨다. 그렇게 보면 마지막으로 창조한 인간이 제일 고등한 존재이며, 인간 가운데서도 나중 만드신 여자가 더 걸작품이라 할 수 있다. (헬라시대 세상에서 가장 아름다운 것은 여인의 나상이라고 한 것을 보면 그들의 심미감이 얼마나 탁월했는가 잘 알 수 있다.)

태양이 창조되기 전에 어떻게 생물이 자랄 수 있었습니까?

식물은 셋째날에 창조하셨고, 태양은 넷째날에 창조하셨다. 그러면 태양이 없었을 때 과연 식물은 어떻게 성장할 수 있었던가 하는 것이 문제가 된다. 식물이 성장할 수 있었던 것은 첫째날 만드신 빛(Physical light)으로 가능했다.

천사는 언제 창조되었습니까?

창세기에 천사의 창조에 대해서는 언급이 없다. 어떤 사람들은 욥 38:4을 들어 창조 때, 또 어떤 이들은 욥38:7을 들어 넷째날에 창조되었다고 주장하는 사람들도 있으나 일반적으로 만물의 창조 이전에 먼

었다고 주장하는 사람들도 있으나 일반적으로 만물의 창조 이전에 먼저 천사를 창조하셨을 것이라고 믿는다.

사단 마귀는 어떻게 존재하게 되었습니까?

성경에 구체적인 언급이 없다. 유대인의 전설에 의하면 계시록 8:2에 일곱 천사장이 나오는데, 원래는 여덟 천사장이 있었다고 한다. 그 중 한 천사장 루시퍼(Lucifer)가 타락하여 지상에 쫓겨났는데, 그 타락한 천사장이 바로 사단이 되었으며 그 밑에 있던 많은 무리의 천사도 함께 타락하여 마귀가 되었다고 한다.

창세기 족보(5:1-32)와 마태복음 족보(1:1-16)를 비교하여 그 차이점을 말하고, 왜 그렇게 말했는가 이유를 설명해 보세요.

1) 차이점 ① 창세기 : … 죽고, … 죽고
② 마태복음 : … 낳고, … 낳고

2) 이유 : 창세기는 인간 범죄의 결과로 사람이 죽는 것을 강조하였고, 마태복음에는 예수 그리스도로 말미암아 사는 것(낳고)을 강조하고 있다.

하나님은 아담이 선악과를 따먹은 후에 왜 생명과는 따먹지 못하도록 말리셨습니까?(창3:24)

병들고 늙고 쇠해지는 죄의 몸을 가지고 오래 산다면 그것은 오히려 고통이 되고 불행이 되므로 그 길을 막으셨다.

피조물(동물, 식물, 땅)은 지금 어떤 상태에 처해 있습니까?(롬 8:21-22)

인간이 범죄하므로 인간에게 주어진 모든 피조물이 다 저주를 받아 신음하고 있다. 그래서 그리스도가 빨리 재림하여 원래 상태로 회복되기를 고대하고 있다(참고, 사11:6-9).

이 신음소리는 어떤 철인도 문인도 들을 수 없고 오직 신앙인만이 들을 수 있을 뿐이다. 인간은 이 신음소리를 듣고, 함께 고통할 수 있어야한다.

제 2 장

노 아 시 대

1. 홍수 이전 상태

아담과 하와가 에덴동산에서 하나님의 명령을 거역하여 선악과를 따먹음으로 인간 속에 들어온 죄는 점점 확산되었다.

가인이 들판에서 그 아우 아벨을 죽임으로 최초의 살인이 일어났고, 이후 온 세상에 죄가 가득 차게 되었다. 이를 보신 하나님은 땅위에 사람을 지으셨음을 한탄하시고 지면에서 쓸어버리기로 작정하셨다(창6:5-7).

2. 노아를 택하심

세상이 타락한 가운데서도 특별히 노아는 하나님의 은혜를 입어 당대에 '완전한 자' 라 인정을 받고 하나님과 동행하였다. 하나님이 세상을 심판하시기 전 120년 앞서서 장차 물로 벌하실 것을 알려주시고 '방주를 지으라' 명령하셨다. 노아는 세상 사람에게 하나님의 심판을 경고하면서 그들의 조소를 받았지만 하나님이 명령하신 대로 길이가 300규빗(1규빗:약 45cm), 넓이가 50규빗, 높이가 30규빗되는 큰 배를 만들었다.

하나님은 노아의 8식구와 지면에 있는 모든 짐승 가운데 정결한 것은 암수 일곱씩, 부정한 것은 암수 둘씩 방주에 들어가게 한 다음 그 방주의 문을 직접 닫으셨다(창7:16).

❰ 노아의 계보 ❱

아담(930세) – 셋(912) – 에노스(905) – 게난(910) – 마할랄렐(895) – 야렛(962) – 에녹(365, 승천) – 므두셀라 (969) – 라멕(777) – 노아(950)

※ 괄호 안은 향수한 연수

3. 홍수를 내리심

노아의 식구가 방주에 들어간 지 7일 후에 40주야로 땅속에서 큰 물이 솟아나고 하늘에서는 큰 비가 쏟아져 천하의 높은 산이 다 물에 잠겨 땅 위의 생명 있는 곤충과 짐승은 다 죽고 말았다. 그러나 노아의 배는 물위에서 안전했으며 홍수가 난 다음부터 371일만에 아라랏산에 정박하였다(창8:4).

4. 하나님의 언약

노아가 땅에 내려 정결한 짐승을 잡아 하나님께 번제를 드릴 때 하나님은 기쁘게 받으시고 다시는 물로 세상을 심판하지 않을 것을 약속하시며 무지개를 그 증거로 삼으셨다. 그리고 에덴동산에서 아담에게 한 것과 같이 노아에게도 "생육하고 번성하여 땅에 충만하라" 하셨다. 창조의 언약이 그대로 보존되도록 하신 것이다(창9:1-2).

5. 노아의 후손

노아의 세 아들의 이름은 셈, 함, 야벳이고 함의 후예들은 아프리카인이 되었고 야벳의 후예들은 유럽인이 되었으며, 셈의 후예들은 동양계 인종이 되었다. 셈의 계통에서 아브라함과 예수님이 탄생하였다.

6. 바벨탑

홍수 후에 사람들은 하나님이 "생육하고 번성하여 땅에 충만하라" 하신 명령을 거역하고 한 곳에 모여 살기 위하여 성을 쌓고 바벨탑을 쌓아 올렸다. 하나님은 그들의 언어를 혼잡케 하여 강제적으로 사방에 흩어지게 만드셨다. 이 바벨탑을 쌓아올린 일은 다시는 홍수로 심판하지 않겠다고 말씀하신 하나님의 언약을 불신하고 "땅에 충만하라"는 하나님의 명령을 불순종한 인간의 범죄이다(창11:9).

※ 술이 추태를 부리게 만드는 탈무드의 해석

술은 창9:21에 처음으로 언급된다. 노아가 홍수 이후 포도나무를 심어 포도주를 만들어 먹고 취해서 추태를 보였다. 술이 추태를 부리게 만드는 것에 대해 탈무드의 재미있는 해석이 있다. 노아가 포도나무를 심었을 때 마귀가 와서 그 포도나무에 양, 원숭이, 사자 그리고 돼지 피를 차례로 부었기 때문에 술 속에 네 가지 짐승의 특성이 차례로 나타난다는 것이다. 과연 술 먹는 사람을 보면 처음엔 양과 같이 온순한데 조금 더 마시면 원숭이처럼 우스꽝스러운 행동을 하게 되고, 그러나 조금 더 취하면 사자처럼 사나워지고, 더 취하면 돼지처럼 추해져서 아무데서나 뒹굴게 된다.

탐 구 문 제

홍수 전에 세상은 어떠했습니까?

홍수 이전에 공중에는 짙은 수증기(궁창 위의 물, 창1:7)가 가득 차서 지구 전체가 하나의 온실과 같은 상태가 되어서 식물이 온 세상에 무성하였을 것이고, 험준한 산맥과 깊은 협곡이 없어 평탄한 지면으로 이루어졌을 것으로 추정되며, 두텁게 덮여 있던 수증기층이 인체 세포 조직의 생명을 단축시키는 방사선을 막아주었기 때문에 인간의 평균 수명이 900세가 넘을 수 있었다고 본다.

노아의 방주의 크기는 어느 정도가 되었습니까?

방주의 크기는 대략 길이가 135m, 넓이가 21m, 높이 13m로서 그 규모는 약 14,000톤 정도가 된다. 비교해서 말하면 600개의 화물차에 해당되며 20개의 농구장만큼 크다 할 수 있다.

노아는 그 많은 짐승들을 어떻게 방주 안에 다 실을 수 있었습니까?

당시 모든 동물은 잡종이 없었고 순수한 순종만 있었기 때문에 그 수가 현재만큼 많지 않았다고 본다. 하지만 현존하는 육상동물인 17,600 종류라도 다 배에 실을 수 있다. 17,600종류의 동물을 2마리 내지 7마리씩 계산하면 35,000마리 내지 123,000마리가 되고, 동물들의 부피를 평균내면 양보다 좀 작게된다고 볼 때, 방주에는 35,000마리가 아니라 123,000마리까지 실을 수 있다고 한다. 따라서 방주는 노아의 식구와 식량, 모든 짐승들을 종류별로 넉넉히 실을 수 있었을 것이다.

홍수가 일어난 때는?

홍수가 일어난 때는 노아가 600세 되던 해니까 아담 창조 이후 1656년(BC 2400년경)째이며 당시 인구는 100만 명으로 추산한다.

아담(130)	셋(105)	에노스(90)	게난(70)	마할랄렐(65)
야렛(162)	에녹(65)	므두셀라(187)	라멕(182)	노아(600)

아담이 130세에 셋을 낳고 노아가 600세 될 때 홍수가 났으므로 괄

호 안의 수를 전부 합산하면 1656이 된다.

홍수가 시작된 날짜가 노아 600세 되던 해 2월 17일(창7:11)이라고 날짜까지 밝힌 이유는?

모세가 창세기를 기록할 때는 홍수 이후 약 1000년이 지난 뒤였다. 모세가 천년 전의 홍수 기사를 기록하면서 날짜까지 정확히 기록한 것은 홍수 사건이 어떤 신화가 아니고 역사적인 사실임을 밝히려는 데 그 목적이 있다.

하나님이 홍수가 시작되기 7일 전에 노아의 식구들을 방주 안으로 들어가게 하신 까닭은?(창7:10)

만약에 홍수가 시작되어 들어가게 했다면 발이 빠른 사람들이 들어갈 수 있었을 것이다. 그래서 하나님은 먼저 노아의 가족을 태우고 그 다음 그 문을 직접 닫으시고 비를 내리게 하신 것이다. 노아의 가족을 안전하게 구원하신 것이다.

홍수의 물이 천하의 높은 산보다 15규빗(약 7m)이나 더 올라간 의미는?(창7:20)

만약 천하의 높은 산이 물에 잠기지 않았다면 수영을 잘 하는 사람이나 날쌘 짐승, 조류는 살 수도 있기 때문에 천하가 다 물 속에 잠기게 하신 것이다. 하나님은 구원도 철저하게 하셨지만 심판도 철저하게 하신 것이다.

인간이 하나님을 거역할 때 하나님은 인간의 언어를 어떻게 하였으며, 반대로 사람이 하나님을 순종할 때 어떻게 하였습니까?

인간이 하나님의 말씀을 거역하고 바벨탑을 쌓을 때 언어가 혼잡하게 되었고(창11:9), 반대로 신약시대에 예수님의 명령에 순종하여 마가 요한의 다락방에서 기도할 때 모인 무리 위에 성령이 임하시므로 베드로가 설교하니 세계 각국에서 온 사람들이 그 말을 알아들을 수가 있었다(행 2:1-11). 언어가 하나가 된 것이다.

하나님이 노아에게 다시는 물로 심판하지 않을 것을 언약하고 그 증거로 무지개를 보여 주었는데 홍수 이전에는 무지개가 없었습니까?

없었다고 본다. 왜냐하면 홍수 이전에는 궁창 위에 물이 있기 때문에 지구상에 비가 내리지 않았고 땅은 다만 지상의 이슬과 솟아나는 샘들로부터 수분을 공급받았다고 생각된다.

"船" 자를 풀이해 보세요.

舟(배 주) 옆에 八(여덟 팔)과 口(입 구)이니 배에 여덟 식구가 들어갔다는 뜻이니까 바로 노아의 8식구가 배 안에 들어가서 구원받은 역사적 사실을 밝혀주고 있다. 어쩌면 홍수 설화가 중국에 가서 전파되어 이 글자가 만들어지지 않았나 생각이 된다.

한자에는 기독교 역사와 교리를 증거하는 글자들이 많이 있다. 예컨대 義 같은 것을 보면 羊 밑에 我니까 '의'란 바로 내가 그리스도 밑에 들어가서 그의 의를 의지하는 것을 말한다.

제 3 장

족 장 시 대

하나님은 노아의 후손들이 바벨탑을 건축할 때 언어를 혼잡케 하여 사방에 흩으시고 상당한 세월이 흐른 뒤 갈대아 우르에 살고 있던 셈의 후예인 아브라함을 선택하여 하나님의 백성으로 삼으셨다.

아브라함 가계의 4대 가장(아브라함, 이삭, 야곱, 요셉)을 '족장' 이라 부른다. 창세기 12장부터 50장까지는 이 4대 족장의 역사가 기록되어 있다.

① 아브라함의 역사 (창12장-25장)
② 이삭의 역사 (창26장-27장)
③ 야곱의 역사 (창28장-36장)
④ 요셉의 역사 (창37장-50장)

1. 아브라함

아브라함이 75세였을 때 하나님은 그에게 나타나셔서 고향을 떠나 하나님이 지시한 땅으로 가라고 명령하시면서 언약을 주셨다.

아브라함은 이 명령에 순종하여 갈대아 우르를 떠나 하나님이 지시한 가나안 땅으로 이주했다. 가는 도중 하란에서 일시 체류했을 때 아버지 데라가 죽었고, 다시 남진하여 가나안 땅에 들어가서 장막을 쳤다. 이후 벧엘로 옮겨 제단을 쌓았고 그 다음 가나안에 흉년이 들자 애굽으로 내려갔다가 다시 가나안으로 돌아와 헤브론에서 장막을 쳤다. 헤브론은 아브라함이 가장 오랫동안 체류한 제 2의 고향이 되었다.

86세 때 애굽에서 얻은 사라의 몸종 하갈에서 이스마엘을 얻었고 100세가 되어 비로소 사라의 몸에서 언약의 아들 이삭을 얻었다. 사라가 죽고 난 후 그두라를 통해서 여섯 아들을 더 얻었다.

◖아브라함의 계보◗

노아(950) – 셈(600) – 아르박삿(438) – 세라(433) – 에벨(464) – 벨렉(239) – 르우(239) – 스룩(230) – 나홀(148) – 데라(205) – 아브라함(175)

※ 괄호 안의 숫자는 향년 연수

◖아브라함의 약전◗

① 노아의 10대손, 데라의 아들 창11:10-27
② 고향 갈대아 우르를 떠남(75세) 창11:31, 12:1-4, 수24:3
③ 이복누이 사라와 결혼 창11:27, 29, 벧전3:6
④ 아버지 데라, 조카 롯을 데리고 하란으로 이주 창11:3
⑤ 가나안으로 들어와서 벧엘에 정착 창12:8
⑥ 기근으로 애굽으로 내려가 아내를 누이라 속임 창12:10-20
⑦ 다시 벧엘로 돌아옴 창13:3
⑧ 조카 롯과 작별 창13:4-8
⑨ 연합군을 격파하고 조카 롯을 구함 창14:1-16
⑩ 하갈을 취하여 이스마엘을 얻음(86세) 창16:16
⑪ 아브람에서 아브라함으로 개명(99세) 창17:5
⑫ 할례 받음(99세) 창17:26
⑬ 이삭을 얻음(100세) 창21:3

⑭ 이삭을 번제로 드림 ·· 창22:1-18
⑮ 사라의 죽음(137세) ·· 창23:1
⑯ 그두라와 재혼, 여섯 아들 얻음 ························ 창25:1-4
⑰ 아브라함의 죽음 ·· 창25:7

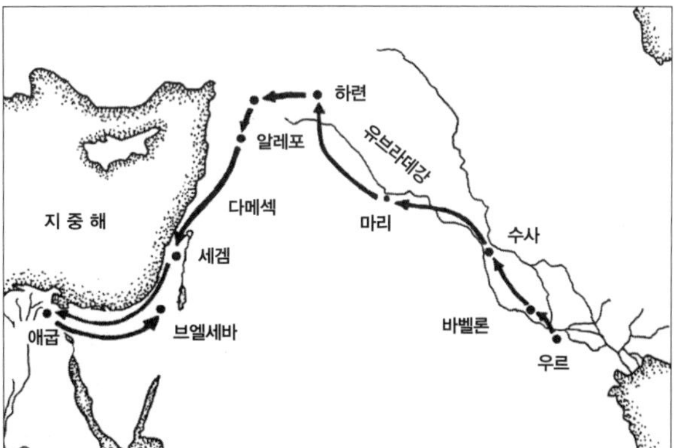

아브라함의 여정

2. 이삭

이삭의 역사는 족장들 중 가장 간단하게 서술되고 있다.

이삭은 아브라함의 평범한 아들이었다. 위대한 아버지 아브라함과 위대한 아들 야곱의 틈에 끼어서 그의 전반부 생활은 아버지 아브라함의 역사에 포함되었고, 후반부 생활은 야곱의 역사에 포함되어 어떤 의미로 '그의 역사는 없다' 고 해도 과언이 아니다. 그는 아브라함과 야곱처럼 파란만장한 생을 보내지 아니하고 일생 평온한 생활을 했다. 40세에 리브가와 결혼하여 60세에 에서와 야곱 쌍둥이를 낳았고(창25:25-26), 평탄한 삶을 누리다가 아브라함이나 야곱보다 더 장수하여 180세를 향수하였다(창 37:28).

《 이삭의 약전 》

① 아브라함과 사라에서 태어난 아들 ………………………… 창21:3
② 브엘세바에서 출생 ………………………………………………… 창21:14,31
③ 8일만에 할례 ……………………………………………………… 창21:4
④ 아버지 아브라함에 의하여 번제로 드림 …………………… 창22:1-18
⑤ 리브가와 결혼(40세) …………………………………………… 창24:63-67
⑥ 쌍둥이 두 아들 에서와 야곱을 얻음(60세) ……………… 창25:19-34
⑦ 기근으로 그랄(블레셋땅)로 옮겨갔을 때 아내를 누이라 말함
…………………………………………………………………………… 창26:1-11
⑧ 노년에 눈이 어두워 야곱을 에서인 줄 알고 축복 ……… 창27:27-29
⑨ 말년에 헤브론의 마므레에 살다가 180세 죽음 ………… 창35:28

3. 야곱

야곱은 태어날 때부터 형의 발꿈치를 잡고 나왔으며 그의 성격은 간교하여 붉은 죽 한 그릇으로 형 에서의 장자권을 빼앗고 눈먼 아버지를 속여 형이 받을 복을 가로채었다. 그 후 에서의 보복이 두려워서 멀리 하란에 있던 외삼촌 라반의 집으로 도피해 갔다. 도망가던 야곱은 벧엘에서 야숙하다가 꿈에 "네가 어디로 가든지 내가 함께 하리라"는 하나님의 음성을 듣고 감격하여 벧엘의 서원을 한다(창28:18-22).

무사히 라반의 집을 찾아간 야곱은 거기서 외삼촌의 두 딸 레아와 라헬과 결혼하였는데 레아와는 속아서 결혼한 것이었다(창 29:25). 열두 아들과 한 딸을 얻게 된 야곱이 천신만고 끝에 많은 양떼와 소떼를 얻고 마침

내 금의환향하였으나 벧엘의 서원을 잊고 세겜에 머물러 살다가 비참한 실패를 경험한다(창34장). 또한 아들들에게 속아서 가장 사랑하는 아들 요셉이 죽은 줄 알고 눈물로 세월을 보내다가 그 요셉이 애굽의 총리가 되었다는 소식을 듣고 애굽으로 내려가 그 곳에서 평안히 여생을 보냈다. 그의 향년 147세이었다.

◖ 야곱의 12아들 ◗

야곱 ┬ 레아 – 르우벤(1), 시므온(2) 레위(3), 유다(4), 잇사갈(9), 스불론(10)
├ 라헬 – 요셉(11), 베냐민(12)
├ 빌하(라헬의 종) – 단(5), 납달리(6)
└ 실바(레아의 종) – 갓(7), 아셀(8)

※ 괄호 안의 수는 출생순위

◖ 야곱의 약전 ◗

① 이삭의 쌍둥이 아들 가운데 아우로 태어남 ………… 창25:28
② 붉은 죽으로 형 에서의 장자권을 빼앗음 …………… 창25:29-34
③ 눈먼 아버지를 속이고 에서의 축복을 빼앗음 ……… 창27:1-40
④ 형의 칼날을 피하여 외삼촌 집으로 피신 …………… 창26:41-28:5
⑤ 벧엘에서 하나님의 언약을 받고 서원 ………………… 창28:10-22
⑥ 외삼촌의 두 딸 레아와 라헬과 결혼 ………………… 창29:21-30
⑦ 열한 아들과 한 딸을 얻음 ……………………………… 창29:31-30:24
⑧ 열두 자녀와 많은 가축떼를 몰고 고향으로 돌아옴 창31-32
⑨ 얍복강가에서 천사와 씨름 ……………………………… 창32:24-32
⑩ 형 에서와 화해 …………………………………………… 창33:1-10
⑪ 세겜에 머물며 살다가 고난을 당함 …………………… 창34장

⑫ 벧엘에 올라가 하나님께 서원한 것을 지킴 ………… 창35장
⑬ 라헬이 두 번째 아들 베냐민을 낳다가 사망 ………… 창35:18
⑭ 아들에게 속아 요셉이 짐승에 찢긴 줄 알고 슬퍼함 ‥ 창37:34
⑮ 요셉이 애굽의 국무총리가 되어 그를 초청하므로 애굽으로 이주 ……………………………………………………………………… 창46장
⑯ 애굽에서 말년을 편안히 지내다가 죽음 ……………… 창49:33

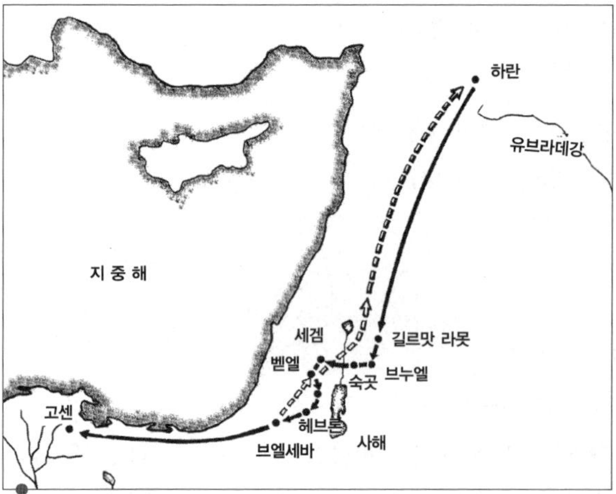

야곱의 여정

4. 요 셉

어릴 때부터 아버지 야곱의 총애를 받고 자란 요셉은 그가 꾼 꿈 때문에 형들에게 시기와 미움을 받다가 17세에 형들에 의해 애굽의 종으로 팔려가게 된다(창37:25-28). 애굽 왕 바로의 시위대장 보디발의 집에 종이 되었으나 보디발의 신임을 받아 가정총무의 자리까지 올랐다. 그러나

보디발의 아내의 유혹을 거절하다가 오히려 무고를 당해 억울한 옥살이를 하게 된다. 옥중에서 술 맡은 장관의 꿈을 해몽해 준 것을 계기로 바로의 꿈을 해몽하여 7년의 큰 흉년이 올 것을 예고하여 그 대비책을 강구해주었으므로 바로의 신임을 받아 총리에 오르게 된다(창41:37-45).

총리가 된 요셉은 멀리 가나안에서 애굽까지 식량을 구하러 온 형들을 만나게 되고 그 형들을 통해 아버지가 생존해 있다는 소식을 듣고 아버지와 형들의 식구들 70명을 애굽으로 모셔 와서 애굽에서 가장 살기 좋은 고센 땅에 정착시킨다(창46:31-34). 요셉은 애굽여인과 결혼하여 므낫세와 에브라임 두 아들을 얻고 선정을 베풀어 온 국민의 절대적인 신임과 존경을 한 몸에 받았다.

《 요셉의 약전 》

① 야곱의 열한번째 아들로 밧단 아람에서 출생 ············ 창30:22-24
② 어릴 때부터 아버지 야곱의 총애를 받음 ···················· 창37:3
③ 꿈을 꾸고 형들에게 말하므로 미움을 받음 ················ 창37:5-11
④ 아버지의 심부름으로 형들에게 갔다가 애굽의 노예로 팔림 ··· 창37:29
⑤ 애굽왕의 신하인 시위대장 보디발의 집에 종이 됨 ····· 창39:1
⑥ 보디발의 아내의 무고로 투옥 ···································· 창39:19
⑦ 술 맡은 장관의 꿈을 해명해 주었으나 그가 요셉을 기억하지 못함 ··· 창40:23
⑧ 바로의 꿈을 해몽해 주고 30세 애굽의 총리가 됨 ······ 창41:40
⑨ 형들과 해후 ·· 창45:1
⑩ 아버지와 형들의 전 가족 애굽으로 초청 ················· 창46:1-7
⑪ 애굽여인과 결혼하고 므낫세와 에브라임을 얻음 ······ 창48:2
⑫ 선정을 베풀고 향년 110세로 열조에게 돌아감 ·········· 창50:25-26

5. 가나안의 원주민

바벨탑 사건 이후 사방으로 흩어진 노아의 후손들은 험준한 사막으로 가로놓여 있는 동쪽으로 갈 수 없게 되자 주로 평야가 많은 서쪽으로 이동해 갔다. 그 서쪽 가장자리에 위치한 땅 가나안은 가장 비옥하여 여러 민족 가운데 가장 강한 민족만이 들어갈 수가 있었다. 뿐만 아니라 끊임없는 전쟁으로 그 주민이 여러 차례 바뀌게 되었다.

1) 초기 원주민

① 르바 족속(창14:5)
② 엠 족속(창14:5)
③ 호리 족속(창14:6)
④ 아낙 족속(민13:33)
⑤ 겐 족속(창15:19) → 이드로(모세의 장인 : 삿1:16)
⑥ 그니스 족속(창15:19) → 갈렙(유다 지파 대표 : 민32:12)

2) 후기 원주민

① 헷 족속(창15:20)
② 가나안 족속(창15:21)
③ 블레셋 족속(창21:34)
④ 히위 족속(창10:17)
⑤ 여부스 족속(창10:16)

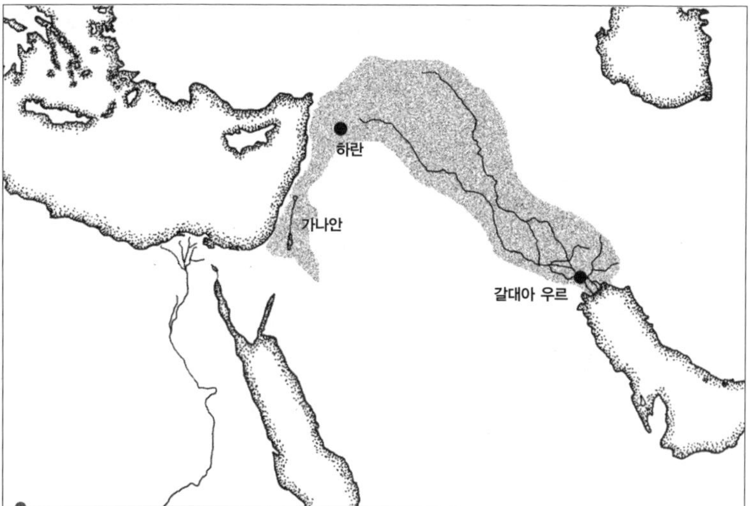

반달형 지대

탐구문제

아브라함의 출생 연대는 언제입니까?

아브라함이 이삭을 낳았을 때, 100세(창21:5)

이삭이 야곱을 낳았을 때, 60세(창25:26)

야곱이 애굽에 갔을 때, 130세(창47:9)

이스라엘 백성의 애굽 체류기간이, 430년(출12:40)

단, 출애굽 연도를 BC 1446년으로 추정할 때, 아브라함의 출생연도는 〈100 + 60 + 130 + 430 + 1446 = 2166〉라는 계산이 나온다. 아브라함이 175세를 향수했으므로 그 연대는 BC 2166~1991년이 된다.

아브라함은 하나님과 언약한 표로 아브라함의 후손에게 무엇을 행하였습니까?(창17:10)

할례를 행하였다.

*** 참고**

① 이스라엘 백성은 이 할례를 행하므로 여자의 부인병이 현저하게 적다고 한다.

② 이 할례는 생후 8일 만에 행하도록 되어 있는데, 미국의 맥미란 의사의 실험 결과 8일째 할례를 행하는 것이 인체에 가장 해가 적다고 한다.

이스라엘 사회는 개방사회입니까, 폐쇄사회입니까?

개방사회이기 때문에 누구든지 할례만 받으면 이스라엘 백성이 될 수 있었고, 아무런 차별도 받지 않았다. 가나안 정탐 때 유다 지파의 대표로 선정된 갈렙은 아브라함 후손이 아니고 그니스 족속이었다(민32:12).

아브라함이 이삭을 번제로 드리려고 했던 곳에 무엇이 세워졌습니까?

솔로몬 성전이 세워졌다(대하3:1). 솔로몬 성전이 파괴당하고 스룹바벨이 전을 재건할 때도 역시 그 곳에 건축하였으며 헤롯 성전이 파괴된 후 현재는 이슬람교도들의 사원인 모스크가 세워져 있다. 이슬람교도들은 아브라함이 이삭을 바친 바로 그 반석 위에서 이슬람교의 교주 마호멧이 승천했다는 전설을 믿고 있다.

요셉과 예수님의 공통된 점

번호	내 용	요 셉	예 수 님
1	아버지의 사랑 받음	창37:3	마3:17

2	아버지에 의해서 형제들에게 보내짐	창37:13-14	눅20:13, 히2:12
3	애굽으로 내려감	창37:36	마2:14-15
4	형제들이 죽일 모의를 함	창37:20	요11:53
5	노예의 몸값으로 팔림 * 소년은 은 20, 장년은 30	창37:28	마26:15
6	허위로 고소 당함	창39:16-18	마26:59-60
7	입을 열지 않고 항변하지 않음	창39:20	마26:63
8	두 죄인과 함께 있었다	창40:2-3	눅23:32
9	사역 시작할 때 30세	창41:46	눅3:23
10	고난 뒤에 크게 높아짐	창41:41	빌2:9-11
11	옷을 벗김	창37:23	요19:23-24
12	형제를 용서	창45:5	눅23:3

르바 족속의 마지막 왕 '옥'의 침상의 크기는?(신3:11)

길이 9규빗(약 4m), 너비 4규빗(약 2m)이다.

르바족의 신장이 얼마나 큰가를 실감케 해준다. 이스라엘 백성이 가나안을 정탐하고 보고하기를 자신들은 메뚜기 같다고 한 말은 결코 지나친 과장이 아닌 것을 알 수 있다(민13:33).

가나안 땅은 왜 젖과 꿀이 흐르는 땅이라고 하였습니까?(출3:17)

초지가 풍부하며 목축이 성하므로 젖이 많았고 또한 가나안에 꿀이 많았다고 한다. 반석(신32:13)과 나무(삼상14:25-26), 심지어 짐승의 시체에서도 꿀이 나왔다(삿14:8).

야곱의 열두 아들과 이스라엘 12지파의 관계

야곱의 열두 아들 가운데 제사장 지파로서 각 지파에 흩어졌던 레위와 요셉이 빠지고 대신 요셉의 두 아들 므낫세, 에브라임이 들어가 12 지파를 이룬다. 요셉도 장자는 아니지만 애굽에서 아버지를 모셨기 때문에 장자의 축복을 받아 두 지파를 이루었다.

제 4 장

애굽 노예시대

가나안에 살았던 아브라함의 후손들은 요셉의 초청으로 애굽으로 이주한 것을 계기로 그 땅에서 430년 동안 거주하였다. 그동안 인구는 기하급수적으로 증가하여 출애굽 당시는 200만을 헤아리게 되었다. 한편 하나님은 일찍이 아브라함에게 '너희 자손이 애굽에서 종노릇하다가 4대(400년)만에 다시 돌아오리라' 라고 언약하셨다(창 15:16).

요셉의 그늘 아래 평화롭게 살던 이스라엘 민족은, 요셉을 알지 못하는 새 왕이 일어나므로 노예로 전락되어 극심한 박해를 받다가 마침내 하나님이 보낸 모세에 의해 해방되어 가나안으로 돌아오게 된다.

1. 애굽의 역사

이스라엘 백성이 애굽에 거주하던 때 전후로 애굽의 역사는 크게 네 시대로 구분된다. BC 약 1991년경부터 2세기 동안 계속되었던 12왕조는 강력한 통일 국가를 건설하였고 그 뒤를 이은 13, 14 왕조는 나약하여 단명하였다. 그 틈을 이용하여, 아세아에서 침입한 셈 계통의 힉소스 왕조가 BC 1700년경에 수립되어 2세기 반 동안 북부애굽을 통치했다. 뒤에 남부애굽에서 강력한 18왕조가 일어나서 힉소스 왕조를 물리치고 전 애굽을 통치하게 되었으며 18왕조 뒤에 일어난 19왕조 역시 100년 간 막강한 국력을 과시했다.

《 애굽의 역사 》

번호	왕　　조	통치민족	이스라엘과 관계
1시대	제 12 왕조	원주민(함족)	아브라함 때
2시대	힉소스 왕조 (제 15, 16 왕조)	셈족	요셉 때
3시대	제 18 왕조	원주민	모세 때
4시대	제 19 왕조	원주민	모세 이후

2. 애굽에서 이스라엘 백성의 생활

이스라엘 백성은 고센 땅에서 애굽사람들이 천시하는 목축업에 종사하였으며 애굽의 발달된 문화와 종교에서 격리된 채 하나님만 의지하는 신앙생활을 유지할 수가 있었다. 이스라엘 백성 가운데 바로의 딸과 혼인하여 자식을 낳은 자도 있었으나 높은 관직을 얻지는 못했다(대상4:18).

아브라함의 여정

3. 새 왕이 일어나 이스라엘 백성을 압제함

힉소스 왕조를 애굽에서 내어쫓은 18왕조는 힉소스 왕조와 같은 셈족인 이스라엘 백성을 압제하기 시작하였고, 더욱이 그들의 종족수가 무섭게 증가하는 것을 두렵게 생각했다. 바로는 이스라엘 백성을 노예로 삼아 라암세스를 건축하도록 했으며 학대 가운데서도 더욱 번성하자 마침내 남아(男兒)들을 전부 죽이라는 명령까지 내리게 되었다(출1:22).

4. 모세의 출생

남자아이가 태어나면 전부 나일강에 버리라는 추상같은 바로의 명령이 떨어졌을 때 모세가 태어났다. 모세의 어머니 요게벳은 석 달 동안 몰래 숨겨 기르다가 더 이상 기를 수 없게 되자 갈대상자에 아기를 넣어 나일강에 띄웠다(출2:3). 모세는 마침 그곳에 온 바로의 공주에 의해 건짐을 받고 바로의 궁에서 40년 동안 애굽의 높은 학문과 통치술을 배우게 된다. 그러나 이스라엘 백성을 압제하는 애굽인을 쳐죽인 사실이 탄로되어 미디안 광야로 도망가서 온갖 시련을 겪게 된다.

1. 모세의 계보

아브라함 – 이삭 – 야곱 – 레위 – 고핫 – 아므람 – 모세(아브라함의 7대손)

2. 모세의 가정

부 : 아므람 ┐ ┌ 미리암(장녀) – 여선지
├ 아론(장남) – 대제사장
모 : 요게벳 ┘ └ 모세

※ 모세(Moses) – '물에서 건져내었다' 는 뜻.

5. 애굽의 18왕조

Ahmose(1854~1560B.C) – (아들)Amenhotep I (1560~1539B.C) –
Thutmos I (1539~1514B.C) – ┌(공주)Hatshepsut
(사위) └(사위)Thutmose II (1514–1504B.C)
└ (궁녀)
Thutmose III(1504 – 1448B.C) – (아들)Amenhotep II (1448 – 1424B.C)
– (차자)Thutmose IV(1423–1410B.C)

1) **하세푸세트(Hatshepsut)** : 모세를 기른 바로의 공주이다.
투트모스 1세(Thutmose I)의 무남독녀로서 자기 자신이 왕이 될 수 있었지만 자기 남편에게 왕위를 넘겨주었고, 일찍이 딸이 있었으나 어릴 때 죽었다.

2) **투트모스 3세(Thutmose III)** : 모세의 경쟁자로, 드물게 보는 영걸로서 하세푸세트(Hatshepsut)가 죽은 뒤 32년 간 단독으로 통치하여 영토를 크게 넓혔다.

3) **아멘호텝 2세(Amenhotep II)** : 유능한 인물로, 모세와 대결한 젊은 왕으로서 매사에 자신만만했고 교만하고 강퍅했다. 그의 장자도 10번째 재앙 때 죽고 차자 투트모스 4세(Thutmose IV)가 그 위를 계승했다.

6. 모세의 귀환

이스라엘 백성이 애굽에서 바로의 무서운 압제로부터 구원해 달라고 부르짖을 때 하나님은 그들의 부르짖는 소리와 신음소리를 들으시고 미디안 광야에서 양을 치는 모세에게 나타나셔서 애굽으로 돌아가 이스라엘 백성을 구원하라고 명령하셨다(출 3:10-12). 그러나 모세는 이미 나이 80이 되어 도저히 그 사명을 감당할 수가 없다고 판단해서 무려 다섯 번이나 거역한다.

1) 나는 능력이 없습니다(출3:11)
2) 나는 전할 말이 없습니다(출3:13)
3) 나는 권위가 없습니다(출4:1)
4) 나는 말이 둔합니다(출4:10)
5) 나는 마음이 내키지 않습니다(출4:13)

그러나 하나님의 강권적인 역사로 말미암아 다시 애굽으로 돌아오게 된다.

7. 바로와의 대결

애굽으로 돌아온 모세가 바로 앞에 나아가 이스라엘 백성을 놓아달라고 할 때 서슬이 시퍼런 젊은 바로는 끝까지 거절하다가 마침내 10가지 재앙까지 받게 된다.

〈10가지 재앙〉

1) 첫째 재앙 : 물이 피로 변함(출7:20)
2) 둘째 재앙 : 개구리 침입(출8:6)
3) 셋째 재앙 : 이(출8:17)
4) 넷째 재앙 : 파리(출8:24)
5) 다섯째 재앙 : 가축의 질병(출9:6)
6) 여섯째 재앙 : 독종(출9:10)
7) 일곱째 재앙 : 불덩이가 섞인 우박(출9:24)
8) 여덟째 재앙 : 메뚜기(출10:13)

9) 아홉째 재앙 : 3일간의 흑암(출10:22)
10) 열째 재앙 : 처음 난 것들의 죽음(출12:29)

마지막 10번째 재앙으로 자신의 장자도 죽자 바로는 더 이상 거역할 수가 없어 빨리 떠나가도록 재촉한다.

8. 유월절 (출12:11)

애굽 땅에 10번째 재앙이 내리던 밤, 하나님은 이스라엘 백성에게 어린 양을 잡아 그 피로 문설주와 인방에 바르고 고기는 구워서 무교병과 함께 먹으라 명령하시고 "내가 피를 보고 너희를 넘어가리라" 언약하셨다. 애굽 사람들의 집에서 사람이나 짐승을 막론하고 초태생은 다 죽었으나 피가 있는 이스라엘 집에는 죽음의 사신이 뛰어 넘어갔다 해서 유월절이라 이름하였으며 이 날을 이스라엘 역사의 신기원으로 삼았다(출12:2).

탐 구 문 제

바로가 무엇 때문에 요셉을 애굽의 총리로 세웠습니까?

바로가 요셉에게 꿈을 잘 해몽한다고 할 때 요셉은 자기가 해몽하는 것이 아니라 하나님의 신이 감동해 주셔서 한다고 하나님을 높였다(창41:16). 그랬더니 바로는 하나님의 신에 감동되는 자가 요셉이외에 누가 있겠느냐 하면서 요셉을 총리로 세웠다(창41:38). 요셉이 하나님을 높였더니 하나님 또한 요셉을 높여 주신 것이다.

구약성경에는 도처에 '브엘세바에서 단까지', '단에서부터 브엘세바까

지' 라는 말이 나옵니다. 두 지명은 어떤 곳입니까?(삼상3:20, 삼하 17:11)

이곳은 당시 이스라엘 국토의 한계를 의미했다.

브엘세바는 가나안의 남쪽 경계도시, 단은 가나안의 북쪽 경계도시.

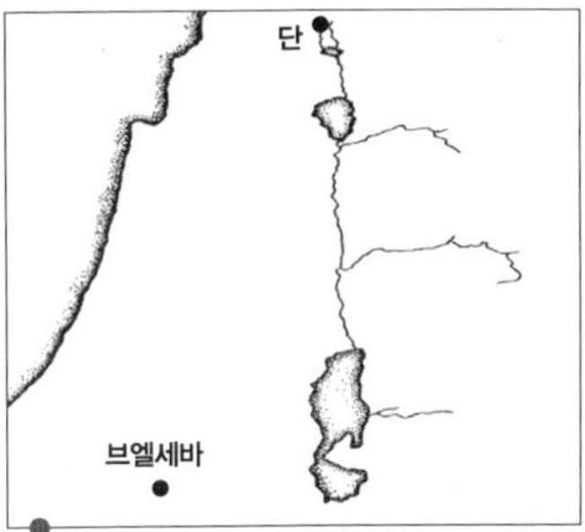

※ 브엘세바는 가나안의 남쪽 경계도시이며, 단은 가나안 의 북쪽 경계도시이다.

단과 브엘세바

애굽으로 내려가던 야곱이 브엘세바에서 기도한 이유는?(창46:1-4)

아버지 이삭과 할아버지 아브라함도 브엘세바(가나안의 최남단)를 넘어갔다가 큰 실수를 범했기 때문에 야곱도 넘기를 두려워하여 하나님께 기도했다. 가나안 땅에 대한 언약을 분명히 기억하고 있었기 때문이다.

이스라엘 백성 가운데 남자아이가 태어나면 나일강에 버리라는 추상같은 바로의 명령(출1:22)은 모세가 태어나기 얼마 전에 내려졌습니까?

아무리 오래 되어도 3년을 넘지 않는다. 왜냐하면 모세의 형 아론이 모세보다 3살 위니까(출7:7) 아론이 태어날 때는 그런 명령이 내려지지 않았기 때문이다. 모세 나이 80세 때 광야에서 50세 넘는 사람이 존재했던 것을 보면(민4:3), 이 법령은 그 후 오래되지 않아 폐지되었다고 판단된다. 이 명령 때문에 모세가 바로의 궁정 대학에 들어간 것을 생각하면 하나님의 섭리가 신비하기만 하다.

바로의 공주는 모세가 어떠할 때 구원했다고 했습니까?

갈대상자를 열어보니 아이가 우는데 우는 모습을 보니 측은한 생각이 들어서 구원했다(출2:6)고 하였다. 그런데 만일 갈대상자를 건지기 전에 아이가 울었다면 히브리인의 아들인 것을 알고 상자를 아예 건지지도 아니했을 것이요, 열어 보았을 때 울지 아니했더라면 역시 버렸을 것이다. 아기가 때를 맞추어 울었기 때문에 모성애가 격동하여(공주는 자신의 죽은 아기가 생각났을 것이다) 그를 구원키로 한 것이다. 결코 우연한 울음이 아니라 하나님의 간섭이다.

모세가 도망간 광야에서의 생활은 훗날 이스라엘 백성을 인도할 때 어떤 영향을 주었습니까?

모세가 도망간 광야는 출애굽한 이스라엘 백성들이 통과한 지역이다. 하나님은 이스라엘 백성을 미디안 광야로 인도하기 앞서서 모세로 하여금 40년 간 미리 그 곳을 답사케 하여 모든 지형과 기후나 사정을 익히도록 하심으로 훗날에 큰 도움을 주게 하셨다.

모세와 바로가 대결할 때 바로는 어떤 타협안을 제시했으며 이것은 영적으로 어떤 의미를 갖고 있습니까?

1) 첫째 타협안 : 떠나지 말고 이 곳에서 너희 희생제를 드리라(출8:25).
2) 둘째 타협안 : 떠나가라, 그러나 너무 멀리 가지 말라(출8:28).
3) 셋째 타협안 : 떠나가라, 그러나 너희 자녀들은 남겨 두라(출10:10).
4) 넷째 타협안: 떠나가라, 그러나 소와 양들은 남겨 두라(출10:24).

* 영적 의미 : 애굽의 바로는 '세상', 곧 '마귀'를 상징한다.

(1) 첫째 타협안 – 신앙생활을 하되 세상과 짝하여 살라.

(2) 둘째 타협안 – 신앙생활을 하되 너무 몰두하지 말라.

(3) 셋째 타협안 – 신앙생활을 하되, 너만 믿지 자녀들은 버려두라.

(4) 넷째 타협안 – 신앙생활을 하되, 물질을 바치지 말라.

모세의 어머니 요게벳은 모세를 숨겨서 3개월 동안 기르다가 그 다음 어떻게 하였습니까?(출2:3)

역청을 바른 갈 상자에 아기를 담아 나일강에 띄웠다. 더 이상 기를 수가 없어서 단념하고 포기한 것이 아니다. 하나님께 그 아이를 맡겼던 것이다. 그랬더니 하나님은 마음놓고 기를 수 있게 해주셨으며, 뿐만 아니라 양육비까지 받고 기르게 하셨다. 사람이 할 수 있는 일에 최선을 다하고 나머지 문제는 하나님께 맡겨야 한다. 그러면 나머지 문제도 하나님이 해결해주신다.

애굽의 재앙은 애굽의 무엇과 관계가 됩니까?

애굽인들의 우상과 관계가 된다. 그들이 섬기는 우상은 아무 것도 아니요, 참 신은 이스라엘이 공경하는 여호와이심을 보여준 것이다.

1) 10재앙의 목적은 애굽의 10신들에 대한 징계이다.

내 용	패배 당한 애굽 신들	성경(출)
1. 물이 피로 변함	오시리스	7:20
2. 개구리 침입	헤크트	8:6
3. 이	셉	8:17
4. 파리	하트코크	8:24
5. 가축의 질병	아피스	9:6
6. 독종	아티폰	9:10
7. 불과 우박	수	9:24
8. 메뚜기	세라피아	10:13
9. 3일간의 흑암	라	10:22
10. 처음 난 것들의 죽음	모든 신들	12:29

2) 10재앙의 종교적인 의미

① 물이 피로 변한 첫째 재앙은 나일강의 신 '오시리스'(Osiris)를 향해서 내려졌다.

② 두 번째 개구리 재앙은 개구리 여신 '헤크트'(Hekt)를 향해서 내려졌다.

③ 세 번째 재앙인 '이'는 흙의 신 '셉'(Seb)을 향해서 내려졌다.

④ 네 번째 파리 재앙은 오리시스의 아내 '하트코크'(Hatkok)를 향해서 내려졌다.

⑤ 다섯 번째의 재앙인 가축의 질병은 신성한 황소신 '아피스'(Apis)를 향해서 내려졌다.

⑥ 여섯 번째의 재앙은 독종인 '타이폰'(Typhon)을 향해서 내려졌다.

⑦ 일곱 번째의 재앙인 우박과 불은 대기의 신 '수'(Shu)를 향해서 내려졌다.

⑧ 여덟 번째의 메뚜기 재앙은 메뚜기들로부터 애굽을 보호한 신 '세라피아'(Serapia)를 향해서 내려졌다.

⑨ 아홉 번째의 재앙인 흑암은 태양신 '라'(Ra)를 향해서 내려졌다.

⑩ 처음 난 것들이 죽임을 당하는 열 번째의 재앙은 애굽의 모든 신들을 향한 공격이었다.

바로는 어떻게 이스라엘 백성이 그냥 나가는 것도 허락하지 않다가 금은 패물까지 주면서 내어 보냈습니까?

위로 바로의 아들로부터 아래로 맷돌질하는 여인의 아들까지 장자라 하는 장자는 다 죽었던 열 번째 재앙을 만난 바로는 이스라엘 사람이 금은 패물을 요구할 때 그 요구에 불응하다가는 전 국민이 모두 죽을까 겁나서 귀중품을 다 주면서까지 빨리 나가기만 해 달라고 한 것이다. 하나님은 이스라엘이 오랫동안 애굽에서 종살이해 준 대가를 받게 하신 것이다.

제 5 장

광 야 시 대

400년이 넘도록 애굽에서 오랜 종살이를 하였던 이스라엘 백성은 해방을 맞이하여 모세의 인도로 애굽에서 나와 하나님이 아브라함과 이삭과 야곱에게 주시기로 언약한 젖과 꿀이 흐르는 가나안 땅으로 향하게 되었다. 200만 명이 넘는 이스라엘 백성은 각 지파별로 항오를 지어 보무도 당당하게 행진해 나왔다(출13:18).

해안선을 따라가면 불과 한 주일 정도면 넉넉히 갈 수 있는 가나안이었지만 하나님은 그들을 광야로 인도하여 먼저 시내산에서 율법을 받고 하나님을 공경하게 하는 법을 배우게 한 다음 가나안으로 들어가게 했다. 가나안으로 들어갈 때도 이스라엘 백성이 하나님 뜻에 순종치 못하므로 40년 동안 광야를 배회하면서 많은 고난과 역경을 겪게 한 다음 비로소 가나안에 입성케 했다. 애굽에서 나와 가나안으로 들어가기까지 광야에서 40년 동안의 역사를 광야시대라 한다.

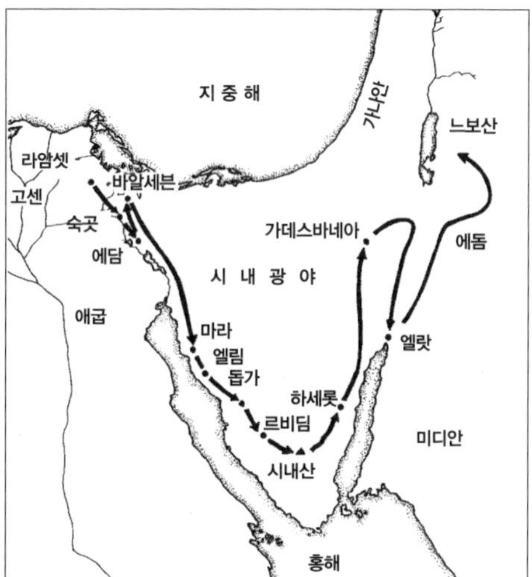

출애굽 여정

광야 여정에서 가장 중심되는 사건은 시내산에서 1년 동안 머문 일이다. 그래서 광야시대는 애굽에서 시내산에 이르는 여정과, 시내산에서

되어진 일, 그리고 시내산에서 가나안에 이르는 여정으로 나눈다.

1. 애굽에서 시내산까지의 여정 (출12:37-40:38)

애굽 땅 라암셋에서 출발하여 시내산까지의 거리는 약 150마일이나 되었으며 소요시간은 약 2개월 정도 되었다. 시내산까지 가는 동안에 통과했던 지역과 그 지역에서 일어났던 사건은 다음과 같다.

라암셋 → 숙곳 → 에담 → 홍해 → 마라 → 신광야 → 르비딤 → 시내산

1) 에담의 불기둥

에담에 이르자, 낮에는 구름기둥, 밤에는 불기둥이 이스라엘 백성을 인도했다(출13:20-22).

2) 홍해의 기적

이스라엘 백성을 내어 보낸 바로는 그들이 가는 행방을 지켜보다가 홍해 앞에 진 치는 것을 보고 생포하려고 즉시 추격하였다. 그러나 홍해가 갈라져서 이스라엘 백성은 무사히 통과하였으나, 뒤따라오던 애굽 군대는 갈라진 물이 합쳐지는 바람에 전부 수장되고 말았다(출14:1-31).

3) 마라의 쓴 물

이스라엘 백성이 홍해를 건너 수르 광야에 이르렀을 때 물 없이 3일 동안 방황하면서 하나님을 원망하다가 마라에서 물을 발견하게 된다. 하지만 쓴 물이라 먹을 수 없었는데 모세가 나무를 찍어 물에 넣으니 단물로 변하였다(출15:25).

4) 신 광야

(1) 만나

신 광야에 이르렀을 때(약 45일 경과) 애굽에서 갖고 온 식량이 다 떨어지자 이 때부터 가나안에 들어갈 때까지 하나님은 매일 아침 하늘에서 만나를 내려 주셨다(출16:35).

만나	모 양	서리같이 미세하고 깟씨 같았다(출16:14, 민11:7)
	맛	꿀 섞은 과자 같았다(출16:31, 민11:8)
	명 칭	하늘의 양식(시105:40), 신령한 식물(고전10:3)
	특 성	• 안식일에는 내리지 않았다(출16:26-27) • 누구에게나 과부족이 없었다(출16:18) • 싫어하다가 심판받음(민21:6-7)

(2) 안식일 제정

안식일은 출애굽기 16:23에서 처음으로 언급되고 있다. 2,500년간 인간 역사 가운데 안식일을 지키지 못했다. 이스라엘 백성이 신 광야에 나왔을 때 모세에 의하여 처음으로 선포되었고(출16:28-30) 그 후 시내산에서 십계명을 받을 때 계명으로서 안식일에 대해 더욱 구체적으로 언급되었다(출20:8).

5) 르비딤의 생수

르비딤에 이르러 물을 구하지 못하여 백성들이 하나님을 원망하고 모세에게 불평할 때, 모세가 반석을 치니 거기서 샘물이 솟아났다(출17:1-7).

6) 아말렉과 싸움

아말렉 족속이 르비딤에서 행진하는 이스라엘의 후미(노약자, 병자)를 강타하여 많은 희생자를 내자 이날 아말렉과 큰 전쟁이 일어났다. 모세가 손을 들면 이스라엘이 승리하고 모세의 손이 피곤하여 내려오면 아말렉이 승리하므로 아론과 훌이 모세의 손을 붙들어 올렸고, 그리하여 아말렉에게 크게 승리하였다. 하나님은 이 비겁한 아말렉과 더불어 대대로 싸우리라고 명령하셨다(출17:8-16).

7) 시내산의 정착

애굽을 떠난 지 약 2개월만에 시내산에 이르러 거기서 약 1년간 머물게 된다.

2. 시내산에서 되어진 일

시내산에서 머문 1년 동안은 구약 역사에서 가장 중요한 시기가 되며 이때 되어진 사실을 기록한 성경만도 59장이나 된다(출 19장 - 민10장). 모세는 시내산에 올라가서 40일 동안 금식기도 하면서 하나님으로부터 십계명을 비롯하여 성막을 지어 하나님을 공경하는 법과 백성을 다스리는 일체의 법을 다 부여받게 된다. 모세가 받은 법도는 다음과 같다.

1) 모세의 율법

모세의 율법은 세 가지 기본적인 부분으로 구성되어 있다.

(1) 도덕법(10계명) - 출20:3-17, 신5:7-21

하나님이 직접 두 개의 돌비에 새겨서 주신 영원불멸의 기본법이다.

도덕적 규범
1. 나 외에 다른 신을 위하지 말라
2. 너를 위하여 우상을 만들지 말라
3. 너의 하나님 여호와의 이름을 망령되이 일컫지 말라
4. 안식일을 기억하여 성일로 지켜라
5. 네 부모를 공경하라
6. 살인하지 말라
7. 간음하지 말라
8. 도적질하지 말라
9. 거짓 증거하지 말라
10. 탐내지 말라

(2) 시민법(사회적 규범)

시민법은 이스라엘 사회를 규율하는 법으로 그 중요한 것은 다음과 같다.

① 종을 보호하는 법(출21:2-11) - 7년째 해방

② 생명을 보호하는 법(출21:12-17) - 도피성

③ 사람의 몸을 보호하는 법(출21:18-32) - 복수법(눈은 눈,이는 이)

④ 재산을 보호하는 법(출21:33-22:17) - 보상법

⑤ 기타의 법(출22:18-23:13) - 옷을 저당했을 때 밤까지 돌려주어야 한다.

(3) 의식법(출35 - 40장)

하나님을 공경하는 각종 제사와 절기에 관한 법으로 모두 그리스도와 구원에 대한 예시이다.

① 5대 제사

명 칭	성 경	재 물	드리는 방법	상 징
번 제	레1:15-17 6: 8-13	소, 양 비둘기(수컷)	전부 제단에 불태워 드림	헌 신
소 제	레2: 1-16 6:14-23	(첫 이삭) 고운가루	번제와 같이 드림	헌 금
속죄제	레4: 1-35 6:24-30	암염소, 어린양, 비둘기 새끼, 고운가루(약간)	제물, 영문 밖에서 태우고 피만 성소에 7번 뿌림	회 개
속건제	레5: 14-19 7: 1- 5	수 양	피는 단에 뿌리고 고기는 불태움	회 개
화목제	레3: 1-17 7:11-34	소, 양, 염소 (암수 구별 없음)	피만 제단에 뿌리고 고기는 나누어 먹음	하나님께 감사, 성도의 교제

* **참고** : 제사드리는 방법에 의한 분류

• 화제(火祭) : 불태우는 것

• 거제(擧祭) : 제물을 드렸다가 다시 내려오는 것

• 요제(搖祭) : 하나님 앞에 제물 흔들어 움직이는 의식

• 전제(奠祭) 혹은 관제(灌祭 : 피, 포도주 부어 드리는 것)(딤후4:6)

② 3대 절기

가) **유월절(逾越節)**(출12:1-28, 민28:16-25, 신16:1-8)

이스라엘 백성이 애굽에서 해방된 기념일로 최대의 명절에 속한다. 1년 된 어린양을 제물로 드리고 또 한 주간 동안 무교병(누룩을 넣지 않은 떡)을 먹는다. 그래서 무교절이라고도 불렀다.

나) **오순절(五旬節)**(출23:16, 34:22, 레23:15-22, 신16:9-12)

모맥을 거두고 하나님께 감사하는 절기로서 맥추절, 초실절이라고

도 하였으며 유월절 다음 7주 후에 드리는 절기라고 해서 5순절이라 명명하게 되었으며 77절이라고도 하였다. 오순절은 단 하루만 지키는 절기이다.

다) **초막절(草幕節)** 출23:16, 레23:34-43, 민29:12-38, 신16:13-15)

이스라엘 백성의 광야 생활을 기념하는 절기로서 한 주간 동안 초막을 짓고 절기를 지켰다. 장막절이라고도 하였으며 1년 동안 모든 곡식을 저장하면서 지키는 절기라고 해서 수장절이라고도 하였다.

2) 성막을 세움 (출25-31장, 35-40장)

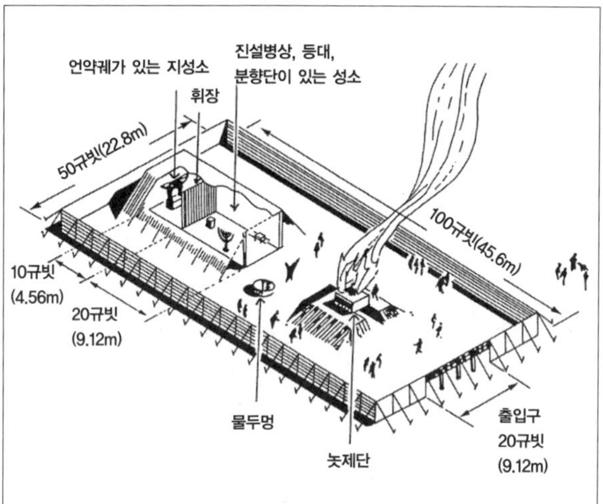

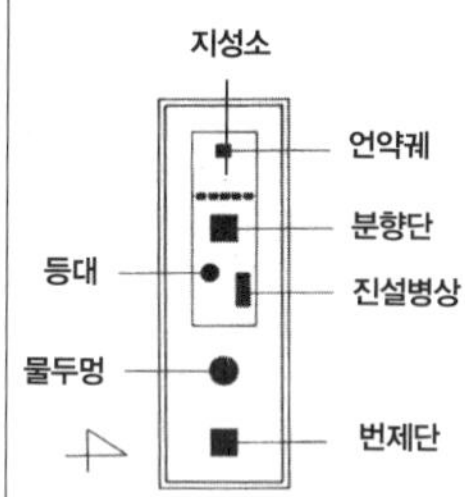

성막 모형도

① 성막의 건축(출25:1-40:38)

(1) **건립 기간** : 6개월

(2) **사용된 재료** : 금 3,140 파운드, 은 9,575 파운드, 동 7,540 파운드, 동물가죽, 조각목, 감람유, 향료, 보석
(3) **감독** : 유다지파 훌의 손자 브사렐

성막은 바깥뜰과 성소와 지성소로 나누어져 있고, 성막에는 일곱가지 성물이 있었는데, 성막 뜰에 있는 두 개의 성물은 놋쇠로 만들어졌고 성막 안에 있는 다섯개 성물은 금으로 만들어졌다.

② 성물

(1) **번제단** : 제물을 불태우는 곳으로 상자와 같은 구조물로서 조각목으로 만들고 놋쇠로 씌어졌다. 네 모서리에는 뿔이 있어 제물을 고정시키도록 했다.
(2) **물두멍** : 물을 담는 놋대야인데 제사장들이 제물(동물)을 드리고 손과 발을 씻는 데 사용되었다.
(3) **진설병상** : 이스라엘 12지파를 위한 12개 떡을 차려 놓은 상으로 매 안식일마다 한번씩 바꾸어 놓았다. 조각목으로 만들고 금으로 쌌다.
(4) **등대** : 성소에 불을 켜는 기구로서 한 가운데를 중심해서 양쪽으로 세 가지가 각각 위로 향하도록 순금으로 만들었으며 감람유로 불을 켰다.
(5) **분향단** : 1.5피트 정도의 사각형에 높이는 3피트 정도 되며 조각목으로 만들고 금으로 씌웠다. 아침 저녁으로 향기로운 향을 이 단에서 살랐다.
(6) **언약궤(법궤)** : 성막에서 가장 귀중한 기물로서 조각목으로 만들고 금으로 씌워졌다. 길이가 4피트, 폭이 2피트 높이가 2피트 정도가 되며 십계명이 새겨진 두 개의 돌판과 만나를 담는 돌항아리와 아론

의 싹난 지팡이를 넣어 두었다.

(7) **속죄소(혹은 시은좌[施恩座])** : 법궤의 뚜껑으로 정금으로 만들어졌고 그 위에 두 개의 그룹(천사)이 새겨졌다.

3) 대제사장

① 예복

(1) 에봇(출28:5-14) - 어깨로부터 무릎 밑까지 내려오는 소매 없는 겉옷

(2) 흉패(출28-15-20) - 에봇의 가슴 부분(12보석)

(3) 견대와 두 보석(출28:12) : 호마노에 12지파 이름 새김 (좌: 6, 우: 6지파)

(4) 관(출28:36-38) : 흰 세마포로 만든 모자

(5) 우림과 둠밈(출28:30) : 값비싼 두 개의 보석(흉패 속에 넣음)

대제사장

흉패

유다 (홍보석)	잇사갈 (황옥)	스불론 (녹주옥)
르우벤 (석류석)	시므온 (남보석)	갓 (홍마노)
에브라임 (호박)	므낫세 (백마노)	베냐민 (자수정)
단 (녹보석)	아셀 (호마노)	납달리 (벽옥)

3. 시내산에서 가나안까지의 여정

1) 가데스 바네아에서 정탐꾼 파견(민13장)

시내산에서 150마일 떨어진 가나안 남쪽 접경지인 가데스 바네아에서 모세는 정탐꾼 12명이 40일간 정탐하고 돌아오도록 했다. 돌아와서 여호수아와 갈렙은 들어가자고 했고 나머지 10명은 성이 견고하고 주민이 장대하여 도저히 들어갈 수 없다고 하여 상반된 보고를 했다. 이에, 모든 이스라엘 백성들은 들어갈 수 없다고 단정하고 모세를 원망했다. 이스라엘은 이로부터 38년 동안 광야를 유랑하게 됐다.

2) 고라의 반역(민16:1-35)

레위의 후손 중 '고라'라는 매우 유명한 인물이 나와서 유력한 족장 250명을 규합하여 모세에 대하여 반역행위를 했다. 그 결과 하나님의 진노를 받아 땅이 갈라져 14,700명이 떼죽음을 당했다.

3) **가데스에서 반석을 쳐서 단물을 얻음**(민20:1-13)

이스라엘 백성이 가데스에서 두 번째로 물이 없다고 원망할 때 하나님은 반석을 명하여 물이 나게 하라고 하셨는데 화가 난 모세는 반석을 쳐서 물을 내었으므로 하나님이 노를 발하여 모세로 하여금 가나안에 들어가지 못하도록 하셨다.

4) **불뱀과 놋뱀 사건**(민21:4-9)

호르산에서 홍해로 진행할 때, 지세가 험하고 물이 없다고 백성들이 원망과 불평을 하자 불뱀이 나와 이스라엘 사람들에게 많은 희생자를 나게 했다. 모세는 놋뱀을 만들어 장대에 높이 세우고 쳐다보는 자는 다 살리라 했는데 쳐다본 사람은 다 살아났다.

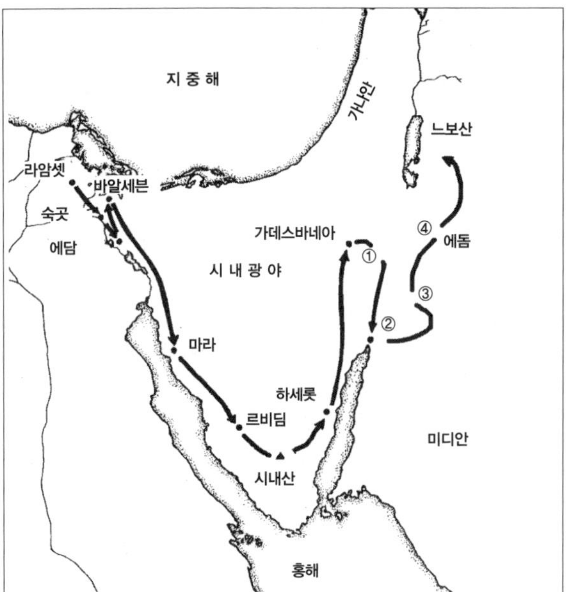

광야 후기 여정

5) 요단강 동쪽땅을 정복함(민21:21-35)

이스라엘 백성이 에돔 동쪽으로부터 북진하여 아르논강까지 진출한 다음 아모리왕 시혼을 격파하고 아르논강으로부터 북쪽 얍복강까지를 얻었다. 또 바산왕 옥을 제압하고 얍복강 동쪽땅을 차지하므로 명실공히 초지가 풍부한 요단강 동쪽 평지를 전부 차지하는 데 성공했다. 르우벤 지파와 갓 지파, 므낫세 반 지파가 그 땅을 요구하므로 모세는 가나안 땅을 점령하는 데 협조할 것을 조건으로 허락했다.

6) 바알 브올 사건(민22:1 - 25:31)

이스라엘 백성이 여리고 맞은 편 모압 평지에 진을 쳤을 때 모압왕 발락은 큰 위험을 느끼고 메소포타미아에서 이름높은 선지자 발람을 불러 이스라엘을 저주케 하려 하다가 실패하자 이번에는 브올산에 있는 바알 제단에 이스라엘 두령을 초청하여 성적인 죄를 범하게 했다. 이로 인하여 하나님의 진노를 받아 하루에 24,000명이 죽었다.

7) 모세의 죽음(신34:7)

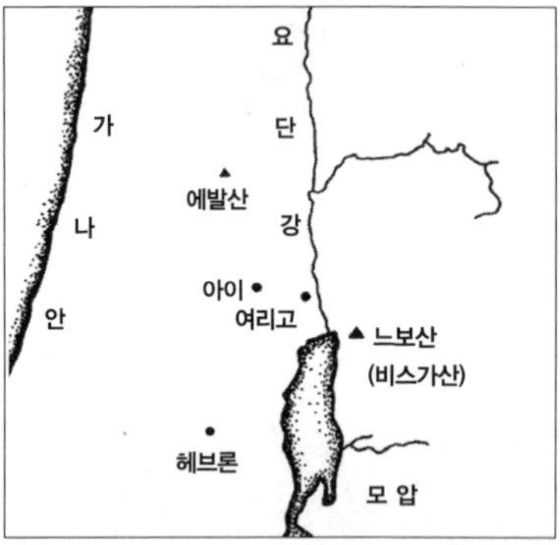

요단강 동쪽을 점령하고 모압 평지에 이르러 모세는 여호수아를 자기의 후계자로 세우고 가나안 땅에 들어가서 해야 될 일을 명령하고 광야에서 태어난 신세대를 향하여 시내산에서 받은 율법을 재해석해주는 유언적인 설교(신명기)를 남겼다. 그러나 가데스에서 반석을 명하여 물이 나게 하라는 하나님의 명령을 거역하고 반석을 두 번 쳐서 물을 내게 했으므로 하나님의 진노를 받아 가나안 땅에 들어

가지 못하리라는 말씀(민20:12)대로 비스가 산정에서 젖과 꿀이 흐르는 가나안땅을 바라만 보았고, 모압 땅에서 파란만장한 그의 생을 끝마쳤다.

탐 구 문 제

홍해를 건너 구원받은 것은 신약 시대의 무엇을 상징합니까?

물세례 받는 것을 의미한다. 애굽에서 불러 낸 이스라엘 백성을 홍해 바다 속을 통과하게 하여 구원하신 것처럼 이 세상에서 불러 낸 성도들을 물로 세례를 받게 하셨다(고전10:1-2).

홍해의 기적이 주는 교훈이 무엇입니까?

홍해 기적을 체험한 이스라엘 사람들은 하나님이 자기들과 함께 하신다는 확신을 갖고 무서운 광야를 쏜살같이 달려갈 수가 있었다. 그러므로 기적의 내용보다 왜 하나님은 그 때 기적을 베푸셨는가 하는 기적의 의미가 더 중요하다.

바로의 군대 가운데 수영을 잘 하는 사람도 있을 수 있었는데 어떻게 한 사람도 살아남지 못했을까요?

무서운 하나님의 심판 때문이었다. "그들보다 흉용한 물에 납같이 잠겼나이다(출15:10)"라고 했으므로, 그들이 납과 같이 무거워져서 아무리 수영에 능한 자도 헤엄칠 수가 없게 되었을 것이다.

아침까지 만나를 남겨두지 말라고 한 모세의 명령을 어기고 만나를 모아둔 사람은 어떻게 되었습니까?(출16:20)

벌레가 생기고 냄새가 나서 먹지 못했다. 하나님의 명령을 거역하면서 아무리 많은 재물을 쌓아 두더라도 그것은 결코 유익이 될 수 없다는 귀한 교훈이다.

광야를 통과하여 많은 기적을 체험한 뒤에 율법을 주신 까닭은 무엇입니까?

은혜를 체험하지 아니하고 율법을 지키려면 어렵다. 그러나 많은 은혜를 받고 난 다음 하나님의 명령에 순종하는 것은 기쁘게 할 수가 있다. 그러므로 하나님은 먼저 은혜를 체험케 하고 그 다음 율법을 주신 것이다.

이스라엘 백성이 바벨론에 포로되어 갔을 때 모르드개는 왜 바사의 총리 하만에게 절하지 않았습니까?(에3:2)

하만은 아말렉 족속이기 때문이었다. 하나님은 이스라엘 백성이 광야를 행진해 갈 때 아말렉 족속이 비겁하게 노약자와 어린이들이 모인 후미를 강타해서 많은 희생을 내었기 때문에 아말렉과는 대대로 싸우라 하셨다. 그러므로 모르드개는 그 말씀에 순종하여 절하지 않았던 것이다.

사람이 죄를 범했을 때 사함을 받는 속죄제의 제물에 차등을 둔 이유는?

집이 가난하여 죄사함 받지 못하는 사람이 없도록 차등을 두었다. 예수의 어머니 마리아도 산후 결례를 행할 때 비둘기 새끼 한 쌍을 드린 것을 보면 그 가정이 얼마나 가난했는지를 잘 알 수 있다(눅2:24).

✤ 등대는 무엇을 의미하며 떡상을 비추고 있는 의미는?

등대는 성령의 빛을 말하며 하나님의 말씀인 떡상을 비추고 있다는 것은 성경은 성령의 조명을 받아야만 깨달을 수 있는 것을 의미한다.

✤ 지성소와 성소는 무엇으로 갈라 놓았습니까?(출26:33, 히 10:19-20, 마27:51-53)

오직 두터운 휘장으로 칸막이가 되어 있다. 휘장 넘어 지성소에는 오직 대제사장만이 들어갈 수 있었다. 대제사장이라 할지라도 1년에 1회 대속죄일에만 황소의 피를 가지고 들어갈 수가 있었는데, 예수님이 십자가에 달려 운명하실 때 바로 이 휘장이 위에서부터 아래로 찢어져서 누구든지 하나님 앞으로 나갈 수 있게 그 길이 열려졌다.

✤ 놋뱀은 무엇을 의미하며 히스기야 왕은 왜 놋뱀을 부숴버렸습니까?(왕하18:4)

장대에 세워진 놋뱀은 바로 십자가의 그리스도를 의미한다(요 3:14). 이 놋뱀은 이스라엘의 국보 1호가 될 가치가 있는 것이었지만, 훗날 이스라엘 사람들이 놋뱀을 우상시하였으므로 격분한 히스기야 왕이 백성의 바른 신앙지도를 위해 부숴 가루를 만들어 뿌려버렸다.

✤ 지금 유대교에서는 왜 대제사장 제도가 없습니까?

2,000년 동안 유리하면서 누가 레위 자손인지 알 수 없게 되어 대제사장을 세울 수가 없게 되었다.

모세의 시체를 언급한 성구는?

유다서 9절, 신명기 34:6

유대인의 전설에 의하면 모세는 죽고 난 다음 승천하였다고 한다. 그리고 난 다음 신약시대 변화산에서 회리바람을 타고 승천한 엘리야와 함께 예수님과 대화를 나누었다(마17:3).

모세가 가나안에 들어가지 못한 신학적 의미는 무엇입니까?(신34:4)

구약은 상징이요 신약은 실체라 말할 수 있다. 가나안은 우리가 장차 들어갈 천국을 상징한다. 모세는 이스라엘 백성을 이끌고 가나안 접경지대까지 인도하고 모압평지에서 죽는다. 모세의 후계자 여호수아가 이스라엘 백성을 인도하여 가나안에 들어갔다.

모세는 율법을 선포한 율법의 대표자요 여호수아는 바로 예수를 의미한다.

우리가 천국에 들어가는 것은 율법을 행함으로써가 아니고 오직 예수를 믿음으로 들어갈 수 있다는 사실을 밝혀주고 있다.

"이 같이 율법이 우리를 그리스도에게로 인도하는 몽학선생이 되어 우리로 하여금 믿음으로 말미암아 의롭다 함을 얻게 하려 함이니라"(갈3:24)

제 6 장

가나안 정복시대

광야에서 한 세대를 보낸 이스라엘 백성은 드디어 모세의 후계자 여호수아를 통하여 일찍이 아브라함에게 약속하신 젖과 꿀이 흐르는 가나안 땅으로 들어가게 된다. 당시 가나안에는 후기 가나안 7족이 웅거하고 있었다. 아무런 무기도, 잘 훈련된 군대도 없는 이스라엘이었지만 오직 하나님의 명령을 따라 담대히 나아갔기 때문에 7년 동안 수많은 전투를 통하여 극히 제한된 일부를 제외하고 전 가나안을 정복하게 된다. 이스라엘 12지파는 각 지파별로 땅을 분배받고 그 땅에서 하나님을 공경하였다. 모세가 죽은 때부터 여호수아가 죽을 때까지 약 30년 동안을 가나안 정복시대라 한다.

1. 요단의 이적과 가나안 입성

1) 요단의 이적

여호수아는 요단을 건너기 전에 여리고에 두 정탐꾼을 보내어 정탐케 하였다. 그 후 이스라엘 백성을 거느리고 요단에 이르러 3일 동안 기다리다가 요단강 물이 불어 넘칠 때 법궤를 멘 제사장들을 앞세워서 요단을 건너도록 명령했다. 도도히 흐르는 요단을 향하여 행진할 때 제사장이 발을 물에 담그자 요단 물이 말라 버렸다. 이스라엘 백성은 하나님의 놀라운 이적으로 마른 땅으로 변한 요단을 건너 길갈에 주둔했다(수3:1-17).

2) 길갈에 진을 침

요단을 건넌 이스라엘 백성은 길갈에 진치고 하나님의 놀라운 권능을 기념하여 요단 바닥에서 지파별로 돌을 취하여 길갈에 기념비를 세우고 광야 40년 동안 행하지 못하였던 할례를 행하고 유월절을 지켰다. 한편 길갈에 진치고 그 땅 소산을 먹는 날부터 40년 동안 하늘에서 내렸던 만나는 영원히 끊어졌다(수5:12).

이스라엘 백성은 가나안을 다 점령하고 토지를 분배할 때까지 계속 길갈에 본영을 두고 전쟁을 수행했다.

2. 가나안 정복

1) 여리고 점령(수6:15-20)

가나안의 관문 여리고성은 대단히 공격하기 어려운 난공불락의 요새였으나, 여호수아는 첫 공격 목표로 삼았다. 여리고를 점령하지 않고는 가나안으로 들어갈 수 없었고 또한 진지인 길갈이 안전할 수가 없었다. 이 여리고성은 대단히 견고하여 이스라엘이 공격하기가 매우 힘이 드는 성이었으나 이스라엘 백성은 하나님의 명령을 따라 일곱 나팔을 불며 언약궤 앞에서 행하는 일곱 제사장을 따라서 6일 동안 하루 한 번씩 6번을 돌고 마지막 제7일에는 7번 돌며, 마지막 길게 부는 양각 나팔소리에 따라 온 회중이 일제히 크게 외칠 때 여리고성은 무너지고 말았다.

2) 아이성의 실패와 정복(수7:1-8:29)

하나님의 기적으로 여리고성을 점령한 이스라엘 백성은 두 번째 목표를 아이성에 두었다. 아이성은 여리고성에 비하면 크지도 않고 그리 견고한 성도 아니었다. 승리감에 도취한 이스라엘 백성은 많은 무리가 나가면 번거로우니 2, 3천명만 보내면 충분할 것이라고 여겼다. 여호수아는 군사 3,000명만 파견했는데, 비참하게 패하고 36명이나 희생자를 내었다. 이에 온 이스라엘은 하나님 앞에 크게 회개하고 하나님 앞에 범죄한 아간을 처형하였다. 그 후 야음을 이용하여 용사 3만명을 후방에 잠복시켜 놓고 아침에 남은 군대가 적군과 접전하여 거짓 도망함으로 적을 유인한 다음 매복한 군대가 성을 점령하였다. 여리고성은 하나님의 기적으로 정복하였으나 아이성은 전략으로 점령하였던 것이다.

3) 에발산과 그리심산에서의 이스라엘(수8:30-35, 신27:1-26)

여리고와 아이와 벧엘을 점령한 이스라엘은 하나님께서 모세에게 명령(신 27:11-15)하신 대로 세겜 북쪽에 있는 에발산과 그리심산을 찾아갔다. 6지파는 남쪽 그리심산 앞에, 나머지 6지파는 북쪽 에발산 앞에 세우고 그 중간에 레위지파가 서서 모세의 율법을 낭독했다. 축복이 선포될 때면 그리심산 앞에선 사람들이 아멘 하고, 저주가 선포될 때면 에발산 앞에선 사람들이 아멘 했다. 하나님은 이스라엘 백성으로 하여금 가나안 땅에 정착하기에 앞서서 하나님의 말씀대로 순종하면 그 땅에서 번성할 것이요, 불순종하면 저주를 받는다는 가르침을 먼저 받게 했던 것이다.

4) 기브온과의 평화 조약(수9장)

이스라엘이 다시 길갈로 돌아왔을 때 아이성 서쪽에 위치한 기브온

이 사신을 보내 원방에서 온 것처럼 위장하여 이스라엘과 평화 조약을 체결하고자 하였다. 이 때 여호수아는 위장에 속아서 그들과 평화 조약을 체결하였다. 제 3일만에 이스라엘은 그들에게 속은 줄 알았으나 하나님께 맹세한 약조였기에 파기할 수가 없어서 결국 기브온 백성들을 그 땅에서 쫓아내지 못하고, 온 회중을 위하여 나무 패는 일과 물긷는 일을 시켰다. 그러나 이 기브온이 훗날 이스라엘 백성의 찌르는 가시가 되었다.

3. 가나안의 남북 정복

1) 남부 연합군 격파(수10장)

기브온과 평화 조약을 체결하므로 이스라엘은 가나안의 중앙 허리를 자르고 중요한 전선을 확보하게 되었다. 가나안이 남북으로 완전히 분리가 되자 남쪽 다섯 왕은 연합전선을 펴서 이스라엘과 조약을 맺은 기브온을 공격했다. 급보를 받은 여호수아는 길갈에서 밤새껏 달려가서 기브온에서 연합군을 격퇴하고 도망가는 적을 추격하여 벧호른에 이르렀다. 그러나 해가 지면 연합군을 온전히 섬멸할 수 없으므로 여호수아는 하나님께 하늘의 해와 달이 멈추게 해 달라고 기도하였다. 그 날에 거의 종일토록 해가 지지 않았으므로 연합군을 온전히 섬멸할 수가 있었다.

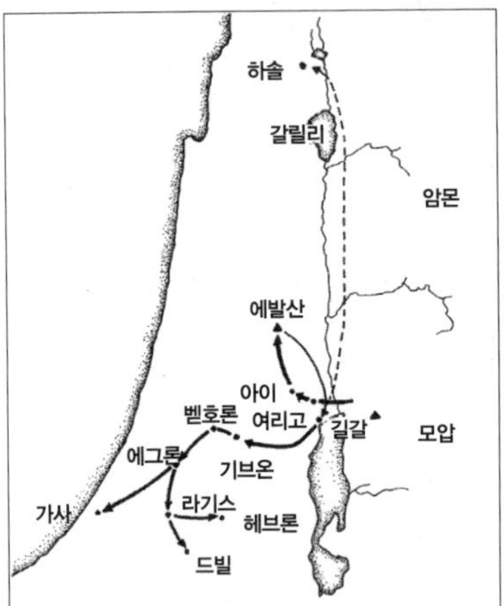

여호수아의 가나안정복

2) **북부 연합군 격파**(수11-12장)

가나안의 남방의 모든 성읍들이 이스라엘에게 정복되었다는 소식을 전해들은 북부 가나안의 하솔 왕 야빈을 중심으로 모든 왕이 연합하여 메롬에 진을 쳤다. 그러자 이스라엘이 선제 공격을 하여 그들을 섬멸하고 북부 도성을 완전히 점령하였다. 이렇게 여호수아가 남북 여러 도성을 쳐서 멸한 왕들은 모두 31명이나 되었다. 다만 가나안의 서남쪽에 블레셋이 점령한 땅과 서북쪽의 시돈과 베니게 도성만은 남겨두고 다 정복하게 되었다.

4. 토지 분배(수13-21장)

가나안 땅은 12지파에게 제비뽑아 나누어 줄 때 3차에 걸쳐 분배되었다.

1) 요단강 동쪽 땅 – 르우벤, 갓, 므낫세 반 지파

2) 요단강 서쪽 땅 – 유다, 에브라임, 므낫세 반 지파

3) 나머지 땅 – 베냐민, 시므온, 스불론, 잇사갈, 아셀, 납달리, 단

여호수아의 가나안정복

5. 가나안 통치

1) 레위 지파와 도피성(수20:7-9)

토지를 분배받은 12지파들은 각각 얻은 땅에서 레위 지파를 위해 48성을 내어놓았다. 레위 지파 중 아론의 자손들은 제사장이 되었고 그 가문의 장남은 대제사장이 되었다. 레위 지파는 특별히 요단강 동쪽과 서쪽에 각각 3성을 도피성으로 만들어 고의성이 없는 살인자를 보호하도록 하였다.

2) 성막 건축(수18:1)

가나안 정복 당시 진지였던 길갈은 가나안 땅의 변두리이기 때문에 진지를 에브라임 가운데 있는 실로로 옮기고 거기에 성막을 세우고 법궤를 안치하였다. 제사장은 이곳에 머물고 이스라엘 백성들은 해마다 실로에 모여 절기를 지켰다.

탐구문제

이스라엘 백성이 요단강을 건너갈 때 강물이 어디까지 마르기 시작하였습니까?(수3:16)

멀리 사르단에 가까운 아담읍 변방까지

* **참고** : 요단의 기적은 홍해 기적처럼 바다가 갈라진 기적이 아니고 멀리서 물이 내려오지 않게 된 것이다. 지진 같은 것이 일어나 일시적으로 요단의 물을 막았는지도 모른다. 실제로 1927년 지진이 일어나 150피트의 낭떠러지가 붕괴되어 21시간 30분 동안 강물이 말랐던 사실이 있다. 하나님은 자연을 이용하여 하나님의 역사를 도모할 수도 있다.

이스라엘 백성이 길갈에서 가장 먼저 행한 것이 무엇입니까? (수5:2-3)

할례를 행했다. 가나안에는 무서운 가나안 7족이 있는데 적지에 들어가서 가장 먼저 진지를 구축해야 마땅할 터인데 이스라엘 백성은 할례를 먼저 행했다. 모든 남자가 다 할례를 행하면 적어도 한 주일 동안은 꼼짝 못하는데(창34:24-27), 그 때 적이 공격해 온다면 가만히 앉아서 당할 수밖에 없는 자살행위나 다름없다. 그런데도 그들은 하나님의 권능의 손길을 바라보고 담대히 할례를 행했다. 이것을 보면 그들의 신앙이 얼마나 담대하였던가를 잘 알 수 있다.

기생 라합은 어떻게 하나님을 믿고 두 정탐꾼을 숨겨주었습니까? (수2:8-12)

애굽에서의 10가지 재앙과 홍해 기적, 그리고 광야에서 일어났던 수많은 이적담을 듣고 이스라엘이 공경하는 여호와 하나님이 참된 신인 것을 알게 되었을 것이다.

여호수아는 왜 무너진 여리고성을 다시 수축하지 못하도록 하였습니까?(수6:26-27)

하나님의 역사로 성이 무너진 것을 기념비적으로 오래 보존하기 위해서 그렇게 했다. 하나님은 우리에게 은혜를 베푸시고 그 은혜를 오래오래 기억하길 원하신다. 여호수아는 "그 기초를 쌓을 때에 장자를 잃을 것이요 문을 세울 때 계자(막내)를 잃으리라(수6:26)"고 했는데, 실제로 500여 년 후 아합왕 때 벧엘 사람 히엘에게 그대로 이루어졌다(왕상 16:33-34).

하나님은 왜 이스라엘 백성들로 하여금 축복(그리심산)에도 '아멘', 저주(에발산)에도 '아멘' 하도록 하였습니까?(수 8:30-35)

축복에도 아멘 한 것은 그가 복을 받기 위해 힘쓸 것을 당부하는 뜻이 있고, 저주에 아멘 하게 한 것은 그런 저주를 받지 않도록 하는 데 그 목적이 있었다. 오늘 우리들은 축복에만 아멘 하는데 저주에도 아멘 할 수 있어야 한다.

* **참고** : 저주가 선포된 에발산(3089m)은 나무가 없는 돌산이고 바로 옆에 있는 그리심산(2890m)은 나무가 무성한 푸른 산이다.

특별히 에발산 앞에 서게 한 르우벤, 갓, 아셀, 스불론, 단, 납달리 지파는 저주와 관계가 있는 지파로서 그들에게는 회개를 촉구한 것이 되고, 축복이 선포된 그리심산 앞에 선 유다, 잇사갈, 요셉, 베냐민, 시므온, 레위는 축복과 관계 있는 지파로서 그들에게는 더욱 용기백배케 한 것이 되었다.

사마리아 사람들은 그들의 성전을 어디에 세웠으며 그 이유는?

사마리아 사람은 포로기에 앗수르 사람들과의 혼혈족이었기에 포로에서 돌아온 이스라엘 백성들은 스룹바벨 성전을 세울 때 그들이 동참하려는 것을 반대하고 예루살렘 성전에서 예배하는 것도 거부했다. 하는 수 없이 그들은 그리심산에 독자적으로 성전을 세웠다. 그리심산은 여호수아에 의하여 축복이 선언된 곳이기 때문에 그 산에 성전을 지었던 것이다(요4:20, 삿9:7).

여호수아가 벧호론에서 가나안 남부 연합군을 온전히 섬멸하기 위하여 태양이 지지 않도록 기도했을 때 태양이 얼마동안 중천에 머물러 있었습니까?(수10:13)

거의 종일토록 지지 아니했다고 한다.

* **참고** : 태양이 거의 하루 동안 지지 않았던 사실이 최근 컴퓨터에 의해 확인

되었다. 미국 메릴랜드주 볼티모어시에 있는 커티스 기계회사 사장이며 우주계획의 고문인 해롤드 힐(Harold Hill)씨는 인공위성을 발사하기 위하여 10만년 전까지 소급하여 올라가면서 그 사이의 태양과 달의 궤도 진행을 조사하던 중 갑자기 기계가 정지해 버렸다. 원인을 조사해 보았더니 궤도 진행상의 꼭 하루가 없어졌다는 사실이 판명되었다. 과학자들은 도무지 그 사실을 이해할 수가 없어서 고심하고 있는데 어떤 교회 잘 다니는 청년이 옛날 여호수아 때에 태양이 하루 동안 정지하고 있었다는 이야기를 해주자 여호수아 10장 12-14절에서 그 사실을 확인하고 우주 과학자들은 없어진 하루를 찾기 위해 전자계산기를 그 당시로 돌려 궤도를 조사한 결과 23시간 20분 동안 궤도가 정지되었다는 답을 얻게 되었다. 성경에 "거의 종일토록" 이라고 했으니 23시간 20분이라는 계산은 정확한 것이기는 하나, 아직도 40분의 행방을 알 길이 없었다. 그 때도 앞서 말한 청년이 열왕기하 20장 8-10절을 소개하여, 히스기야왕 때 태양의 그림자가 10도 뒤로 물러갔다는 사실을 알아내고 계산해 보았더니(시간×60분(시간)×10℃/360℃ = 40분) 정확히 40분이 나와서 잃어버린 24시간의 행방을 찾아낼 수 있게 되었다고 한다(양승훈 박사의 "성경과 과학 백과").

여호수아가 위장한 기브온에 속아서 평화 조약을 체결한 실수를 성경은 어떻게 말하고 있습니까?(수9:14-15)

하나님께 기도하지 않았다고 했다. 여호수아가 기브온과 조약을 체결하기 전에 하나님께 기도했던들 기브온의 위장이 아무리 완벽했다 하더라도 하나님은 그들에게 속지 않도록 해주셨을 것이다. 이렇게 인간의 판단은 정확하지 못하다.

도피성은 몇 개나 되었으며 도피성에 숨은 사람은 언제 자유함을 얻었습니까?(수20:6, 9)

도피성은 요단강 동편과 서편에 각각 3곳에 설치했으며 가나안 어디

도피성은 요단강 동편과 서편에 각각 3곳에 설치했으며 가나안 어디서든지 하루만에 달려갈 수 있도록 지역을 안배했다. 당시는 개인적인 복수법이 허용되었기 때문에 고의성이 없이 과실로 사람을 죽였을 경우라도 죽임을 당할 수밖에 없었다. 억울하게 복수를 당하는 사람을 구제하기 위해 도피성을 세웠으며 도피성에 들어간 사람은 복수를 할 수 없도록 보호해 주었다가 제사장이 사망하면 자유의 몸이 되게 하였다. 제사장이 죽을 때 석방시켜 주었던 것은 그리스도의 죽음으로 구원받는 원리를 보여주는 것이다.

제 7 장

사사(士師) 시대

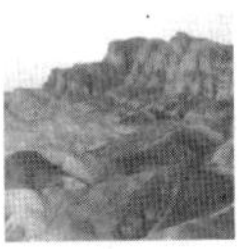

이스라엘 백성을 가나안 땅으로 인도한 여호수아가 죽고 사울이 기름 부음을 받아 이스라엘의 첫 왕이 되기까지 약 350년 간의 과도기를 사사시대라고 한다. 이 시기는 이스라엘의 역사상 가장 암담한 시기였다. "그 때에는 이스라엘의 왕이 없으므로 사람마다 자기 소견에 옳은 대로 행하였더라"는 말씀이 무려 4번이나 반복(삿17:6, 18;1, 19:1, 21:25)되어 나올 정도로 무법천지가 된 것이다.

왕도 없고 제사장도 없어 정치적으로 대단히 혼란한 시기였으며, 신앙적으로 크게 타락하여 바알과 아세라, 아스다롯을 섬겼고, 도덕적으로도 크게 부패하여 성경의 가장 암담한 기록인 '사사기 19장'을 낳게 했다. 이로 인하여 하나님은 어떤 때는 원주민을 통해, 또 어떤 때는 원방 민족을 들어서 압제를 당하게 하셨으며 사사기 350년 중 근 100년을 전란으로 시달리게 만드셨다. 사사기는 한마디로 수난의 반복이라 말할 수 있다.

이스라엘 백성이 하나님 앞에서 악을 범하므로 하나님은 진노하사 그들에게 재난을 내리시나, 고통 가운데 빠질 때 이스라엘은 하나님께 부르짖고 그 때마다 하나님은 사사를 통해 그들을 구원해 주셨다. 이런 수난이 7번 되풀이되는 것이 사사기 전체의 역사이다.

1. 사사의 활동

1) 역대 사사들의 활동(사사기 분해 도표)

사사	압제자	압제 기간	통치 및 해방기간	성경	출신지
옷니엘	메소포타미아	?	40년	3:8-11	유다 사람
에훗	모압, 암몬, 아말렉	18년	80년	3:12-30	베냐민 사람
삼갈	블레셋	?	?	3:31	아낫의 아들
드보라(바락)	가나안왕	?	40년	4:1-5:31	납달리 사람
기드온	미디안	7년	40년	6:1-9:57	므낫세 사람
(아비멜렉)					
돌라			23년	10:1, 2	잇사갈 사람
야일			22년	10:3-5	길르앗 사람
입다			6년	10:6-12:7	길르앗 사람
입산	암몬	18년	7년	12:8-10	베들레헴 사람
엘론			10년	12:11-12	스불론 사람
압돈			8년	12:13-15	에브라임 사람
삼손	블레셋	40년	20년	13:1-16:31	단 사람

2) 특기 사항

(1) 에훗 : 왼손잡이(삿3:15)로 모압왕 에글론을 단도로 찔러 죽였다(삿3:16-23).

(2) 삼갈 : 소모는 막대기로 블레셋 사람 600명을 죽였다.

(3) 드보라 : 유일한 여자 사사(삿4:4-5)로서 바락을 총지휘관으로 세워 시스라의 군대를 섬멸했다(삿4:14-15).

(4) 기드온 : 300명 용사를 거느리고 미디안 대군을 격파했다(삿7:16-24).

(5) 삼손 : 나귀의 턱뼈로 블레셋군 1,000명을 쳐죽였다(삿15:15).

2. 동족상잔

사사시대 이스라엘은 수없이 많은 이민족의 침입과 압제를 당했을 뿐 아니라 내부적으로도 각 지파 간의 대립과 마찰로 3번에 걸친 동족상잔의 무서운 전란에 시달렸다.

1) 아비멜렉의 반역

기드온이 미디안 대군을 격파하고 나라의 평온을 되찾았을 때 온 국민은 그를 세습적인 왕으로 옹립하려고 하였으나 기드온은 완강히 거절하였다. 그러나 그의 첩의 소생 아비멜렉은 외척들의 후원을 얻어 자기 형제 70인을 무참히 죽이고(삿9:5) 스스로 왕이 되었다. 아비멜렉은 3년 동안 이스라엘을 통치하다가 세겜과의 전투에서 한 여인이 망대에서 던진 맷돌에 맞아 두골이 깨어져 죽었다(삿9:53-55).

2) 길르앗과 에브라임의 내전

12지파 가운데 가장 비판적이고 비협조적이었던 에브라임 족속은 입다가 사사로 활동할 때 입다의 출신지인 길르앗과는 특별히 감정이 좋지 않았다(삿12:3). 그러던 중 입다와 암몬과의 전쟁이 발발되었고 이 전쟁에서 입다가 고전하자 전세에 불리함을 깨달은 에브라임은 참전하지 않았다. 그러나 입다는 전세를 역전시켜 마침내 승리하였다. 많은 전리품을 얻었을 때 전쟁에 불참한 에브라임에게는 분배하지 아니하자, 에브라임은 자기들을 전쟁에 부르지 않았다면서 그 책임을 입다에게 돌렸다. 이에 길르앗과 에브라임은 전쟁을 하게 되었는데, 이 전쟁에서 에브라임은 크게 패하고 도망하였으며, 요단 나루턱에서 죽은 자만도 42,000명이나 되었다(삿12:6).

3) 베냐민 사람들과의 싸움

어떤 레위 사람이 불륜을 저지른 자기 첩이 베들레헴의 친정에 가 있는 것을 다시 찾아 집으로 돌아오는 길에 기브아의 한 노인 집에 유숙하게 되었다. 그날 밤 그 성의 비류들의 패륜적인 행위로 말미암아 첩이 죽게 되자 격분한 나머지 그 시체를 12토막을 내어 이스라엘 12지파에게 돌렸다. 이를 보고 분개한 온 이스라엘은 연합하여 베냐민 지파를 공격하여 한 지파가 완전히 없어질 뻔했다(삿20:36-48).

3. 사사기의 종말

1) 엘리가의 몰락

사사이며 동시에 제사장이었던 엘리는 백성을 신앙으로 바르게 지도하지 못했으며 더욱이 노경에는 두 아들 홉니와 비느하스가 아버지 일을 대행하면서 하나님 앞에 추악한 행위를 스스럼없이 자행하므로 온 백성의 원성을 쌓았다. 마침내 블레셋과의 전투에서 위기를 맞이한 홉니와 비느하스는 실로에 있는 법궤를 메고 나아오도록 하였으나 법궤까지 빼앗기고 3만 명의 병사와 함께 전사당했다. 이 비보를 접한 엘리는 충격을 받고 의자에서 떨어져 목이 부러져 죽었다(삼상4:18).

2) 사무엘의 활동

한나가 서원하여 얻은 사무엘은, 한나가 서원한 대로 젖을 뗀 나이에 제사장 엘리에게 바쳐서 그 밑에서 성장했다. 비록 패륜아 홉니와 비느하스의 틈 사이에서 자랐지만, 악에 물들지 않고 하나님 앞에서 거룩한 하나님의 음성을 듣고 자란 사무엘은 엘리가 죽고 난 후 어린 나이에도 최후의 사사로, 또한 적임 받은 최초의 선지자로서 활동을 성실하게 감당했다. 기울어져 가는 나라를 바로 세우고 강력한 왕권통치를 이룩하는 과도기 역사를 잘 감당했던 것이다. 미스바에서 대성회를 회집하고 구국금식기도를 선포하여 하나님께 기도함으로써 하나님의 능력으로 블레셋을 격퇴하고(삼상7:11), 에그론과 가드를 점령함으로 실지를 회복하고 멀리 있는 아모리 사람과는 평화를(삼상7:14) 이룩하였다. 라마를 중심으로 벧엘, 길갈, 미스바를 매년 순회하면서(삼상 7:16) 이스라엘을 잘 통치하였다. 특히 사무엘은 역사상 처음으로 라마에 선지학교를 세우고 많은 선지생도를 양육했다. 그러나 사무엘도 말년에는 자녀 교육을 바르게 하지 못하여 사사가 된 두 아들 요엘과 아비야가 타락하므로(삼상8:1-3) 백성의 원성이 높았다. 이는 이스라엘로 하여금 왕정제도를 도입하게 만들었다.

4. 가나안의 우상

1) 가나안 우상의 계보

가나안의 최고의 신은 엘(타)로서 모든 신들의 아버지가 되었다. 엘 신과 아세라 여신 사이에 아들 '바알'과 딸 '아낫'이 태어나고 둘은 결혼한다.

(1) 가나안 신의 계보

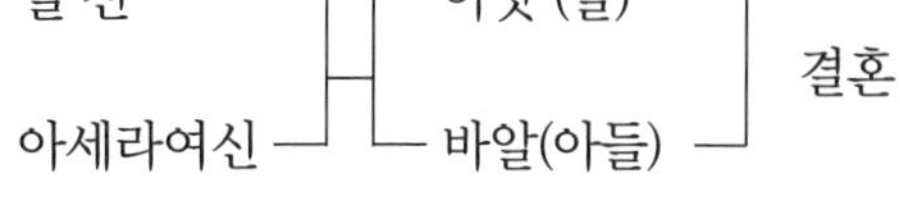

2) 바알

바알은 엘을 계승하여 가나안의 신들을 다스리는 주신으로서 하늘의 비와 땅의 풍요를 주관하는 농경신으로 숭배되었다. 바알신은 종종 아스다롯 여신과 함께 숭배되었다(삿2:13, 6:30).

농산물의 풍요는 바알과 아스다롯의 성적 행위에 의한 것으로 생각하였다. 그래서 그의 행위를 유발시켜 풍요를 증대하기 위해 제관과 여사제들이 의식적으로 바알신전에서 음행을 자행했다.

3) 3대 여신

(1) 아세라 : 엘의 아내로서 가정을 주관하는 신으로 바알 단 앞에 목상으로 세워졌다(출34:13, 삿3:7, 6:25,28)

(2) 아낫 : 바알의 누이요 그의 아내로서 바알의 원수 '못'을 이긴 전쟁의 여신으로 성(Sex)을 주관하는 여신이기도 했다. 그에게 바쳐지는 남성을 미동(美童)이라고 했다(왕상14:24, 15:12, 22:46, 왕하 23:26).

(3) 아스다롯 : 다산(多産), 사랑, 쾌락의 신으로 일찍부터 시돈 사람에게서 숭배되었으므로 '시돈 사람의 가증한 아스다롯'(왕상 11:5-33, 왕하23:13)이라고 말하고 있다.

탐구문제

사사와 왕의 차이점은?

왕은 대대로 왕위를 세습했지만 사사는 당대에 한했다. 다만 아비멜렉만은 인간적인 방법으로 아버지 기드온을 계승해서 사사의 역할을 담당했다(삿8:22-23).

사사와 선지자의 차이점은?

선지자는 하나님으로부터 말씀을 받아 백성을 지도한 데 반하여 사사는 지혜와 능력(힘)을 받아서 전쟁을 지휘하고 백성을 통치했다.

사사시대에 반복되어 나오는 순환의 역사는?(삿3:7-11, 6:1-8)

① 악을 행하며(반역) → ② 진노하사(징계) → ③ 부르짖으며(회개) → ④ 사사를 세우다(구원) 라는 말이 무려 7번이나 반복되어 나온다. 사사기 전체의 역사는 바로 이 수난의 역사가 거듭거듭 되풀이된 역사라 할 수 있다(삿3:7-11, 6:1-8…).

사사시대 수난을 당하게 된 근본 원인은 어디에 있었습니까?(삿2:7-10)

여호수아와 갈렙 같은 민족의 지도자들이 죽고 난 다음 세대는 여호와께서 이스라엘 백성에게 행하신 능력을 알지 못하여 여호와를 공경하지 아니했다. 한 마디로 교육 부재로 수난을 당했다.

이스라엘 백성은 왜 가나안 우상을 섬기게 되었습니까?

이스라엘 백성이 가나안에 들어가서 정착하면서부터 그들의 생활에도 많은 변화가 왔다. 유목 생활을 청산하고 가나안 땅에 정착하면서 농경사회로 탈바꿈을 했다. 농경사회에 익숙치 못한 그들은 농경신으로 숭배했던 가나안의 우상을 따라 섬기게 되었다.

하나님은 범죄하는 이스라엘을 누구를 통해 징계하셨습니까?

하나님은 이스라엘 백성이 범죄할 때마다 이방인들을 들어서 징계하셨다. 이방인을 하나님의 백성을 징계하는 채찍으로 삼으셨다.

가나안의 우상을 따라 갔던 이스라엘 백성의 결과는?

모든 사신 우상의 공통된 특징은 호색과 탐심이다(벧후2:2-3). 가나안의 우상은 도덕적으로 극히 타락되어 성경의 가장 암담한 기록인 사사기 19장과 같은 비극을 낳게 했다.

바알과 아세라를 지독하게 섬겼던 아합 왕가의 전말은?

아합은 아들 70명을 얻었다. 놀라운 축복이라 했을 것이다. 그러나 이들은 모두 다 한꺼번에 몰살당했다(왕하10:1-7). 우상을 섬기거나 불의를 행할 때도 일시적으로 형통할 수는 있다. 그러나 결국엔 하나님의 무서운 심판을 면치 못한다.

이스라엘이 메소포타미아와 구산 리사다임을 8년 동안 섬기다가 옷니엘이 일어난 후 40년 간 평화를 누렸다는 의미는?(삿 3:7-11)

하나님께서 징계는 짧게 하시고 축복은 오래 하신다는 사실을 보여주고 있다. 이 때뿐만 아니라 다른 사사를 세웠을 때도 마찬가지로 수난의 기간은 짧았고 평화를 누렸던 기간은 길었다.

기드온의 300용사는 무엇을 가지고 미디안 대군을 격파했으며, 그 물건이 가진 의미는?(삿7:9-19-23)

나팔과 항아리와 횃불로 승리했다. 이 3가지 물건은 전쟁 무기들이 아니다. 이 3가지를 갖고 승리하게 한 것은 전적 하나님의 능력으로 승리한 것을 알도록 그렇게 명하신 것이다.

이세벨과 아달랴(이세벨의 딸)가 그렇게 잔인무도한 통치를 하게 된 배경은?(왕하11:1-3)

그들이 섬기던 종교 때문이었다. 가나안의 여신 '아낫' 은 전쟁의 신으로 '바알' 의 원수 '못' 신과 싸워 이기고 '못' 신에게 죽은 '바알' 을 다시 살려냈다. 그래서 가나안의 여인들도 사납고 잔인했다.

제 8 장

통일왕국시대

통일왕국시대는 사울이 이스라엘 역사상 처음 왕으로 선출된 때부터 다윗 왕, 솔로몬 왕에 이르는 3대 120년간(BC 1051 – BC 931)을 말한다.

이 시대 역사는 사무엘상 9장부터 열왕기상 12장, 그리고 역대상 10장에서 역대하 9장에 기록되어 있다. 통일왕국시대가 시작된 배경과 3대왕의 치적은 다음과 같다.

1. 왕을 세우게 된 배경

사사기 말기, 늙고 무능한 제사장 엘리와 두 아들의 타락으로 국가가 존망의 위기를 맞이하였으나 어린 사무엘이 엘리를 대신하여 선지자로 세움 받아 미스바의 대각성 운동을 불러 일으켜 블레셋을 섬멸하고 나라의 기틀을 바로 세울 수가 있었다. 사무엘이 라마를 근거하여 전국을 순회하며 이스라엘을 통치하므로 평화를 누렸으나 사무엘이 늙어 사사로 세움 받은 두 아들은 미약하여 다시 강력한 통치자를 필요로 하게 되었다. 더욱이 오랫동안 대립되어 오던 각 지파 간의 갈등이 더욱 첨예하게 되자 이스라엘은 이방나라를 본 따서 왕을 세우기를 원했다. 사무엘은 하나님의 직접 통치가 가장 좋은 제도임을 들어 반대하였으나 백성들은 계속 왕을 요구하였다. 하나님은 이스라엘에 왕을 세우는 것을 허락하셨다(호13:11).

2. 사울 왕

1) 사울이 왕으로 피택

하나님은 라마에서 사무엘을 통해 베냐민 지파 기스의 아들 사울이 기름부음 받아 이스라엘의 왕으로 택정받게 하시고(삼상 10:1), 미스바에서 제비 뽑아 공식적으로 왕으로 피택케 하시고(삼상10:17-27) 마침내 길갈에서 왕으로 즉위케 하셨다(삼상11:14). 이때 사울의 나이는 40세였고, 수도는 기브온으로 정했다. 지파 간의 대립이 심각했던 중 가장 열세의 지파인 베냐민 지파에서 왕이 나왔을 때 모든 지파가 다 쾌히 승복할 수가 있었다.

2) 사울의 통치

사울이 왕으로 피택되었을 때 많은 백성들이 조롱하고 비웃었으나 암몬과의 전투에서 승리하자 백성의 태도는 달라졌다. 모든 백성이 다 사울을 두려워하고 우러러보게 되었다(삼상11:12). 하나님은 직분을 주시고 그 직분을 감당할 수 있는 능력도 아울러 주신 것이다. 이리하여 사울은 온 국민의 신임과 기대를 한 몸에 받고 길갈에서 왕으로 즉위하였다. 그러나 사울왕은 블레셋과의 싸움에서부터 하나님의 명령을 거역하여 하나님의 진노를 받게 되었고 계속 실정만 거듭하다가 마침내 세 아들과 함께 비참하게 전사당하고 말았다(삼상28:1-31:13).

사울의 사적은 다음과 같다.

3) 사울의 사적

(1) 암몬과의 싸움(삼상11장)

: 승리함으로 국민의 지지를 받음.

(2) 블레셋과의 싸움(삼상13-14장)

: 사울이 제사 지내다가 저주 받음.

(3) 아말렉과 싸움(삼상14:48-15:3)

: 승리하고도 불순종하였다.

(4) 블레셋과 두 번째 싸움(삼상17장)

: 다윗이 골리앗 물리침. 사울이 다윗을 시기하여 한사코 죽이려고 쫓아감(삼상18:8-20:42).

(5) 블레셋과 세 번째 싸움(삼상28:1-31:13)

: 세 아들과 함께 전사.

3. 다윗 왕

1) 다윗이 왕으로 기름부음 받음

사울이 블레셋과의 전투에서 하나님의 명령을 거역하고 제사를 지내자 하나님은 그를 버리고 사무엘을 통해 다윗에게 기름 부어 이스라엘의 왕이 되게 하셨다(삼상16:13). 이새의 여덟 아들 가운데 말째로 양치던 소년이었던 다윗이 왕으로 택정받으면서부터 놀라운 역사를 하게 되었다. 세 형이 참전하고 있던 블레셋과의 전투에 형의 안부를 알아보러 갔다가 골리앗이 하나님을 모욕하는 소리를 듣게 되었다. 이에 그는 의분을 참지 못하다가 마침내 블레셋의 거장 골리앗을 물리치고, 일약 민족의 영웅으로 부상되어 사울왕의 사위가 되고 군대장관으로 임명받게 되었다(삼상 18:5). 그러나 그때부터 사울왕의 시기를 받아 10여년 동안 천신만고의 고난을 겪게 되었다.

2) 다윗의 도피

다윗은 사울의 집요한 추격을 받아 무려 10번이나 은신처를 옮겨 다녔다. 어떤 때는 적지에 들어갔다가 간첩으로 오인되어 구사일생으로 살아나기도 하였다. 다윗이 피신한 곳을 차례로 나열하면 아래와 같다.

놉(삼상21:1-9) — 가드(블레셋 성읍, 삼상21:10-15) — 아둘람(모압 땅, 삼상22:1-5) — 유다 산골(삼상23:1-13) — 십 산골(삼상23:14-23) — 마온(삼상23:24-28) — 엔게디(삼상24장) — 갈멜(삼상25장) — 하길라(삼상26장) — 시글락(블레셋 성읍, 삼상27-30장)

3) 다윗왕의 등극

사울이 블레셋과의 전투에서 세 아들과 함께 전사당하자 사울의 4째 아들 이스보셋은 유다 족속을 제외한 11지파의 왕으로 추대되어 마하나임에서 이스라엘의 왕이 되었고, 다윗은 유다 지파만의 옹위로 헤브론에서 등극하였다. 이 때 다윗의 나이는 30세였다. 그러나 북쪽 이스라엘은 불과 2년 만에 내분이 일어나 왕은 군대장관에게 피살되고 각 지파의 총대가 다윗을 공동의 왕으로 옹위하였다. 다윗은 무혈로 통일 왕국을 건설하고 수도를 예루살렘으로 옮기고 정치와 종교의 중심지로 삼았다(삼하5:1-12).

4) 다윗왕의 통치

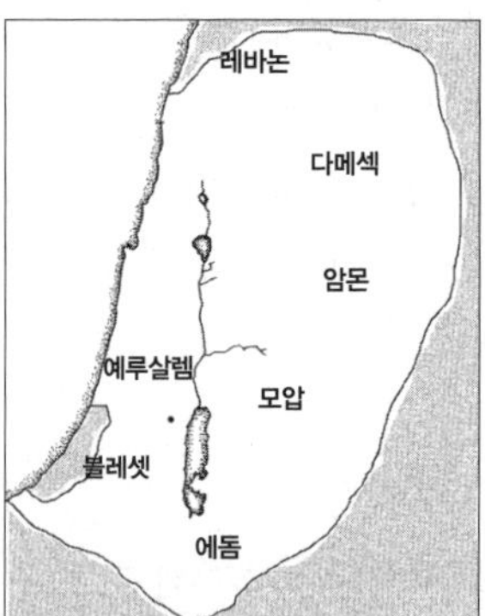

다윗의 최대판도

다윗은 국토를 통일하고 계속 변방을 공격하여 국토를 확장해 갔다. 서쪽으로 블레셋을 격퇴하고(삼하5:7-25), 남쪽으로 에돔과 모압을 정복하고(삼하8:2), 북쪽으로는 소바, 다메섹, 하맛을 정복하고(삼하8:3-12), 동쪽으로 암몬을 정복하여(삼하10:15-19) 동은 유브라데스강, 서는 지중해, 남은 홍해, 북은 레바논 산에 이르는 이스라엘 역사상 최대판도를 이룩했다. 제도도 정비하여 상비군은 288,000명을 두고 12반열로 나누어 수도를 경비케 하고(대상27:1-15), 제사장도 24반열로 나누어 한 주간씩(1년에 두 주간씩) 봉사케 했다(대상24:1-19).

5) 다윗왕의 말년

다윗은 마지막 정복지인 암몬의 랍바성을 정복할 때, 출전한 우리아의 아내 밧세바를 범하고 마침내 우리아를 전사케 하는 큰 죄를 범한다(삼하11장). 이 때부터 다윗 왕가에는 큰 분란이 일어나고 국가는 혼돈상태에 빠지게 된다. 아들 압살롬의 반역으로 다윗은 왕위에서 축출되어 경황없이 도망가다가 충성스러운 신하 후세의 도움으로 요단을 건너 위기를 모면한다(삼하17:1-20). 길르앗에 이르러 비로소 전열을 가다듬고 대오를 정비하여 반란군을 정복하고 다시 왕위에 복귀하게 되었다(삼하19:11-15).

4. 솔로몬왕

1) 솔로몬의 왕위 계승

다윗이 노경에 병들어 눕자, 왕자 가운데 아도니야가 다윗의 군대장관 요압과 제사장 아비아달의 협력으로 왕위에 오르고자 했다. 그때 선지자 나단과 제사장 사독이 재빨리 솔로몬에게 기름부어 왕으로 세우고 온 예루살렘에 공포했다(왕상1:32-40). 거사를 도모했던 아도니야는 투항하므로 용서받았으나 그의 행동에 의혹이 남아있자 요압과 함께 죽임당하고 아비아달은 파직당했다.

다윗은 온 백성 앞에서 솔로몬에게 기름부어 그를 왕으로 세웠다. 솔로몬은 만조백관을 대동하고 법궤가 있는 기브온으로 내려가서 일천 번제를 하나님께 드렸고, 하나님은 지혜를 구하는 그에게 지혜를 주시면서 부귀와 영광도 약속해 주셨다.

*** 참고**

다윗의 아내와 아들들(삼하3:2-5; 5:14-16, 대상3:5-8)

	아 내	아 들
다윗	아히노암	암논(압살롬에게 죽임당함)
	아비가일	길르압(젊어서 죽음) or 다니엘
	마아가	압살롬(요압에게 죽임당함)
	학깃	아도니야(폐위 : 사형당함)
	아비달	스바댜
	에글라	이드로암
	밧세바	시므아, 소밥, 나단, 솔로몬
	미갈	없음
	후비(後妃)	입할, 엘리사마, 엘리벨렛, 노가, 네벡, 야비야, 엘리사마, 엘야다

2) 솔로몬의 통치

솔로몬은 부왕이 이룩해 놓은 대 판도에 태평성대를 이룩했다. 친(親)애굽정책을 펴서 바로의 공주를 아내로 맞이했고 두로와는 동맹을 맺어 많은 자재와 인력을 공급받았으며 국방에 더욱 힘을 써서 예루살렘성과 빌로성을 건축하고 병거 1,400을 두고 또한 애굽에서 많은 말을 수입하여 마병 12,000명을 두었다. 한편으로는 무역에도 힘을 쏟아 멀리 오빌(인도로 추정)의 금까지 실어들였다. 주변 국가로부터 많은 양의 금과 은, 향품과 말과 노새를 조공으로 받아 이스라엘의 역사상 전무후무한 영화를 누렸다.

3) 솔로몬의 성전 건축

솔로몬은 즉위한 지 4년 만에 성전 건축을 시작한다. 다윗왕이 성전 건축을 위해 준비했던 금 10만 달란트와 은 100만 달란트를 가지고 레바논의 백향목을 비롯하여 주변 국가들의 좋은 자재와 기술자들을 총동원하여 7년 간의 대공사 끝에 드디어 화려한 성전을 건축하였다. 이 공사에 동원된 인원은 벌목공이 10,000명, 담꾼이 70,000명, 석공이 80,000명, 근로 감독관이 3,300명이나 되었다. 성전이 완공되자 다시 성전의 4배나 되는 왕궁을 짓기 시작하여 13년 대공사를 완성시켰다(왕상 7:1).

4) 솔로몬의 타락

솔로몬은 왕궁 건축 등 무리한 토목공사로 백성들에게 많은 조세 부담과 과중한 부역을 지게 하여 백성들의 원성을 쌓게 만들고, 지나치게 사치한 생활로 백성들의 생활을 더욱 어렵게 만들었다. 그리고 말년에 가서는 많은 이방 여인을 후비와 비장으로 거느리며 그들이 섬기는 우상을 다 섬기도록 허용하고 각 곳에 우상의 전각을 세우도록 하여 신앙적으로 크게 타락하게 되었다. 이에 하나님은 진노하사 에돔과 다메섹을 들어 이스라엘을 징계하시고 이스라엘의 12지파 가운데 2지파만 솔로몬의 아들에게 주고 나머지 10지파는 그의 신하 여로보암에게 넘어가도록 하셨다(왕상11:29-32).

쉬크(Shick)박사가 만든 솔로몬 성전모형

탐구문제

이스라엘왕과 세상의 왕정제도와의 차이점은?

이스라엘의 왕은 제사장에게 기름부음을 받고 즉위하여 하나님의 법에 절대 복종해야 되었고, 제사장과는 겸직이 불가했다. 그러니까 이스라엘 왕은 절대군주가 아니고 하나님의 법도대로 백성을 다스려야 했다. 근본적으로 신정정치에 불과했다. 그렇기 때문에 다윗왕은 "하나님은 나의 왕이라" 말했다(시5:2).

왕이 제사를 드리다가 어떻게 되었습니까?(삼상13:8-14, 대하 26:16-20)

이스라엘 역대 왕 가운데 왕이 하나님의 법도를 무시하고 제사를 드리다가 징계를 받은 왕은 통일왕국시대 사울왕과 남북조시대 웃시야왕이 있다. 사울왕은 하나님의 저주를 받아 아들에게 왕위를 계승하지 못했고, 웃시야왕은 문둥병에 걸려 그 병에서 고침을 받지 못하고 죽었다.

사울왕은 아말렉을 무찌른 후 승리를 기념하여 무엇을 하였습니까?(삼상15:1-12).

하나님은 사울에게 아말렉을 붙이시고 아말렉의 모든 족속을 다 죽이고 심지어 우양의 새끼까지 죽이라고 하셨는데 자기의 공로를 과시하기 위하여 아말렉의 왕 아각을 죽이지 않고 생포하여 돌아왔고, 양과 소 가운데서도 좋고 기름진 것은 죽이지 않고 끌고 왔다. 뿐만아니라 아말렉을 섬멸하고 돌아올 때 하나님의 공적비는 세우지 아니하고 자기의 전승 기념비를 세웠다.

다윗은 골리앗을 어떻게 넘어뜨렸습니까?(삼상17:49)

물맷돌을 골리앗의 이마에 박히게 했다. 이 때 골리앗이 투구를 쓰지 않았던 것이 사실인 것 같다. 투구를 썼다면 물맷돌이 그의 이마에 박힐 수가 없었을 것이다. 그렇다면 골리앗은 전투에 나오면서 어찌하여 투구를 쓰지 않았을까? 홍안 소년 다윗이 무방비 상태로 달려올 때 골리앗은 다윗을 업신여기고 방패도 투구도 쓰지 않고 나왔다고 생각된다.

다윗은 몇 번이나 사울을 죽일 기회가 있었습니까?

(삼상 24:1-15, 26:6-12)

두 번 있었다. 한번은 엔게디의 굴에 은신해 있을 때였다. 사울은 다윗이 거기 있는 줄 모르고 그 굴에 단신으로 들어와 뒤를 가릴 때(용변할 때) 죽일 수가 있었지만 옷자락만 베고 돌려보내었다. 그리고 또 한번은 다윗이 갈멜산에서 하길라산으로 옮겨갔을 때였다. 뒤따라 온 사울 일행이 지쳐서 밤에 깊은 잠에 빠졌을 때 다윗이 사울의 진중에 들어가서 사울 곁에 있는 창과 물병만 갖고 돌아왔다. 그 때마다 사울은 다윗의 그 선의에 감동하여 다시는 다윗을 쫓지 않겠다고 고백했으나 진정 하나님께 회개하지는 않았기에 또다시 다윗을 추격했던 것이다.

다윗은 10대 소년으로 어떻게 사자나 곰의 수염을 잡고 쳐죽일 수 있었겠습니까?(삼상17:34-35)

목동 다윗은 사자나 곰이 양떼에서 새끼를 물고가면 멀리서 물매로 그 머리를 명중시켜 혼미상태에 빠지면 그 입에서 새끼를 건져내었고 그것이 일어나 공격하려고 하면 수염을 잡고 넉넉히 쳐죽일 수 있었다고 본다.

다윗보다 한 시대 앞선 사사시대 물매실력이 어느정도 였는가 하면 "이 모든 백성 중에서 택한 칠백명은 다 왼손잡이라 물매로 돌을 던지면 호리도 틀림이 없는 자더라"(삿20:16)라고 했다.

다윗도 목동생활을 통해 물매실력이 위 수준은 되었다고 여겨진다. 그런 실력을 가졌기에 감히 골리앗의 이마를 명중시키겠다고 나왔을 것이다.

다윗이 전쟁마다 승리하게 된 비결은?(삼하5:19, 대상14:14-15)

다윗은 전쟁에 나갈 때마다 먼저 하나님께 물어 보았다. "나아가리이까, 말리이까" 그는 하나님이 명령하신 대로 순종하였기 때문에 승리했다. 어떤 때는 뽕나무 위에 올라가 있다가 적의 말발굽 소리가 나거든 일제히 공격하라 할 때 그대로 순종했기 때문에 승리할 수가 있었다.

다윗은 범죄한 뒤 누구에게 책망을 듣고 회개하였습니까?(삼하12장)

이름도 존재도 없는 나단 선지자의 말을 듣고 크게 회개했다. 나단 선지자가 바로 왕의 죄를 공격했던들 다윗은 결코 회개하지 않았을 것이다. 그러나 나단은 예화를 들어 다윗으로 하여금 스스로 자신의 죄를 정죄하도록 하고, 그의 죄를 하나하나 들어 공격했기 때문에 크게 뉘우칠 수가 있었다.

회개한 다윗의 아름다운 모습을 말하세요.(삼하16:5-13)

다윗이 압살롬의 반역으로 도망쳐갈 때 사울의 집 족속 시므이가 산 위에서 다윗을 욕하였다. 이 때 분개한 신하 아비새가 당장 달려가 잡아오려고 하자 다윗은 그를 만류하면서 "내 몸에 태어난 아들도 내 생명을 해하려 하는데 하물며 사울의 집 사람이 날 해치려 하는 것은 너무나 당연하지 않느냐" 하며 "그냥 버려 두라" 했다. 아들에게 당한 분풀이를 시므이에게 행하여 잔인하게 복수할 수 있었지만 '하나님이 저를 통해 나를 저주하는 것' 이라 말했다.

회개한 자의 아름다운 모습이다.

다윗이 압살롬의 반역으로 도망쳐 갈 때 다윗을 도와 준 사람은 누구이며 다윗은 훗날 그에게 어떻게 보답했습니까?(삼하17:27-28, 삼하19:31-33, 왕상2:7)

바실래이다. 그는 다윗왕이 아무 것도 없이 왕궁에서 몸만 빠져 나왔을 때 일상 생활용품을 다 마련해 드렸다. 나라의 판도가 압살롬에게 기울여져 모든 신하가 다 압살롬 편에 섰을 때에도 바실래는 위험을 무릅쓰고 다윗에게 충성을 다했다. 다윗은 난이 평정된 다음 빨리 예루살렘으로 돌아와 정국을 안정시켜야 될 경황없는 형편이었지만 다윗은 바실래를 찾아 베풀어진 은공을 감사하고 그에게 특별한 은혜를 베풀었고 더욱이 죽을 때 자식에게 바실래의 아들을 잘 보살피라고 유언까지 했다. 바실래의 충정도 대단하였지만 다윗의 보은의 정성도 지극했다.

솔로몬은 회개한 아도니야를 왜 죽여야 했습니까?(왕상 2:13-23)

아도니야는 거사에 실패하자 성막 제단의 뿔을 잡으므로 생명을 보존받을 수 있었지만, 부왕의 마지막 후궁인 아비삭을 자기 아내로 취하려할 때는 용납받을 수가 없었다. 아비삭은 다윗의 말년에 몸에 훈기를 일으키기 위한 후궁이었으므로 처녀라고 짐작된다. 고대에 왕의 후궁을 취한다는 것은 바로 왕위를 물려받는다는 상징적인 의미가 있다. 그러므로 아도니야는 회개는 했지만 아직도 왕이 되려는 그의 야심을 드러내었기 때문에 죽임을 당했던 것이다.

솔로몬은 왕이 된 다음 하나님께 무엇을 구하였습니까?(왕상3:7-9)

지혜를 구하였다. 솔로몬이 일천번제를 드렸을 때 하나님은 솔로몬을 시험하시기 위해 “내가 너에게 무엇을 줄꼬 소원을 아뢰라” 하셨다. 그때 솔로몬은 지혜를 구하였고, 하나님은 그 기도를 들으시고

'그 말씀이 주의 마음에 맞는지라' 고 하셨다. 시험에 합격한 것이다. 왜 솔로몬이 지혜를 구할 때 하나님은 그렇게 기뻐하셨나? 솔로몬이 하나님께 받은 소명인 왕의 직분을 잘 감당하기 위해 지혜를 구했기 때문에 하나님이 그렇게 기뻐하신 것이다.

하나님은 이스라엘 왕에게 특별히 무엇을 경고했습니까?(신 17:16-17)

하나님은 이스라엘 왕에게 3가지를 많이 두지 말라고 경고하셨다. 말과 아내와 은, 금이었다.

그런데 솔로몬은 이 3가지 경고를 모두 어기고 지나치게 많이 가졌다. 말의 외양간이 40,000개였고(왕상4:26), 후비와 비장이 1,000명이었고(왕상11:3), 은, 금도 한없이 많이 쌓았다(왕상10:14-27). 하나님의 명령에 역행한 삶이 되었다. 하나도 따르지 아니하고 거역만 한 것이다.

타락한 솔로몬에게 생전에 왕위를 빼앗지 않았던 이유는?(왕상11:34)

솔로몬의 행위를 보면 즉시 왕위를 빼앗아야 했겠지만 부왕 다윗을 보고 그의 생전에는 왕위를 빼앗지 않겠다고 하셨다. 부모가 자식에게 재물을 많이 넘겨주는 것도 귀한 일이지만 무엇보다도 더 중요한 것은 복을 자식에게 넘겨주는 일이라 할 수 있다.

제 9 장

분열왕국시대

1. 왕국의 분열

오랫동안 누적되어 온 유다 지파에 대한 불만과 특히 유다 지파와 에브라임 지파간의 첨예한 대립이 왕국분열의 가장 큰 원인이 되었고 거기다가 솔로몬왕의 지나친 토목공사로 인한 과중한 부역과 중세가 분열을 가속화시켰다. 마침내 솔로몬왕이 죽고 아들 르호보암이 예루살렘에서 즉위하자 북쪽 10지파는 냉담한 반응을 보이다가 르호보암이 세겜에 가서 즉위식을 갖고 솔로몬 왕보다 더 강경책을 선포하자 북쪽 10지파는 대동단결하여 에브라임 지파인 여로보암을 왕으로 옹립하였다. 이 때 르호보암은 황급히 예루살렘으로 도망갔다. 이로 말미암아 예루살렘에는 르호보암이 유다의 왕이 되고 세겜에서는 여로보암이 이스라엘 왕이 되었다. 이 와중에 레위 지파는 처음에는 여로보암을 좇아갔으나 그가 하나님의 법도를 무시하고 제사장을 세우므로 유다로 귀순해 왔다.

1) 두 왕국의 개요

구분 / 내용	남 왕 국	북 왕 국
국명	유다	이스라엘
수도	예루살렘	세겜 — 디르사 — 사마리아
왕조	1왕조(20대)	9왕조(19대)
지파	2지파(유다, 베냐민)	10지파
인구	이스라엘의 절반	유다의 두배

국토	험준한 산악지대	비옥한 평야(요단계곡)
국시	여호와께 경배	전쟁과 무역판도확대(우상섬김)
멸망	바벨론(931-586BC)345년간	앗수르(931-722BC)209년간
포로후 동향	대부분 귀환	귀환하지 못한다(혼혈족)

남북왕국

2) 남북왕국의 관계

분쟁 시기	약 60년	남 : 르호보암 → 아사 북 : 여로보암 → 오므리	전쟁 상태
동맹 시기	약 70년	남 : 여호사밧 → 요아스 북 : 아합 → 여호아하스	앗수르를 공동 대응하기 위해 동맹 여호사밧의 왕자(여호람) ┐ 결혼 아합의 공주(이세벨) ┘
대립 시기	약 80년	남 : 아마샤 → 히스기야 북 : 요아스 → 호세아	남 : 르호보암 → 아사 북 : 여로보암 → 오므리

2. 북조 이스라엘

북왕조는 솔로몬왕 시절 노동감독관이었던 여로보암이 즉위하고 국호를 이스라엘 또는 여로보암이라고 하였으며 수도는 세겜에서 사마리아로 옮겨갔다. 북조 이스라엘은 무사들의 정권 쟁탈전이 계속되어 불과 200여 년 만에 왕조가 무려 9번이나 바뀌었으며 역대 왕은 하나같이 다 하나님을 저버리고 사신우상을 따라갔으며 19왕 가운데 선한 왕은 단 한 사람도 없었다. 209년 만에 앗수르에 의하여 패망 당하였다.

각 왕조의 통치기간은 다음과 같다.

1) 북왕조(이스라엘) 931-722 BC (209년간)

(1) 여로보암 왕조(22년) : ① 여로보암 — ② 나답(피살)
(2) 바아사 왕조(24년) : ③ 바아사 — ④ 엘라(피살)
(3) 시므리 왕조(7일) : ⑤ 시므리(자살)
(4) 오므리 왕조(44년) : ⑥ 오므리 — ⑦ 아합 — ⑧ 아하시야 — ⑨ 요람(여호람, 피살)
(5) 예후 왕조(80년) : ⑩ 예후 — ⑪ 여호아하스 — ⑫ 요아스 — ⑬ 여로보암2세 — ⑭ 스가랴(피살)
(6) 살룸 왕조(1개월) : ⑮ 살룸(피살)
(7) 므나헴 왕조(12년) : ⑯ 므나헴 — ⑰ 브가히야(피살)
(8) 베가 왕조(20년) : ⑱ 베가(피살)
(9) 호세아 왕조(10년) : ⑲ 호세아(앗수르에 포로)

2) 역대 왕의 사적

대 수	이 름	재위기간 (BC)	사 적	성 경
1	여로보암	22 (931-909)	1) 솔로몬의 노여움을 사서 애굽으로 망명 2) 세겜에서 10지파 반란 주도 - 왕으로 추대 3) 금송아지 앞에 절하도록 함	왕상 11:26-14:20 대하 9:26-13:22

	나 답	2 (910–908)	1) 여로보암의 아들 2) 바아사에게 피살	왕상 15:25–28
	바 아 사	24 (909–885)	1) 나답을 죽여 선지자 아히야의 예언 성취(왕상14:4, 15:28) 2) 남조 아사왕(3대)과 싸우고, 국교 단절	왕상 15:27–16:7 대하 16:1–6
	엘 라	2 (886–883)	1) 바아사의 아들 2) 취중에 신복(시므리)에게 피살	왕상 16:6–14
	시 므 리	7일	1) 궁중에서 포위당해 자결	왕상 16:9–20
	오 므 리	12년	1) 사마리아로 천도 2) 역대 왕 중 가장 막강했음 3) 아들 아합을 이세벨과 결혼	왕상 16:21–28
	아 합	22년	1) 두로의 공주 이세벨과 결혼 2) 바알선지 450명, 아세라 선지 400명을 궁중에 기거시킴 3) 바알을 섬기므로 3년 6개월동안 큰 기근 4) 남조 여호사밧(4대)과 결혼. 군사 동맹 체결 5) 아람과의 전투에서 전사	왕상 16:28–22:40 대하 18:1–34
	아하시야	2년	1) 아합과 이세벨의 맏아들 2) 궁전에서 떨어져 병들었음 3) 치유를 위하여 바알세붑에게 돌아감 4) 엘리야의 비난을 받자 그를 체포코저 함	왕상 22:40– 왕하 1:18
	요 람	12년	1) 아합과 이세벨의 막내아들 2) 여호사밧(4대)과 동맹 – 수리아 공격 3) 수리아의 나이만 장군 문둥병 고치러 옴 4) 예후에게 피살	왕하 1:18–8:15

10	예　후	28년	1) 엘리사가 보낸 사자로부터 기름 부음 받음 2) 이세벨과 아합의 아들 70인을 죽임	왕하 9:1-10:36 대하 22:7-10
11	여호아하스	17년	1) 예후의 아들 2) 수리아군에게 대패	왕하 13:1-9
12	요 아 스	16년	1) 예루살렘을 약탈하고 많은 인질과 재물을 가져감	왕하 13:10-14:16 대하 25:17-24
13	여로보암 2세	41년	1) 북왕국의 최장기 통치 2) 실지 회복, 막강한 국력 과시	왕하 14:23-29
14	스 가 랴	6개월	1) 예후의 4대손 2) 살룸이라는 폭도에게 피살	왕하 14:29-15:12
15	살　룸	1개월	1) 므나헴에게 피살	왕하 15:10-15
16	므 나 헴	10년	1) 지독한 독재자	왕하 15:14-22
17	브가히야	2년	1) 므나헴의 아들 2) 군대장관 베가에게 피살	왕하 15:22-26
18	베　가	20년	1) 앗수르에 대항하기 위해 유다와 연합코져 했으나 실패 2) 호세아에게 피살	왕하 15:27-31 대하 28:5-8
19	호 세 아	9년	1) 앗수르에 대항하여 애굽과 연합 2) 앗수르에 감금당하고 백성은 포로되어 갔다.	왕하 17:1-6

3) 북왕조에서 활동한 선지자

(1) 엘리야

가) 인물

① 디셉 사람(왕상17:1)

② 아합(7대)왕 때 선지자

나) 활동

① 엘리야와 그릿 시냇가의 까마귀

- 그릿 시냇가에서 엘리야는 까마귀가 물어다 주는 음식에 의해 초자연적으로 연명함(왕상17:2-7)

② 엘리야와 사르밧의 과부

- 엘리야는 과부를 통하여 초자연적으로 하나님의 의해서 부양 받음(왕상17:8-16)
- 엘리야가 과부의 죽은 아들을 되살림(왕상17:17-24)

③ 엘리야와 아합

- 엘리야가 삼년 반 동안의 가뭄을 선포함(왕상17:1)
- 가뭄의 끝남을 예언함(왕상18:41-46)

④ 엘리야와 이스라엘 민족

- 엘리야가 이스라엘을 질책하고 갈멜산에서 겨뤄보자고 이스라엘에 도전함(왕상18:20-24)

⑤ 엘리야와 바알의 선지자들

- 바알의 선지자들은 하늘로부터 불을 내려오게 할 수 없었음(왕상18:25-29)
- 엘리야가 우상숭배를 죄목으로 들어 그들을 처형함(왕상18:40)

⑥ 엘리야와 주 하나님

- 엘리야가 이세벨의 보복을 두려워하여 이스라엘에서 달아남(왕상19:1-3)

- 도중에 하나님의 사자를 만나 음식을 대접받음(왕상19:4-7)
- 동굴에서 하나님의 세미한 음성을 들음(왕상19:9-18)

⑦ 엘리야와 선지자 엘리사

- 엘리야가 엘리사를 특별한 직분으로 부름(왕상19:19-21)
- 엘리야가 엘리사를 특별한 직분에 대비케 함(왕하2:1-10)

⑧ 엘리야와 북왕국의 왕 아하시야

- 엘리야가 악한 왕 아하시야에게 그가 난간에서 떨어져 죽을것이라고 예언함(왕하1:1-18)
- 엘리야가 기도를 통하여 그를 잡으러 온 아하시야의 군대 100명을 하늘에서 내려온 불로 태워 죽임(왕하1:9-12)
- 그러나 무릎을 꿇고 자비를 구한 세 번째의 오십부장은 살려줌(왕하1;13-16)

⑨ 엘리야와 불수레

- 엘리야가 요단강 물을 가르고 동쪽 둑으로 건너감(왕하2:1-8)
- 엘리야가 엘리사로부터 마지막 요청을 받음(왕하2:9,10)
- 엘리야가 죽음을 맛보지 않고 회리바람을 타고 승천함(왕하2:11)

(2) 엘리사

가)인물

① 아벨므홀라 출신, 사밧의 아들(왕상19:16)

② 엘리야의 후계자

③ 여호람(9대) → 요아스(12대)왕 때 선지자(약 50년간 활동)

나)활동

① 요단 강물을 가름(왕하2:14)

② 여리고의 물을 깨끗케 함(왕하2:19-22)

③ 벧엘의 악한 아이 40명을 정죄함(왕하2:23,24)
④ 마른 개천에 물이 가득 차게 함(왕하3:16-20)
⑤ 빈 그릇에 기름이 차게 함(왕하4:1-7)
⑥ 수넴 여인의 아들을 되살림(왕하4:8-21, 32-37)
⑦ 길갈에서 독한 국을 깨끗케 함(왕하4:38-41)
⑧ 보리떡 스무 개와 채소 한 자루로써 100명을 먹임(왕하4:42-44)
⑨ 나아만의 문둥병을 고침(왕하5:1-14)
⑩ 게하시에게 문둥병이 내리는 심판이 임할 것이라고 예언함(왕하5:15-27)
⑪ 요단강에 빠진 도끼머리를 떠오르게 함(왕하6:1-7)
⑫ 이스라엘에 대한 수리아의 은밀한 전쟁계획을 폭로함(왕하6:8-12)
⑬ 자기의 종이 보이지 않는 천군천사를 보게 해달라고 기도함(왕하6:13-17)
⑭ 온 수리아의 군대를 눈멀게 함(왕하6:18-23)
⑮ 사마리아 성에 갇힌 굶주린 백성들이 해방될 것임을 약속함(왕하6:24-7:20)
⑯ 수리아 왕 벤하닷의 죽음과 하사엘의 수리아 통치를 예언함(왕하8:7-15)
⑰ 이스라엘이 수리아를 세 차례 이길 것이라고 예언함(왕하13:14-19)
⑱ 죽은 지 수년 후에 한 시체를 되살아나게 함(왕하13:20, 21)

(3) 기타 선지자(문서 선지자) : 오바댜, 요나, 나훔, 아모스, 호세아

3. 남조 유다

유다와 베냐민 두 지파로 이룩된 남조 유다는 다윗의 후손들이 왕위를 계승해 나갔으며, 다만 7대 아달랴만은 여왕으로 일시적으로 통치하기도 했다.

20명 왕 중 8명이나 의로운 왕이 나와 선정을 베풀고 신앙을 개혁하였다. 북왕조가 망하고도 135년이나 더 존속하다가 바벨론에 의해 멸망당했다. 왕 계표와 역대 왕의 치적은 다음과 같다.

1) 왕 계표 (다윗→솔로몬)

① 르호보암 ② 아비얌 ③ 아사 ④ 여호사밧
⑤ 여호람 ⑥ 아하시야 ⑦ 아달랴 ⑧ 요아스
⑨ 아마샤 ⑩ 웃시야 ⑪ 요담 ⑫ 아하스
⑬ 히스기야 ⑭ 므낫세 ⑮ 아몬 ⑯ 요시야
⑰ 여호아하스 ⑱ 여호아김 ⑲ 여호야긴 ⑳ 시드기야

2) 역대왕의 치적

대 수	이 름	재위기간 (BC)	사 적	성 경
1	르호보암	17년	1) 솔로몬의 아들 2) 우둔하여 내란이 발생 3) 아내 18명과 첩 60명을 둠	왕상 11:44-14:31 대하 9:31-12:16
2	아 비 얌	3년	1) 르호보암의 아들 2) 하나님의 초자연적인 간섭으로 북조 여로보암과의 전쟁에서 승리하였으나 타락하여 사악한 왕이됨	왕상 14:31-15:8 대하 13:1-22

3	아 사	41년	1) 신앙개혁, 유다를 중흥 2) 기도로 구스 100만 대병을 물리침 3) 말년에 타락함	왕상 15:8-24 대하 14:1-16:14
4	여호사밧	25년	1) 율법교사를 전국에 파송 성경을 가르치게 함 2) 기도로 모압족속 물리침	왕상 22:41-50 대하 17:1-21:1
5	여 호 람	8년	1) 아달랴(아합과 이세벨의 딸)와 결혼 2) 왕위에 오르고 6형제 살해 3) 무서운 병으로 사망 - 열왕의 묘실에 들어가지 못했다	왕하 8:16-24 대하 21:1-20
6	아하시야	1년	1) 여호람(왕후 아달랴)의 아들 2) 예후에게 피살	왕하 8:24-9:29 대하 22:1-9
7	아 달 랴	6년	1) 여호람의 왕후 2) 아들 아하시야가 죽자 손자들을 죽이고 왕위를 빼앗음 3) 6년간의 통치 후 처형당함	왕하 11:1-20 대하 22:10-23:21
8	요 아 스	40년	1) 아달랴의 유혈 숙청 때 생존한 유일한 인물 2) 잔인한 독재자 3) 왕의 죄를 규탄한 대제사장 스가랴를 돌로 쳐 죽임 4) 왕궁 경비병에게 피살	왕하 11:1-12:21 대하 22:10-24:27
9	아 마 샤	29년	1) 한때 선정을 베풀었으나 타락한 왕이 되었다 2) 무분별하게 북조 이스라엘에 선전포고하였다가 무참하게 패했다	왕하 14:1-20 대하 25:1-28

10	웃 시 야	52년	1) 용맹스러운 왕 2) 제사장직까지 침해하려다가 문둥병에 걸림	왕하 15:1-7 대하 26:1-23
11	요 담	16년	1) 성전의 윗문을 건축한 선한 왕 2) 원수들을 물리치고 매년 엄청난 조공을 거둬 들임	왕하 15:32-38 대하 27:1-9
12	아 하 스	16년	1) 유다의 두 번째 악한 왕 2) 아들을 우상의 제물로 바침	왕하 16:1-30 대하 28:1-27
13	히스기야	29년	1) 유다의 두 번째 선한 왕으로 가장 부유했다 2) 성전보수, 유월절 축제 거행 3) 기도로 앗수르 섬멸 4) 기도로 생명 15년간 연장 받음 5) 바벨론 사신들에게 자기의 부를 자랑하다가 선지자의 큰 책망을 받음	왕하 18:1-20:21 대하 29:1-32:33
14	므 낫 세	55년	1) 남북 왕조 중 가장 오래 집권했던 왕 2) 가장 사악한 왕 3) 바벨론에 생포 - 회개 - 새로운 삶 맞음	왕하 21:1-18 대하 33:1-20
15	아 몬	2년	1) 므낫세처럼 사악한 왕 2) 신복들에게 피살	왕하 21:19-26 대하 33:21-25
16	요 시 야	31년	1) 다윗이래 가장 경건한 왕 2) 성전수리하다가 율법책 발견 3) 신앙부흥 유월절 대축제 행사 4) 애굽과의 싸움에서 전사	왕하 22:1-23:30 대하 34:1-35:27

17	여호아하스	3개월	1) 요시야의 아들 2) 부왕을 죽인 느고에 의하여 3개월만에 폐위 3) 애굽에 잡혀가서 거기서 죽음	왕상 23:31-34 대하 36:1-4
18	여호야김	11년	1) 요시야의 맏아들 2) 애굽의 바로에 의하여 왕위에 오름 3) 유다의 셋째 가는 악한 왕 4) 하나님의 말씀 일부를 불태움 5) 바벨론의 공격받고 많은 백성(다니엘 포함)이 포로로 끌려감 6) 비참하게 죽음	왕하 23:34-24:5 대하 36:5-8
19	여호야긴	3개월	1) 요호야김의 아들 2) 바벨론으로 생포되어 그 곳에서 죽음	왕상 24:6-16 대하 36:9-10
20	시드기야	11년	1) 요시아의 막내아들 2) 선지자 예레미야를 박해 3) 바벨론 포로로 끌려감(눈 빼임) 4) 성전은 파괴당하고 유다는 멸망	왕하 24:17-25:30 대하 36:11-12

3) 이 시대 활동한 선지자(문서 선지자)

: 요엘, 이사야, 미가, 스바냐, 하박국, 예레미야

탐 구 문 제

역대 선왕의 대표는 다윗왕이고 악한 왕의 표본은 여로보암이다(왕상 16:2,31). 여로보암이 패악한 왕의 표본이 된 까닭은?(왕상12:27-30)

여로보암이 이스라엘의 왕이 된 다음 백성들이 예루살렘 성전으로

단과 벧엘

제사 드리러 가는 것을 막기 위해 단과 벧엘에 금송아지를 세워놓고 거기에 절하게 만들었다.

하나님을 공경하려는 백성들을 우상앞에 절하게 만든 것이 하나님 앞에 가장 악한 행위가 된 것이다.

여로보암이 범죄한 결과는?(왕상14:10, 15:28)

그 집이 지면에서 멸절되었다. 시편에 악인은 오직 바람에 나는 겨와 같도다(시1:4)고 했는데 바람에 날리는 겨는 어디로 가버리는지 행방조차 알 수 없다. 과연 그의 자손들은 온데 간데 없게 되었다.

아람나라가 이스라엘을 공격하다 실패했을 때 이스라엘이 공경하는 여호와는 어디에 거한다고 하였습니까?(왕상20:22-34)

산에 거하는 하나님이라 했다. 아람나라는 패할 수 없는 일전이었는데도 패한 원인을 분석한 결과 여호와는 산에 거하는 하나님이기 때문에 산악전에서 실패했다는 결론을 얻었다. 그래서 그 다음은 평지에서 싸웠으나 하나님은 평지에도 계시는 하나님인 것을 보여 주시기 위해 비록 아합은 악한 왕이었지만 아합의 손을 들어 주셨다. 이것을 보면 당시의 신관의 일면을 알 수 있다. 하나님의 편재성을 모르고 한 지역에만 거하는 신으로 알았던 것이다. 선지자 요나도 하나님의 얼굴을 피하여 다시스로 도망(욘1:3)간 것을 보면 그도 또한 하나님의 편재성을 몰랐던 것 같다.

나봇은 왜 아합 왕에게 자기의 포도원을 팔지 않았습니까? (왕상21:3)

하나님이 '나누어준 땅은 팔지 말라' 명령했기 때문이다(레25:23). 나봇은 비록 왕이 비싼 고가로 땅을 사려고 해도, 더 넓은 포도원과 교환하자고 해도 하나님의 명령에 순종하기 위해 거절했다. 그러다가 이세벨에 의하여 비참하게 살해되고 상속자인 그의 아들까지 죽임을 당했다(왕하9:26).

하나님은 아합에게 왜 나봇의 피를 핥은 곳에서 개들이 너의 피도 핥으리라 하셨습니까?(왕상21:19)

무고한 나봇을 죽인 죄로 자기도 비참하게 죽을 것을 알려주어 회개하도록 하셨다. 아합은 끝내 회개하지 않으므로 아람과의 싸움에서 한 병사의 우연한 화살에 맞아 숨지게 되었고 과연 그 피를 개들이 핥았다(왕상22:38).

엘리야가 한 번 기도할 때 3년 6개월 동안 무엇이 내리지 않았습니까?(왕상17:1)

우로가 내리지 않았다. 단순히 비만 내리지 않은 것이 아니라 이슬까지 내리지 아니했다. 이스라엘에는 일 년에 한두 차례 비가 오는데 그것도 강우량이 100-200mm에 불과하다고 한다. 그러나 매일 밤 이슬이 흠뻑 내리기 때문에 낮에 작열하는 태양에 시들었던 초목이 다시 살아날 수 있다. 이렇게 시들은 초목을 되살리는 이슬까지 내리지 않았으니 그 때 사정이 어떠했는가를 짐작할 수 있다.

수넴 여인은 어떻게 하여 늙은 몸에서 아들을 얻었습니까?

(왕하4:8-17)

엘리사를 잘 대접하였으므로 아들을 얻었다. 수넴 여인은 자기 동리 앞으로 지나다니는 엘리사를 음식으로 접대하다가 나중에는 방까지 마련하여 유숙하게 했을 뿐만 아니라 책상과 촛대까지 마련하여 하나님의 말씀을 묵상하도록 정성을 베풀었다. 그 정성에 놀란 엘리사는 군대장관이나 나라의 왕에게 소원을 말하라 했지만 소원이 없다고 했다. 엘리사는 이에 더욱 감동하여 그 집에 무엇이 필요한가를 게하시에게 살피게 해서 늙은 몸에 아이가 없는 것을 발견하고 아들을 얻게 했다.

※ 성경에는 물질의 축복을 받는 비결을 4가지로 말하고 있다.

1) 십일조 헌금(말라기3:8-10)
2) 가족 잘 돌보는 것(딤전5:8)
3) 가난한 자 구제(잠19:17)
4) 사역자 잘 돕는 것(갈6:6)

엘리사는 선지생도의 아내가 갖고 있는 기름으로 그 빚을 탕감하게 하였는데, 그 의미는 무엇입니까?(왕하4:1-7)

하나님은 우리들이 갖고 있는 것을 통하여 큰 역사를 이룩하심을 보여주신 것이다. 선지생도의 아내가 자기의 어려운 사정을 호소할 때 엘리사는 얼마든지 다른 방법으로 그 여인의 문제를 해결해 줄 수도 있었지만 그 여인에게 "너의 집에 무엇이 있느냐?" 물었다. 아마 여인은 처음에는 '아무 것도 없다' 고 말했을 것이다. "그래도 너에게 무엇이 있는지 찾아 보라"하였다. 생각해 보니 기름(식용유) 한 병 있는 것을 알게 된다. "그러면 빈 그릇을 많이 빌려 기름으로 채우라" 했다. 하나님은 우리들이 갖고 있는 것을 통하여 큰 역사를 이룩하신다.

모세도 하나님께서 애굽에 내려가 내 백성을 구원하라 하실 때 도저히 감당할 수 없다고 거부하자, 하나님은 "네 손에 무엇이 있느냐?"(출 4:2)고 물으셨다. '지팡이니이다' 라고 모세가 대답했다. 하나님은 모세에게 마른 막대기 하나 갖고 애굽으로 내려가게 했다. 그 막대기를 휘두를 때마다 놀라운 능력이 나타났다. 능력의 막대기, 생명의 막대기, 승리의 막대기가 되게 하셨다.

히스기야 왕은 이스라엘 백성이 광야를 지나올 때 불뱀에 물린 사람이 쳐다보면 낫게 되었던 놋뱀을 왜 부수어 버렸습니까?(왕하18:4)

놋뱀을 우상시하였기 때문이다. 이스라엘 백성이 광야를 행진해 가다가 하나님을 원망할 때 불뱀이 나타나 이스라엘 백성을 많이 물어 죽였다.

이 때 하나님은 장대에 높이 불뱀을 만들어 세우게 하시고 그를 쳐다보는 자는 살게 해 주시겠다고 약속하셨다(민21:8). 과연 그 약속을 믿고 쳐다보는 사람은 다 낫게 되었으나, 훗날 그 놋뱀이 무슨 신통한 능력을 발해서 병이 나은 줄 알고 사람들은 놋뱀 자체를 우상시하였다.

그래서 히스기야 왕은 국보급으로 소중히 보관해 왔던 놋뱀이었지만 그것을 가루로 만들어 버렸다.

히스기야는 앗수르 대군을 어떻게 물리쳤습니까?(왕하 19:14-19)

기도로 물리쳤다. 앗수르의 산헤립왕이 예루살렘을 포위하고 순순히 항복하지 않으면 이스라엘을 초토화시키겠다는 협박과 공갈로 최후 통첩문을 보내었다. 그때 왕은 신하들과 대책회의를 열지 아니하고 성전에 들어가서 두루마리 편지를 그대로 펴놓고 하나님께 직고했다. 그랬더니 그 밤에 앗수르 대군을 물리칠 수가 있었다.

하나님께 가장 아름다운 기도는 있는 형편 그대로 드러내어 놓고 호소하는 기도이다.

므낫세는 히스기야 왕이 언제 얻은 아들입니까?(대하33:1)

히스기야 왕이 생명을 15년 동안 연장받은 후에 낳은 아들이다. 히스기야는 병들어 죽게 되었을 때 후사가 없고 국가가 외적의 위협을 당하자 이를 위해 눈물로 간구했더니 하나님께서 그의 생명을 15년 동안 더 연장해 주셨는데(왕하20:6) 그로부터 3년 뒤에 므낫세를 낳았다.

므낫세는 남북을 통하여 가장 악한 왕이 되었으며 그의 악정으로 말미암아 유다의 멸망을 재촉하게 된다. 한 마디로 므낫세는 낳지 않았으면 더 좋을 뻔했다. 하나님의 예정이 인간의 소망보다 더 선하시다.

요시야 왕은 성전을 수리하다가 율법책을 발견하고 왜 옷을 찢었습니까?(왕하22:8-13)

우리 조상들이 율법을 몰라서 하나님께 진노를 받았다고 슬퍼했다. 그 당시는 율법책이 없었기 때문에 하나님의 말씀을 듣지도 못하고 행하지 못하여 하나님의 큰 진노를 샀다. 율법책이 없었다는 것을 볼 때 당시 사회가 얼마나 암흑한 시대였는가를 잘 알 수 있다.

시드기야는 바벨론을 섬기라는 예레미야 선지자 말을 거역하고 친 애굽정책을 펴다가 어떻게 고난당했습니까?(렘52:7-11)

느부갓네살 왕에게 생포되어 바벨론으로 끌려갔다. 목전에서 왕자들은 죽임을 당했고, 그는 두 눈마저 뽑히고 투옥 당했다. 성전은 파괴되고 유다는 20대 345년 만에 멸망당하고 말았다.

제 10 장

포로시대

통일왕국이 붕괴되고 유다가 남북으로 분열된 이후 북조 이스라엘은 불과 209년 만에 앗수르에 의하여 멸망당하고 백성들은 포로되어 여러 곳으로 분산되었다. 남조 유다도 이스라엘이 멸망당한 뒤 약 150년간 더 존속하였지만 끝내 바벨론에 포로되어 갔다.

1. 북 이스라엘의 앗수르 포로

북 왕조는 최장기 통치자로서 막강한 국력을 길러 많은 실지를 회복하였던 여로보암 2세가 죽고 난 다음부터 쇠퇴의 길을 걷게 되었다. 더욱이 격동하는 외세의 영향으로 다메섹파, 앗수르파, 애굽파 등으로 분열되어 끊임없는 정변과 혼란을 거듭하다가 마침내 앗수르에 포로로 잡혀갔다.

1) 므나헴(16대)왕 때 앗수르에 조공

앗수르 왕위를 찬탈한 불이 이스라엘을 위협할 때(왕하15:19) 므나헴은 일천 달란트를 조공으로 바치고 겨우 침공을 모면했으나 이스라엘은 앗수르의 포로가 되고 말았다.

2) 베가(18대)왕 때

(1) 1차 포로(BC 771년)

베가는 아람과 동맹을 맺고 앗수르를 공격하기 위하여 유다의 협력을 요청하였으나 거절당하자 두 동맹은 유다를 공격했다. 유다의 아하스왕은 앗수르에게 원병을 요청하였고 앗수르의 디글랏빌레셀은 아람왕 르신을 죽이고 요단강 동쪽에 사는 많은 이스라엘 백성을 포로로 잡아갔다(왕하16:7-9).

(2) 2차 포로(BC 734년경)

앗수르왕 디글랏빌레셀이 요단강 동북편을 공격하여 르우벤과 갓과 므낫세 반 지파를 메대로 사로잡아 갔다(대상5:26).

3) 호세아(19대) 9년에 앗수르에게 패망(BC 722년)

호세아는 앗수르의 살만에셀(디글랏빌레셀의 아들)이 침공하자 매년 조공을 바치기로 약조하였다. 그러나 얼마 있지 않아 애굽왕을 의지하고 조공을 거부하자 앗수르 왕은 재침하여 수도 사마리아 성을 포위하고 항복을 강요했다. 3년을 버티다가 수도는 함락되고 백성은 포로되어 갔으며, 이스라엘 역사는 완전히 끝나고 말았다. 일찌기 호세아가 예언한 대로 "내가 분노하므로 네게 왕을 주고 진노하므로 폐하였노라(호13:11)" 하신 말씀이 그대로 이루어진 것이다.

여로보암에서 호세아에 이르기까지 209년 간(931-722 BC) 9왕조가 교체되었으며 왕가가 바뀔 때마다 피흘리는 혁명이 있었고 온 가문이 전멸 당하는 비극을 당했다. 이스라엘의 죄악이 극심할 때(오므리 왕조, 아합 왕조) 하나님은 엘리야와 엘리사를 보냈고, 예후 왕조 여로보암 때는 호세아와 아모스 선지자를 보내어 그들을 돌이키려고 하였으나 끝내 거역하므로 무서운 하나님의 심판이 임했던 것이다.

4) 앗수르 이민정책

대제국을 이룩한 앗수르는 피정복 민족이 반역하지 못하도록 여러 곳으로 강제로 이주케 하였다.

(1) 이스라엘 백성은 포로로 끌려가서 대제국 앗수르의 여러 곳으로 분산되어 역사의 무대에서 사라지고 말았다.
(2) 앗수르는 이스라엘 백성을 포로로 끌고 간 다음 그 땅에 여러 민족들을 강제로 이주시켜 소위 '사마리아인'이라고 부르는 이방인들과의 혼혈족을 탄생시켰다(참고: 요4:9).

2. 유다의 바벨론 포로

신앙을 개혁하여 유다의 중흥을 이룩했던 요시야왕(16대)이 죽고 난 다음 그를 계승한 세 아들은 한결같이 타락하여 우상을 따라 갔으며, 국제적으로도 애굽과 신흥 바벨론의 각축장이 되어버렸다. 그 결과 유다는 양대 세력으로 분열되어 멸망을 더욱 재촉하였으며 마침내 시드기야왕 때 바벨론에 의하여 멸망당하고 백성은 포로로 끌려가고 말았다.

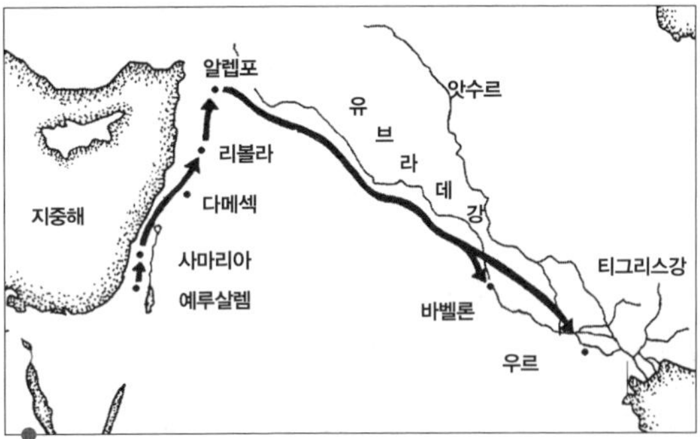

유다의 바벨론 포로 경로

*** 참고 : 유다의 왕계**

요시야(16대) ┬ 장남 : 여호야김(18대) — 여호야긴(19대)
├ 차남 : 여호아하스(17대)
└ 삼남 : 시드기야(20대)

1) 바벨론 1차 포로(BC 606)

(1) 므깃도 전쟁(BC 609)

신흥 바벨론이 앗수르를 침공할 때 애굽은 바벨론의 세력을 저지하기 위해 옛 원수인 앗수르를 돕기 위해 출병하였는데 이 때 요시야왕은 앗수르가 망하는 것이 유대의 독립을 위해서는 유리할 것이라고 판단하고 반 앗수르 입장에 서서 므깃도에서 애굽의 바로와 싸우다가 전사하고(왕하23:29,30, 대하35:23,24) 마침내 애굽은 바벨론 세력을 물리치고 팔레스틴을 지배하게 되었다.

(2) 친(親)애굽파와 득세

요시야왕이 죽고 난 다음 애굽의 지배에서 벗어나 독립을 유지하려던 세력에 의하여 친애굽파인 장남 여호야김을 제치고 차남 여호아하스를 왕으로 옹립하였으나 애굽의 바로느고는 여호아하스를 폐위시키고 여호야김을 왕이 되게 하였다. 애굽의 비호를 받고 왕위에 오른 엘리야김은 애굽에 받쳐야 할 조공 때문에 과중한 세금과 강제 노역과 약탈로 국토를 황폐케 하였다(왕하23:35).

(3) 1차 포로(BC 606)

팔레스틴을 정복한 애굽의 바로느고가 시리아에서 3년 동안 주둔해 있다가 본국으로 돌아간 뒤 바벨론왕 나보폴리살의 아들 느부갓네살이 유다를 공격하여 예루살렘을 포위하고 다니엘과 그의 친구를 포함한 일단의 백성을 포로로 바벨론으로 잡아갔다.

2) 2차 바벨론 포로

(1) 갈그미스 전쟁(BC 605)

팔레스틴 지배권을 놓고 애굽, 앗수르 동맹군과 바벨론과의 전투에서 바벨론이 승리하여 앗수르를 영원히 역사의 무대에서 사라지게 만들고 애굽으로 하여금 다시는 팔레스틴을 넘보지 못하게 만들었다.

(2) 2차 바벨론 포로(BC 597)

팔레스틴에서 애굽세력을 물리친 바벨론에게 여호야김은 3년 동안 조공을 바쳤다. 바벨론왕 느부갓네살은 잠재적인 원수로 남아 있는 애굽을 정복하기 위하여 공격을 하였으나 실패하자 여호야김은 이 기회를 이용하여 느부갓네살을 배반했다(왕하24:1). 이에 격분한 느부갓네살은 다시 유다를 공격해 오자 여호야김은 이 와중에 암살당한 듯 하고(렘22:18,19), 여호야김의 젊은 아들 여호야긴이 왕위를 계승했으나 불과 3개월 10일만에 끝이 나고(대하36:9) 느부갓네살이 다시 예루살렘을 침공하여 왕을 비롯하여 왕족들과 용사 7,000명과 기술자 1,000명 등 유명인사들은 모두 포로로 잡아갔다(왕하24:15). 왕국은 가히 폐허화되었다. 여호야긴은 뒤에 바벨론 감옥에서 석방되어 후대를 받으며 일평생 바벨론왕궁에서 먹었다(왕하25:27-30).

3) 3차 포로

(1) 시드기야의 즉위

느부갓네살은 여호야긴을 바벨론으로 붙잡아간 이후에 요시야의 아들이며 여호야긴의 숙부인 맛다니야를 시드기야라고 개명하여 왕으로 세웠다(왕하24:17). 그러나 바벨론 왕은 계속 여호야긴을 유다왕으로 처우했기 때문에 시드기야는 왕이라기보다는 한 섭정자에 불과했다.

(2) 시드기야의 친(親)애굽 선회

신흥 바벨론 세력에 위협을 받던 에돔, 모압, 암몬, 베니게 등 여러 나라가 새로운 '반(反)바벨론 동맹'을 결성하고(렘27:1-3, 겔21:18-23), 유다도 함께 가담하기를 촉구했다. 그러자 유다 궁중의 반(反)바벨론 수뇌들이 이를 적극 지지했고 거짓 선지자들도 합세하여 예레미야의 강력한 경계에도 불구하고 나약한 시드기야로 하여금 애굽왕의 도움을 기대하고 반(反)바벨론 정책으로 급선회하게끔 하였다(왕하24:20).

(3) 유다의 멸망과 3차 포로(BC 586)

시드기야의 배신을 전해들은 느부갓네살은 유다를 공격하여 예루살렘을 포위했다. 포위 당한 예루살렘은 함락의 공포뿐만 아니라 흑사병과 기근, 식인의 악습 등으로 아비규환의 생지옥이 되었다가 마침내 2년 만에 정복되고 말았다(BC 586). 시드기야는 달아나다가 여리고에서 붙잡혀 립나로 끌려가서 느부갓네살의 심판을 받았다. 시드기야의 아들이 그 앞에서 살해되고 두 눈이 뽑혔으며 바벨론으로 결박되어 끌려가서 그곳에서 비참하게 죽었다(왕하25:6,7).

예루살렘은 완전히 파괴되었다. 느부갓네살은 성전 기물들을 바벨론으로 가져갔으며 예루살렘 성읍을 불태웠고, 다시는 반역 하지 못하도록 성벽도 완전히 헐어버렸다. 반 바벨론 인사들과 지도층 제사장들은 모두 립나에서 사형 당하고, 많은 양민은 바벨론으로 끌려갔다. 유다는 345년 만에 멸망 당하고 유다 백성은 아브라함이 갈대아 우르를 떠난 지 1,500년 후에 자유인이 아닌 포로민으로서 옛 고토 땅으로 끌려갔다.

(4) 유다 왕국의 최후

바벨론 왕은 많은 유다 백성을 포로로 끌고 가고 그달리야를 총독으로 삼아 그 남은 자를 통치하도록 하였다(왕하25:22). 그달리야가 소규모의 바벨론 수비대의 지원을 받아 미스바에서 통치하자 모압과 암몬과 에돔 땅에 망명했던 반(反)바벨론 인사들이 속속 귀국하면서 반 바벨론 세력이 무섭게 결집되었다.

마침내 왕가의 친척 관계인 이스마엘이 암몬왕 바리스의 협조를 얻어 그달리야와 바벨론 수비대를 몰살하였다(렘41:4-7). 이 일당은 바벨론의 복수를 두려워하여 애굽으로 도망갔으며(렘41:17-18), 도망가면서 예레미야를 붙잡아 갔다. 예레미야는 그 곳에서 살해당한 듯 하다.

3. 포로시대 선지자

1) 예레미야

예레미야는 요시야왕(16대) 때부터 시작하여 유다가 멸망하고 총독정치가 실시될 때까지 약 40년 간 활동했다. 느부갓네살의 존경과 특별한 호의로 유다에 계속 남아서 선지자의 사명을 다하였다. 그는 유다의 멸망을 예언하고 하나님께 돌아오기를 눈물로 호소하면서 역대 왕들에게 바벨론을 섬기도록 권유했다. 포로되어 간 백성들에게도 격려의 편지를 보내었다(렘29장). 예레미야는 그달리야 총독을 암살한 친(親)애굽파 인사들에게 강제적으로 애굽으로 납치되어 갔고 그 곳에서 계속 유다의 죄를 공격하다가 순교 당한 듯 하다.

2) 다니엘

1차 바벨론 포로 때 10대 소년의 몸으로 끌려가서 바벨론 궁중 대학에서 수학하고, 느부갓네살의 꿈을 해몽해 주고 고관에 오르게 된다(단

2:48). 그 후 왕이 죽자 일시 은퇴하였다가 벨사살 왕의 환상을 해석해 주고 다시 관직에 복직(단5:29)하여 메데 다리오왕 때에는 3인의 총독 가운데 1인이 되었으며 바사 고레스왕 때도 높은 관직에 있으면서 예언 활동을 계속하다가 90세에 사망한 것으로 추정된다. 다니엘은 특별히 환상을 통해서(2:31-35, 7:1~28) 인류의 앞날을 예언했다.

3) 에스겔

사독 계열의 제사장으로 2차 포로 때 바벨론으로 갔다. 언제나 예언자적인 열정을 갖고 이스라엘을 위로, 격려했다. BC 592(당시 30세)년부터 BC 570년에 이르기까지 22년 동안 예언활동을 했다.

탐 구 문 제

유대인은 혼혈족이 된 사마리아인을 어떻게 취급하였습니까?(참고; 요4:9)

당시 유대인과 사마리아인의 관계는 예수님과 수가성 여인과의 대화에서 잘 알 수 있다. 예수님이 사마리아 수가성 우물가에서 수가성 여인에게 물 좀 달라 할 때 여인은 유대인인 예수님이 자기에게 물 좀 달라 한 것을 보고 놀라며 물을 주겠다 안주겠다 말하지 아니하고 "당신은 유대인인데 어떻게 사마리아 사람인 나에게 물을 달라 하느냐"며 반문했다. 이것을 보면 당시 유대인이 사마리아인과 상종하지 않았다는 것을 잘 알 수 있다. 유대인은 사마리아인들을 개처럼 취급했던 것이다.

하나님은 이스라엘 백성이 앗수르로 포로되어 가기 전에 누구를 앗수르의 수도 니느웨에 보내어 회개하도록 하셨습니까?(욘1:2)

요나를 보내어 회개하도록 하였다. 요나는 이스라엘의 불구대천의 원수인 앗수르가 하나님의 심판을 받고 멸망당하기를 바랐기 때문에 다시스로 도망을 갔다. 그러나 하나님의 절대적인 간섭으로 다시 니느웨로 가서 회개를 외쳤고 이에 니느웨왕을 비롯한 모든 백성은 회개하였다. 하나님은 이스라엘 백성이 앗수르로 포로되어 갈 것을 예비하기 위해 요나를 먼저 보내셨던 것이다. 사실 앗수르는 포로로 끌려온 이스라엘 백성에게 아주 관대한 예우를 해 주었다.

이스라엘 백성을 포로로 잡아갔던 앗수르를 성경은 무엇이라 말합니까?(사10:5, 7:20, 8:7-8, 10:5)

'진노의 막대기', '세 내어 온 삭도', '창일한 큰 하수'라 하였다. 하나님은 언제든지 하나님의 백성이 하나님을 떠나 범죄할 때 이방민족을 들어 채찍으로 삼으셨다. 그러나 이스라엘을 매로 친 앗수르는 망하여 온데 간데 없게 하셨다. 오늘도 하나님은 하나님의 백성이 잘못할 때 매로 치시기 위해 하나님을 알지 못하는 국가와 민족을 강성하게 살아가도록 하시고 있다.

앗수르는 왜 이스라엘 백성을 여러 곳으로 분산시켰습니까?(왕하17:6).

많은 민족을 정복하여 대제국을 건설했던 앗수르는 무엇보다도 피지배민족의 독립과 투쟁을 가장 두려워했다. 그래서 여러 곳으로 분산 이주시키고 더욱이 민족의 정통성과 혼을 없애고 앗수르인에 동화시키기 위한 이민정책을 썼다. 이로 말미암아 유대의 12지파 가운데 10지파는 사라지고 말았다.

예레미야가 바라 본 유다 멸망에 대한 두 가지 환상은 무엇이었습니까?(렘1:11-13)

첫째는 살구나무 꽃이요, 둘째는 북쪽에서 기울어진 끓는 가마였다.

살구나무 꽃은 이스라엘에서 가장 빨리 피는 꽃이므로 유다의 멸망이 급히 진행될 것을 보여주는 의미이다. 끓는 가마가 북쪽에서 기울어지는 것은 유다가 북방민족(바벨론)에게 멸망당할 것을 보여 주는 것이다.

예레미야는 예루살렘 멸망 때의 참상을 어떻게 예언했습니까? (렘4:31, 7:32-34)

여인의 해산하는 울음소리와 같이 부르짖을 것이며 골짝마다 시체가 즐비할 것이라고 예언하였다. 이런 비극의 종말을 바라 본 선지자는 단장의 고통을 느끼면서 눈물로써 회개를 촉구했다. 마치 예수님이 예루살렘의 멸망을 바라보시면서 우셨던(눅19:41) 그 심정과 같았을 것이다.

여호야김은 왜 예레미야의 예언서를 불태웠습니까?(렘36:23)

예레미야가 유다는 멸망한다고 회개를 촉구하자 여호야김은 유다가 잘못되기를 바라는 저주의 소리라고 격분하여 성경을 찢어 불태웠다. 거짓 선지자는 언제든지 상대가 듣기 좋은 말만 한다. 그러나 참 선지자는 언제든지 하나님의 뜻을 받은 대로 증거한다.

아합왕이 아람과 싸울 때 거짓 선지자 400명은 하나같이 왕이 나가면 승리한다고 예언하였으나(왕상22:6) 참 선지자 미가야만 나가면 죽는다고 하였는데 과연 미가야의 예언대로 그는 비참하게 전사당했다(왕상22:35).

예레미야는 이스라엘 백성이 포로된 후 몇 년 만에 다시 돌아올 것을 예언했습니까?(렘25:11-12)

70년 뒤에는 돌아온다고 예언하였다. 고난 가운데서도 소망을 갖고 살아가도록 위로한 것이다. 과연 예레미야의 예언은 정확히 이루어져

70년 만에 본토에 돌아오게 되었다(BC 606 – BC 536).

여호야김 왕은 애굽 바로에게 조공을 바칠 때 어떻게 하였습니까?
(렘22:13–17)

백성의 재물을 착취하였다. 조공을 명목으로 많은 재물을 탈취하여 자기의 궁전을 지었다(렘22:13–19). 백성은 도탄에 헤매는데도 왕은 자기 연락만을 즐긴 것이다. 제 2차 세계대전 때 일본 수상 도죠도 자기 집을 화려하게 지은 것 때문에 백성들의 원성을 크게 샀던 적이 있다.

유다는 멸망당한 후 언제 다시 독립국가로 건국되었습니까?

유다는 BC 586년 7월 18일 바벨론에게 멸망당하고 2,000년 동안 전 세계를 유리 방랑하다가 1948년 5월 14일 유엔에서 정식으로 독립이 승인되었다. 이스라엘의 독립은 20세기의 최대의 기적이라 말할 수 있다.

다니엘은 왜 왕이 하사하는 고기와 술을 먹지 아니하였습니까?(단1:8)

당시 바벨론에서는 일단 우상에 바쳐졌던 모든 육류를 먹었다. 시장에 내어 파는 것도 제물로 바쳐졌던 것이 많았다. 그래서 우상의 제물로 자기 몸을 더럽힐 수가 없어서 왕이 하사하는 고량진미와 어주를 먹지 않고 물만 마셨던 것이다. 이렇게 깨끗하고 정결하게 살아갔던 다니엘에게 하나님은 인류의 장래를 환상으로 보여주신 것이다(단 2:31–35, 7:1–28).

다니엘은 포로로 있을 때 무엇을 읽고 어떻게 하였습니까?(단9:1–19)

다니엘은 예레미야의 예언서를 읽다가 '이스라엘 백성이 바벨론에 포로되어 갔다가 70년 만에 다시 돌아온다' 는 글을 읽었다. 여기서 그는 유다가 멸망당한다는 예언이 이루어진 것처럼 70년 뒤에는 포로로부터 돌아올 것이라는 이 예언의 말씀도 반드시 이루어질 것을 믿고는 기뻐하였고 그 말씀대로 이루어지도록 기도했다. 하나님의 예언이므로 그대로 이루어지겠지만 다니엘은 그래도 그 예언의 성취를 위해 간절히 기도했다. 그것을 보면 "너희의 도망하는 일이 겨울에나 안식일에 되지 않도록 기도하라"(마24:20)는 주님의 말씀을 이해할 수 있다. 하나님의 예정도 인간의 기도로 이루어진다.

하나님은 왜 유다가 70년 동안 포로생활을 하게 만들었습니까?

(레26:27-35, 대하36:21)

바벨론에 70년 동안 포로되어 간 것은 유다 백성이 하나님을 거역하므로 하나님의 징계를 받아 고난을 당한 것이었다. 하지만 구체적으로 많은 의미가 있는데 레위기 26장과 역대하 36장을 보면 거기에 또 하나의 이유가 나타나 있다. 이스라엘 백성은 안식년에 땅을 쉬게 하라는 말씀을 불복하고 계속 경작했기에 그 땅이 강제적으로 쉼을 얻도록 하신 것이라고 볼 수 있다. 어떤 학자는 유다가 70년 동안 땅을 쉬지 않게 했기에 70년 간 포로생활하게 되었다고 말하기도 한다.

에스겔이 본 환상 가운데 가장 대표적인 환상은?(37장)

하나님은 에스겔을 들어서 포로된 유다 사람들을 위로하게 하셨다. 즉, 하나님은 많은 환상을 통해 유다가 다시 회복될 것을 보여 주셨고 소망을 얻도록 하셨다. 그 가운데 가장 유명한 환상이 바로 '마른 뼈 환상'이다. "골짜기에 가득한 마른 뼈들이 여호와의 말씀을 들을 때 서로 연결되고 힘줄이 생기고 살이 오르고 그 다음 가죽이 덮이더니 마침내 생기를 얻어 살아나니 하나님의 큰 군대더라" 했다. 여기 마른 뼈들은 바로 유대 민족을 말하며 큰 군대를 이루는 것은 유대 민족의 회복을 보여 준 것이다.

제 11 장

귀환시대

이스라엘은 앗수르에 포로되어 가서 그 민족과 동화되어 다시 고토로 돌아오지 못하였다. 그러나 유다는 선지자 예레미야의 예언(렘25:11)대로 70년 만에 바벨론에서 돌아와서 성전을 짓고 새로운 생활을 시작하였다. 하지만 국권은 회복하지 못하여 계속 다른 나라의 지배를 받게 되었다.

1. 바벨론의 멸망과 바사제국의 등장

1) 바사제국의 등장

유다 백성을 포로로 끌고 갔던 느부갓네살이 죽자(BC 562) 바벨론은 정치적인 안정을 잃고 급속도로 쇠퇴해 갔다. 한편 엘람(창14:1) 왕국의 멸망 후 그 일부에서 시작된 바사는 메대의 영향 아래 있다가 고레스 왕(BC 559-530) 때 크게 번영하여 메대의 영향권에서 벗어났다. 뿐만 아니라 메대와의 전쟁에서도 승리하여 두 나라를 동시에 통치하게 되었고, 나아가 바벨론을 멸망(BC 539)시키고 대제국을 건설하였다.

2) 고레스 왕의 정책

고레스 왕은 드물게 보는 영걸로서 피지배민족에 대해 관대한 정책을 폈다. 메대와의 전쟁에서 승리했을 때도 메대를 속국으로 삼지 아니하고 똑같은 승리를 소유하는 연합국으로 만들었다. 피지배민족의 종교에 대해서도 자유를 허용했을 뿐만 아니라 종교를 크게 장려했다. 바벨론을 정복했을 때도 자신을 바벨론의 주신인 말둑(Marduk)신이 보낸 사자로 자처하여 바벨론 국민으로부터 환영과 존경을 받았다. 왕은 특별히 바벨론의 포로민인 유다 백성들에게는 본토귀환과 성전재건을 허락했을 뿐만 아니라 바벨론이 탈취해 간 예루살렘 성전의 기명까지 돌려주었다(스 1:7,8).

고레스는 이미 150년 전 이사야 선지자가 하나님의 백성을 해방시키고 예루살렘 성전을 재건케 할 하나님의 목자라고 예언한 사람이었던 것이다(사44:28).

2. 유다의 귀환

1) 1차 귀환

'본토로 돌아가서 성전을 지으라' 는 고레스의 조서에 의해 BC 536년에 세스바살과 스룹바벨 지도 하에 유다의 1차 귀환이 이루어졌다. 그 수효는 유다 백성 42,360명과 노비 7,337명 등 약 5만명에 달했다(스2:64-65). 바벨론에서 예루살렘까지(400km 정도) 돌아오는 데는 4개월 정도 소요되었다. 유다 백성이 다 돌아온 것은 아니고 그 곳에서 거상 등 비교적 안정된 생활을 하던 자는 상당수 남아 있었다.

여호야긴 왕의 손자인 스룹바벨이 총독이 되어 유다 백성들을 통치하였으니, 일찍이 이사야 선지자가 예언한 대로 새로운 출애굽의 시대가 열린 것이다(사43:19, 48:6)

2) 예루살렘 성전 건축

본토에 돌아 온 유다 백성들이 가장 먼저 착수한 일은 성전 건축 공사였다. 그 이듬해 2월에 성전 건축 공사를 시작하였다. 시돈 사람과 두로 사람들을 통해 레바논 백향목이 운반되어 왔고(스 3:7), 석수와 목수도 다 확보되었고 드디어 백성들의 환호성 가운데 성전 공사가 진행되었다. 이 소식을 들은 사마리아 사람들은 달려와서 자기들도 돕겠다고 나섰다. 그러나 당시 사마리아인들은 혼혈족이 되어 있었고 그들의 신앙형태가 혼합종교의 형태를 띠고 있었다. 따라서 그들이 공경한다고 하는 하나님은 하나의 지방신에 불과하였던 것이다. 이에 스룹바벨은 거절할 수밖에 없었으나, 이로 인해 사마리아인들은 성전 공사를 방해하기 시작하였다. 즉 바사 왕에게 유다 백성은 성전을 건축하는 것이 아니라 성곽을 건축하는 중이라는 허위 보고를 하고, 유다는 나중에 바사를 거역하게 될 것이라는 모함을 했다. 당시 바사의 내정이 대단히 복잡했기 때문에, 여기에 민감한 반응을 보인 스메르디스는 즉각 공사 중지 명령을 내렸다(스4:21,22). 이로 말미암아 성전 공사는 중단되고 불타올랐던 신앙심도 정열도 식어지게 되었다.

이런 상황에서 학개와 스가랴 선지자가 일어나 그들을 위로하고 성전 건축을 독려하였다. 이에 용기를 얻은 백성들이 다시 일어났고 마침내 다리오 왕의 허가를 얻어 성전 공사는 중단된 지 15년 만에 재개되어 착공한 지 20년 후인 BC 566년에 완공을 보게 되었다.

***참고**

귀환시대 연대기

바사왕	연 대	사 건	성 경
고레스	BC 550 – 530	귀환 성전 재건 명령	스1:2
캄비세스	BC 550 – 522	성전 건축 중단 명령	스4:21-24
다리오1세	BC 522 – 480	성전 건축 계속토록 허락	스5:17
아하수에로	BC 486 – 465	에스더 여왕이 되게 함	에2:17
아닥사스다	BC 465 – 424	에스라, 느헤미야 귀환 허락	스7:8, 느2:1

3) 3차 귀환

바사 궁중에서 학사란 중직을 받고, 유대인에 대한 문제를 총괄했던 에스라가 아닥사스다 왕에게 유다 백성을 데리고 예루살렘에 돌아가기를 청원했다. 이에 왕은 조서를 내려 바벨론에 거주하던 유대인들 중 본토에 돌아갈 뜻이 있는 자는 에스라와 동행할 것을 권하고 많은 은, 금까지 내어 주었다(스7:15,20).

에스라는 1,754명의 희망자를 대동하고 바사 왕국의 특별한 경호를 받으며 무사히 예루살렘으로 돌아왔다(BC 458). 하지만 때는 성전이 건축된 지 60년이란 세월이 흐른 뒤인지라 백성들은 이방화되었으며(스9:1) 특별히 이방 여인과의 결혼으로 인하여 크게 타락되어 있었다(스9:2). 에스라는 신앙개혁을 부르짖어 이방결혼을 금하고 이미 결혼한 자라도 이방 부인을 본국으로 돌려보내게 하였다(스10:19).

4) 4차 귀환

아닥사스다 왕의 술관원이었던 느헤미야는 유대의 원수들이 예루살렘성을 훼파하고 성문을 다 불태웠다는 소식을 듣고(느 1:1-3) 아닥사스다 왕에게 사정을 아뢴다. 느헤미야는 유대의 총독으로 임명되어 군대장관과 마병의 호위를 받으며 예루살렘으로 돌아왔다(BC 445년). 그는 무엇보다도 먼저 폐허가 된 예루살렘 성곽을 쌓으려고 하였다. 이 때 사마리아의 산발랏 등 많은 적들로부터 집요한 방해를 받았으나 총력전을 벌인 결과 성곽은 52일만에 완공되었다(느6:15).

3. 귀환시대 선지자

1) 학개

학개는 스가랴 선지자와 동시대 인물로서 스룹바벨의 지휘 아래 성전을 세우는 일을 이끌었던 영적인 지도자였다. 성전공사의 중단으로 실의에 빠져있던 스룹바벨과 대제사장 여호수아를 격려하였고 특별히 솔로몬 성전을 기억하는 사람들이 전과 같이 화려하지 못한 성전을 보고 슬퍼할 때 "이 전(殿)의 영광이 이전 영광보다 크리라"(학2:9)는 여호와 계시를 증거하여 새 힘을 얻어 성전건축을 다시 시작하도록 했다.

2) 스가랴

스가랴 역시 학개 선지자와 같이 사마리아인의 방해로 성전건축이 중단되어 실의에 빠진 스룹바벨에게 "이는 힘으로 되지 아니하고 능으로 되지 아니하고 오직 나의 신으로 되느니라"(스 4:6)고 격려했다. 특별히 성전은 앞으로 나타날 메시야임을 강조하고 참 성전은 그의 수난을 통하여 이루어질 것을 밝혔다.

3) 말라기

학개와 스가랴는 1차와 2차 귀환 사이에 활약한 선지자이나 말라기는 그 이후에 활약한 구약시대 마지막 선지자로서 주전 400년까지 활동하였다. 말라기 선지자는 십일조를 바치지 않는 이스라엘 백성에게 특별히 십일조를 바치도록 권면하였다.

말라기 이후 예수님이 오시기까지 400년 동안은 '중간시대' 로써, 이 때에는 하나님께서 유다 백성 가운데 선지자를 보내지 아니하셨다.

탐 구 문 제

고레스는 옛날 바벨론의 느부갓네살이 빼앗아 간 성전의 기명을 몇 개나 돌려주었습니까?(스1:7-11)

고레스 왕은 바벨론을 정복할 때 예루살렘 성전에 사용하던 금,은 그릇을 탈취한 것을 그대로 빼앗아 두었다가 모두 이스라엘에게 돌려주었다. 그 수효가 자그마치 5,400개나 되었다. 하나님이 고레스를 감동해 주셔서 그렇게 돌려주었겠지만 고레스는 피정복 민족에게 관대하였기 때문에 헬라인들은 그를 주(Master)라 칭하였고 유대인은 이스라엘을 해방시킨 목자로 존경하였다. 알렉산더 대왕도 그의 무덤을 수축했다는 전설이 남아있다.

고레스는 정복자로서 최대의 존경을 받았던 사람이었다.

성전 주초(지대)를 놓을 때 젊은이들은 찬송하였는데 반해 노인들은 왜 통곡했습니까?(스3:12-13)

솔로몬 성전의 화려한 모습을 보지 못했던 젊은 사람들은 단순히 파괴된 성전을 다시 짓는 것만으로도 크게 기뻐하지 않을 수 없었다. 그러나 화려했던 솔로몬 성전을 직접 목격했던 노인들은 새 성전의 규모나 내용이 너무나 보잘 것 없었기에 통곡을 했던 것이다. 그래서 학개 선지자는 "이 전(殿)의 나중 영광이 이전의 영광보다 크리라"(학2:9)고 위로했던 것이다.

제사장이며 서기관이었던 에스라가 "이방 여인을 아내로 맞이한 사람들은 이방 아내를 본국으로 돌려보내라"고 할 때 백성들은 어떻게 하였습니까?(스10:19)

에스라 선지자는 본국에 돌아와서 볼 때 신앙이 타락한 근본적인 원인이 이방 혼인에 있었던 것을 간파하고 이방 혼인을 금할 뿐만 아니라 이미 결혼하여 처자식이 있는 여인도 본국으로 돌려보내라고 명령했다. 이것은 에스라의 신앙개혁이 어느 정도 철저했는가를 잘 말해주고 있다. 소수의 무리가 거역하였지만 대부분의 백성들은 에스라의 명령에 순종하여 돌려보냈다. 특히 사마리아 여인들이 많았는데 사마리아 사람들이 유다를 증오하고 적대시하게 된 큰 이유 가운데 하나가 바로 여기에 있었던 것이다.

사마리아 사람들의 방해로 성전 건축이 중단되었을 때 백성들은 무엇이라 말했습니까?(학1:2)

이스라엘 백성들은 본토에 귀환하자마자 가장 먼저 착수한 일이 성전건축이었다. 백성들은 자기들 집을 짓기에 앞서 하나님의 전을 건축하였던 것이다.

그러나 뜻하지 않은 방해를 받았을 때 그들은 "성전건축이 이르다"고 여겼다. 사람들이란 하나님의 뜻을 생각하는 것보다 자기들이 하고 싶은 일을 하기를 더 좋아하면서 그것을 정당화시키려고 한다. 그래서 백성들은 성전 공사를 중지하고 자기들 집짓기에 분주했던 것이다.

학개 선지자는 성전은 황무한데 이스라엘 백성은 어디에 산다고 책망하였습니까?(학1:4)

성전 짓는 것을 중단한 유다 백성은 그 자재들을 갖고 고급주택을 많이 지었다. 그래서 판벽한 집에 거한다고 학개 선지자는 책망했다.

당시 유대 나라는 낮에는 매우 덥고 밤은 추웠으므로 가장 이상적인 주택은 외기와의 온도 차이가 적게 지었다. 고급주택은 열 차단을 위해 나무를 많이 사용하였다. 그래서 판벽한 집에 거한 사람들이 많았다.

이스라엘 백성들이 성전을 짓지 아니하고 자기 집짓기에 바빴을 때 하나님은 어떤 재앙을 내리셨습니까?(학1:10-11)

가뭄으로 큰 기근을 맞이하게 하셨다. 하나님은 하나님의 전을 짓도록 바벨론 포로에서 해방시켜 주셨고 또 많은 물질도 주셨는데도 이스라엘은 하나님이 주신 기회와 물질을 갖고 하나님이 기뻐하시는 일을 하지 않았기 때문이다.

이스라엘 백성들은 예루살렘 성을 어떻게 쌓았습니까?(느4:15-18)

느헤미야가 급히 귀국하여 훼파된 예루살렘 성곽을 건축할 때, 사마리아인들과 더불어 주위의 적들은 집요하게 방해를 했다. 그러나 그 방해에 굴하지 아니하고 임전태세를 취하여 한 손에는 무기를 잡고 다른 한 손으로는 성을 쌓았다. 하나님의 역사라고 해서 순조롭게만 이루어지지 않는다. 오히려 마귀의 더 큰 역사와 방해를 받는 법이다.

느헤미야는 특별히 신앙적으로 무엇을 강조하였습니까?(느13:15-18)

안식일을 범하지 말도록 하였다. 안식일 성수는 신앙의 가장 기본적인 요소가 된다. 지금 우리에게도 주일 성수는 신앙의 최후의 보루가 아닐 수가 없다. 주일 성수가 무너지면 우리의 신앙은 근본적으로 붕괴되고 만다. 우리나라 초대교회 때는 주일날 물건을 사면 수찬 정지를 명할 정도로 철저했다.

느헤미야가 예루살렘 성을 쌓을 때 문을 몇 개나 내었으며 그 이름을 어떻게 명명했습니까?(느3장)

성곽의 문은 정확히 알 수 없다. 8개-10개 정도가 된다.

① 양문 (Sheep gate) ② 어문 (Fish gate)
③ 옛문 (Old gate) ④ 골짜기문 (Valley gate)
⑤ 분문 (Dung gate) ⑥ 샘문 (Fountain gate)
⑦ 수문 (Water gate) ⑧ 마문 (Horse gate)
⑨ 동문 (East gate) ⑩ 에브라임문 (gate of Ephraim)

말라기 선지자는 십일조를 바치지 않는 사람들을 보고 무엇이라고 책망하였습니까?(말3:8)

'하나님의 물건을 도적질하는 자' 라고 하였다. 십일조를 바치지 않는 것은 바로 하나님의 것을 훔치는 도적질과 같다. 말라기 선지자는 특별히 십일조를 강조하였다. 그리고 십일조를 바치면 하나님이 하늘 곳간 문을 열어 복을 쌓을 곳이 없도록 내려주시는지 그 여부를 시험해 보라고까지 말씀하셨다. 하나님의 모든 명령이 다 그렇듯이 십일조 명령 역시 우리에게 더 풍성한 복을 주시기 위해서 내려진 것이다.

제 12 장

중 간 시 대

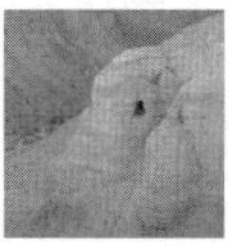

바벨론 포로 때 아닥사스다 왕의 술 관원인 느헤미야가 유다의 총독으로 본토에 돌아와서 예루살렘 성을 쌓고 유다 백성을 지도하는 것으로 구약의 역사는 끝을 맺는다. 그로부터 약 400년 뒤에 예수님이 이 땅에 오셔서 신약의 역사가 시작이 된다. 구약시대와 신약시대 그 사이의 역사를 중간시대라고 칭하는데 중간시대에 대해서는 성경은 침묵하고 있다. 세상 역사를 통하여 중간시대에 팔레스틴을 지배한 나라별로 시대 구분하면 다음과 같다.

① 바벨론 시대 (BC 626-539)
② 바사 시대 (BC 539-331)
③ 헬라 시대 (BC 331-167)
④ 마카비 시대 - 자치행정 (BC 167-63)
⑤ 로마 시대 (BC 63 이후)

1. 바사 시대

바사의 바벨론 정복 후 유다 백성들에게는 본토 귀환과 성전 건축이 허락되어 희망자는 본토로 돌아올 수 있게 되었다.

본토에 돌아 온 유다 백성들은 스룹바벨, 에스라, 느헤미야 등의 지도를 받아 성전을 세웠고 예루살렘 성곽도 쌓아서 신앙과 정치적인 안정을 어느 정도 회복할 수 있었다. 그러나 종교적으로는 왕국시대에 비하여 많은 변화가 있었다.

아론의 후손에서만 선출되었던 제사장은 정치적인 힘에 의하여 선출되었고, 이로 인하여 대제사장 쟁탈전이 치열해졌으며 일단 대제사장직에 오르면 백성들을 탄압하고 착취하였다. 심지어 대제사장은 제물의 양에까지 세금을 부과하여 착복하기도 하였다.

한편 율법의 필사만 전담했던 서기관들은 필사를 겸하여 율법의 연구, 교수까지 하였고 구전 율법(장로의 유전)을 집대성하는 등 많은 활동을 하여 그 세력이 점점 증대되어 제사장 계급과 대립하게 되었다.

2. 헬라 시대

1) 알렉산더 대왕의 헬라제국 건설

알렉산더 대왕(BC 336-323)은 마게도니아 필립왕의 왕자로 아리스토텔레스에게 사사를 받았고 카이로네이아(켈로니아) 전투에서 무공을 크게 세웠고 왕위에 올랐다. 그는 불과 제위 13년 만에 동서양을 연결하는 공전의 대제국을 건설하였으나 인도 원정에서 돌아오는 도중에 바벨론에서 병사했다.

유다 민족을 지배했던 바사(페르시아) 역시 헬라의 속국이 되었기 때문에(BC 331) 유다 민족은 헬라의 지배를 받게 되었다.

알렉산더 대왕은 애굽의 나일강 삼각주 가운데 알렉산드리아 시(市)를 건설하고(BC 331) 거기에 유다인의 거주를 허용하는 등 유다 민족에 대해 지극히 관대한 조치를 취하였다. 율법을 준수케 하고 안식년에는 조공도 면제해 주었다.

알렉산더 대왕이 요절한 후 4명의 장군에 의해 국토는 분할되었고 팔레스틴은 이집트와 시리아를 점령한 왕들에게 차례로 지배를 받게 되었다.

2) 이집트의 프톨레미 왕조(BC 323-198)의 유다 지배

이집트 주둔 총독 프톨레미는 팔레스틴까지 장악하여 유다를 지배했다. 유다인에 대한 그의 정책은 대단히 관대하여 대제사장에 의한 직접통치를 인정하였다. 또 헬라화를 추진하여 헬라의 문학과 철학이 유다에 보급되었고, 유다의 종교도 헬라사회에 전파되어 나갔다.

각 곳에 흩어진 유다인들은 번영하였고, 헬라 이름으로 개명한 사람들이 많았으며 구약성경도 헬라어로 번역이 되었다(70인역). 구약시대부터 존재했던 공회(민11:6, 겔13:9)는 헬라의 영향을 받아 정치적인 성격이 강해져서 유다인의 최고 권력기구인 산헤드린 공회로 발전하게 되었다.

3) 시리아의 셀류커스 왕조(BC 198-167)의 유다 지배

시리아왕 안티오쿠스 3세는 이집트 세력을 물리치고 팔레스틴을 정복하고 유다를 통치하게 되었다. 이 셀류커스 왕조는 애굽의 프톨레미 왕조와는 대조적으로 유다에 대해 강압적인 강경 정책을 펴서 유다 백성들의 많은 저항을 불러 일으켰다. 특히 안티오쿠스 4세는 대제사장직을 매매하여 대제사장으로 하여금 더욱 백성을 착취케 만들었다. 그가 이집트 원정을 꾀하다가 실패하자 유다에서는 그의 전사설이 잘못 유포되어 폭동이 일어났고 그가 세운 대제사장이 축출되었다. 이 사실을 알게 된 안티오쿠스는 군대를 예루살렘에 투입하여 대제사장 메넬라오스를 복귀시키고 유다인을 대량 학살하고 많은 사람을 종으로 팔아 버렸다. 그리고 올림피아의 제우스신에게 제사를 강요하고 성경을 소지한 자, 할례를 받은 자는 처형하는 법령을 공포하여 유다교 말살 정책을 폈다.

이로 인하여 많은 순교자가 속출하였고 한편으로는 생명을 걸고 율법을 사수하려는 경건한 유다인의 집단 하시딤(Hasidim)이 결성되게 되었다.

3. 마카비 시대 (BC 167-63)

1) 마카비 혁명

시리아 왕 안티오쿠스 4세와 메넬라오스 대제사장의 종교적 박해가 격심해지자 유다의 종교적인 명문 가계인 하스몬가의 맛다디를 중심으로 경건한 유다인들이 신앙의 자유를 위해 과감히 일어났다.

이 투쟁에서 맛다디가 전사하자 그의 3남 마카비가 독립군을 총지휘하여 엠마오 전투에서 승리하고(BC 165) 시리아와 평화협정을 체결했다. 시리아는 유다인의 자치 및 종교 불간섭을 서약하고 유다는 시리아의 최고 지배권을 승인했다. 마카비는 예루살렘 성전의 우상을 제거하고 성전을 정결케 했다.

2) 하스몬 왕조(BC 135-63)

마카비(BC 165-161)에 의하여 신앙의 자유를 쟁취한 유다는 맛다디의 자녀들을 중심으로 계속 투쟁한 결과 요나단(BC 161-143)은 자취권을 획득하고 시몬(BC 143-135) 때에 와서는 마침내 완전한 독립을 쟁취하였다.

시리아에 매년 바치던 조공을 폐지하고, 유다의 화폐를 주조하여 독립 국가의 면모를 일신했다. 시몬의 아들 히르칸은 영토를 더욱 확장했고, 그의 아들 아리스토불은 처음으로 왕이란 칭호를 사용했다. 그러나 이 하스몬 왕가는 오래지 않아 왕위 쟁탈전으로 심한 내분을 겪다가 로마에게 멸망당하고 말았다(BC 63).

4. 로마 시대

로마는 BC 753년경에 건국되어 공화정으로 통치되어 오다가 BC 60년대부터 군인통치시대를 거쳐 BC 27년부터는 광대한 영토를 갖고 황제가 통치하는 강력한 전제군주제도가 수립되었다. 유다는 과도기적인 군인통치시대 로마의 폼페이우스에게 멸망당했다. 폼페이우스는 유다인을 2만명이나 학살하였고 유다인의 강경한 저지에도 불구하고 지성소에 들어가 하나님의 전을 더럽혔다. 그가 훗날 케사르에게 암살된 것(BC 48)은 하나님의 저주라고 생각되었다.

로마는 유다를 정복한 뒤 히르칸 2세를 대제사장으로 임명하고 종교적 자유를 허용하였으나 정치적으로는 분봉왕을 세워 유다를 통치하도록 했고 매년 무거운 조공을 바치도록 하였다.

1) 헤롯 대왕(BC 37 - BC 4)

에돔 족속인 이두메인 헤롯이 로마에 의하여 유다를 다스리는 왕으로 임명되었다. 헤롯은 전처와 이혼하고 유다의 명문가인 하스몬가의 마리암네와 결혼하는 등 10명의 부인을 두고 많은 자녀를 얻었다. 그는 무서운 폭군으로 두 부인과 세 아들을 살해했다. 그는 또한 건축광으로 헤롯궁전을 짓고(BC 23) 유다인의 환심을 사기 위해 성전(헤롯성전)을 건축했다(BC 19 - AD 63, 스룹바벨 성전을 완전 보수).

2) 헤롯의 후예

헤롯이 사망하자(BC 4) 세 아들이 왕위를 계승하였다. 헤롯 아켈라오가 유다의 분봉왕이 되었고, 헤롯 안디바는 갈릴리 베뢰아 분봉왕, 헤롯 빌립은 갈릴리 호수 동쪽과 북쪽 지방의 분봉왕이 되었다.

헤롯 아켈라오는 가장 포악한 왕이어서 백성들의 원성으로 마침내 파면 당하고(AD 6년), 영토는 로마 총독령에 귀속되었다.

헤롯 안디바는 게네사렛 호수가에 수도 티베리아스를 건설하고 자기 동생 빌립의 아내(헤로디아)와 불의한 결혼을 하여 세례요한의 공격을 받자 그를 목베어 죽인 장본인이다. 그는 예수님을 심문하고 희롱하고 빌라도에게 넘겨주는 등 온갖 불의를 자행하다가 로마 황제(칼리쿨라)의 의심을 받고 갈릴리로 추방당했다(AD 39).

그리고 헤롯 빌립은 가이사랴 빌립보에 새로운 수도를 건설하고 로마 황제의 상을 새긴 화폐를 최초로 주조하였다. 그는 후손을 남기지 못하고 사망하였다(AD 34).

헤롯대왕의 손자인 헤롯 아그립바는 로마 황제 칼리쿨라의 신임을 받고 빌립 영토의 분봉왕(AD 34-44)이 되어 헤롯 안디바령을 합병하고 유다, 사마리아, 이두매 통치권을 장악하여 헤롯 대왕의 판도를 다시 재현했다. 유다인의 환심을 사기 위해 야고보를 처형하고 베드로를 체포했다(행12:1-3).

탐구문제

회당은 언제 세워졌습니까?

바벨론이 유다를 공격하여 예루살렘 성전을 파괴하고 많은 사람들이 포로로 끌려갔을 때 사방에 흩어진 유다인들은 회당을 건립하여 하나님을 예배하는 처소로 삼았다. 회당은 예배 처소일 뿐만 아니라 글을 가르치는 학교와 공적인 문제를 논의하는 공회당 역할도 하였다. 바벨론 포로에서 돌아온 유다 백성이 다시 제 2성전(스룹바벨 성전)을 세웠을 때에도 사방에 분산되어 있던 회당은 그대로 존속되어 남았으며, 예수님 당시에도 갈릴리 지방에만 90여 개의 회당이 있었다고 한다.

지금도 유다인은 몇 사람만 모이면 먼저 회당을 짓는다고 한다.

‘70인역(LXX)’은 어떤 성경입니까?

히브리어로 된 구약성경을 헬라어로 번역한 성경이다. BC 2세기에 헬라가 팔레스틴을 지배할 때, 유대의 12지파에서 6명씩 뽑아 72명으로 구성한 성경의 권위자들이 알렉산드리아에서 구약성경을 헬라어로 번역했다.

히브리어로 기록된 구약의 원본을 다른 나라 말로 번역한 역본들은 많이 있는데, 그 가운데 대표적인 것이 헬라어로 번역한 70인역과 4세기 제롬이 번역한 라틴어판(Vulgate) 성경이다. 70인역은 개신교의 표준 성경이 되었고, 구교에서는 제롬의 라틴어 번역(Vulgate)을 표준으로 삼고 있다.

수전절이란 어떤 절기인가요?(요10:22)

시리아왕 안티오쿠스 4세와 대제사장 메넬라오스의 종교적 박해에 대하여 마카비를 중심한 경건한 유대인들이 항전하여 시리아와 평화협정을 체결하고 예루살렘 성전에 세워둔 우상을 제거하였다. 이 성전 청결을 기념하여 지켰던 절기가 바로 수전절이며 신약시대 이룩된 유일한 절기이다.

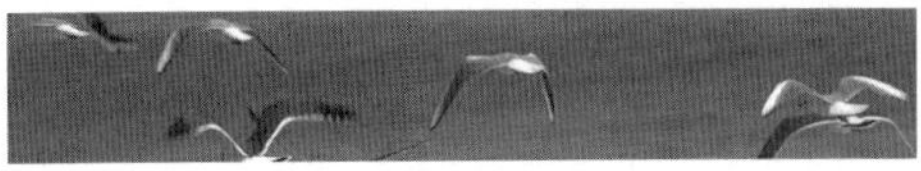

구 약 개 론

제 1 장

구약전서의 서론

1. 구약성경

성경은 크게 구약과 신약으로 이루어져 있다. 구약과 신약은 하나님과 그의 백성 사이에 맺어진 모세언약(출24:8)과 새언약(눅22:20)에 각각 근거하며, 시간적으로 전자는 그리스도가 오시기 전의 기록이고, 후자는 오신 후의 기록이다. 구약성경은 약 30명의 저자에 의하여 BC 1500에서 BC 400년 사이에 기록되었다. 히브리어 원전은 24권으로 되어 있으나, BC 200년경에 헬라어로 번역(LXX)할 때 39권으로 세분되어 오늘에 이르고 있다. 기록언어는 히브리어이며 극히 일부분(스4:8-6:18, 7:12-26, 단2:4-7:28, 렘10:1)이 히브리어와 비슷한 아람어로 되어있다. 구약은 일반적으로 역사서 17권(창세기-에스더), 시가서 5권(욥기-아가), 선지서 17권(이사야-말라기)으로 삼분한다. 구약의 장·절 구분은 13세기 랭톤(Stephen Langton)에 의해 처음 시작되어, 1560년 휘팅검(Willia Whitingham)에 의해 완성되었다. 구약은 총39권 929장 23,214절로 이루어져 있다.

2. 구약성경의 편성

역사서

오경(5)
- 창세기
- 출애굽기
- 레위기
- 민수기
- 신명기

역사서(12)
- 여호수아
- 사사기
- 룻기
- 사무엘상
- 사무엘하
- 열왕기상
- 열왕기하
- 역대상
- 역대하
- 에스라
- 느헤미야
- 에스더

시가서

시문서(5)
- 욥기
- 시편
- 잠언
- 전도서
- 아가

예언서

대선지서(5)
- 이사야
- 예레미야
- 예레미야애가
- 에스겔
- 다니엘

소선지서(12)
- 호세아
- 요엘
- 아모스
- 오바댜
- 요나
- 미가
- 나훔
- 하박국
- 스바냐
- 학개
- 스가랴
- 말라기

바벨론 포로 이전: 여호수아 ~ 역대하, 호세아 ~ 스바냐

바벨론 포로 이후: 에스라 ~ 에스더, 학개 ~ 말라기

3. 모세오경(Pentateuch 五經)

모세가 기록한 다섯 권의 책, 곧 구약성경의 처음에 나오는 창세기·출

애굽기 · 레위기 · 민수기 · 신명기를 모세오경이라고 한다. 24권으로 된 히브리어 원전은 크게 율법서(토라) · 예언서(느비임) · 성문서(크투빔)로 나누는데, 모세오경은 율법서에 해당한다. 유대인들은 이 세 부분을 똑같은 수준으로 다루지 않고, 그 중에 율법서를 가장 높이 평가한다. 그래서 그들은 흔히 성경을 성전에 비교하여 성문서를 성전의 바깥뜰에, 예언서를 성소에, 율법서를 지성소에 각각 해당한다고 했다.

모세가 살았던 시대는 왕상6:1을 근거로 해서 추정할 수 있다. 솔로몬의 재위 4년(BC 966)은 '이스라엘 자손이 애굽 땅에서 나온 지 사백 팔십 년 되던 해' 라고 하였기 때문에, 자연히 출애굽 사건은 BC 1446년경에 일어났다고 추정할 수 있다. 따라서 이스라엘 민족은 BC 1446-1406년까지 광야 생활을 했다고 볼 수 있다. 아마도 모세는 이 기간 동안에 모세오경을 기록했을 것으로 본다. 장소는 시내광야나 모압평지였을 것이다.

1) 오경의 구분

모세오경은 각 책들이 독립되어 있지 않고, 서로 연결되어 있다. 유대인들은 모세오경을 율법 혹은 다섯 부분으로 된 율법이라 불렀다. 오경은 인류 역사의 기원으로부터 가나안에 정착하기까지 하나님의 백성들이 걸어온 역사이다. 이를 인간편을 중심하여 해석하면, 창세기는 인간의 죄로 인한 멸망을, 출애굽기는 어린양의 피로 말미암는 구속(救贖)을, 레위기는 구속받은 백성들의 예배와 하나님과의 교제를, 민수기는 약속된 기업을 얻기 위해 악한 세력을 물리치는 과정을, 그리고 신명기는 약속된 기업을 목전에 두고 있는 구속받은 백성들을 위한 교훈을 그리고 있다고 할 수 있다. 또한 하나님을 중심으로 해석하면, 창세기는 천지를 창조하시며 가나안 땅을 아브라함 · 이삭 · 야곱과 그 후손에게 주실 수 있는 하나님의 주권을, 출애굽기는 애굽으로부터 이스라엘 민족을 능히 구출해 내신 하나님의 권능을, 레위기는 구속받은 백성들의 성결을 요구하시는 하나님의 거룩하심을, 민수기는 불신의 세대로부터 약속의 땅에 들어갈 특권을 박탈하시는 하나님의 엄격하심과 자기 백성을 보호하시는 하나님의 선하심을, 그리고 신명기는 약속의 땅으로 구속받은 백성들을 인도하심으로써 약속을 지키시는 하나님의 신실하심을 계시한다고 볼 수 있다. 결국, 모세오경은 축소된 성경전서라고 말할 수 있다.

2) 모세가 오경을 기록한 증거

(1) 하나님께서 모세에게 율법을 기록할 것을 명령하셨다.
(출17:14, 24:4, 34:27, 민33:1,2)

(2) 후대의 유대인도 이를 모세의 책들로 인정했다.
수1:7,8, 왕상2:3, 스3:2, 6:18, 대하34:14, 단9:11-13, 말4:4)

(3) 예수께서 모세의 책으로 인정하셨다.
(마19:7,8, 눅5:14, 요5:46)

제 2 장

구 약 개 론

1. 창세기

1) 명칭

히브리 원전은 창세기의 명칭을 맨 처음 나오는 낱말인 "태초"(1:1)를 따서 "브레쉬트"라고 붙였다. 칠십인역은 창세기의 중심 단어라 할 수 있는 '톨레돗'(toledoth : 세대, 자손, 후손)을 '게네세오스'(Geneseos:기원, 생성, 근원, 원천)로 번역하여 그 명칭으로 정하였다. 영어성경은 'Genesis' 라 이름하였고, 한글 성경은 '창세기' 라 명명하였다.

2) 내용

창세기는 크게 두 부분으로 나눌 수 있다. 1-11장까지는 천지창조와 인류의 태고사 즉, 가정의 형성, 죄의 기원, 축복과 저주, 언어와 종족, 기술과 사업 등이 다양하게 상술되어 있다. 12-50장까지는 선민의 족장사가 나오는데 하나님께서 약속의 땅으로 불러내신 아브라함과 그의 후손인 이삭, 야곱, 요셉에게로 이어지는 족장들의 역사를 자세하게 기록하고 있다.

3) 영적 교훈

창세기는 기원의 책이기 때문에 '모판' 이라는 별명을 갖고 있다. 즉, 우주, 만물, 사람, 그리고 예수를 통한 구원 계획(3:15)이 모두 하나님께 그 기원을 두고 있음을 보여준다. 이는 곧 하나님은 모든 존재의 시작(the Beginning)이요, 원인(the Cause)이며, 근원(the Source)일 뿐만 아니라, 우주와 세계의 주인이심을 창세기는 명쾌하게 증명해 주며, 모든 피조물에 대한 하나님의 통치권을 밝혀주고 있는 것이다. 따라서 창세기를 바로 이해하는 것은 나머지 모든 성경을 이해하는 데 결정적인 도움을 준다.

탐 구 문 제

창세기는 기원의 책입니다. 창세기는 무엇의 기원을 말하고 있습니까?

창세기는 이 세상에 존재하는 모든 것의 시작을 말해주고 있다. 특히 우주의 시작(1:1), 인류의 시작(2:7), 죄의 시작(3:6), 구원계시의 시작(3:15), 가족의 시작(4:1), 문화의 시작(4:17), 국가의 시작(10:5), 다양한 언어의 시작(11:9), 히브리민족의 시작(11:10-)을 연대순으로 기록하였다.

창세기에서는 삼위일체에 대하여 어떻게 표현하고 있습니까?
(창1:1, 1:26, 16:7-13)

하나님을 지칭하는 최초의 이름은 엘로힘이다(창1:1). 이 이름은 복수로 되어 있으나 단수동사와 연결되어 있다. 또한 하나님께서 그 자신에 대해 복수[우리]로 말하고 있는 구절들(창1:26, 3:22, 11:7)이 여러 곳 있다. 이것은 하나님 안에 인격적인 구별들이 있음을 암시한다고 볼 수 있다. 또한 인격적인 구별에 대한 보다 분명한 암시들은, 여호와의 천사는 한편으로는 여호와와 일치되지만 다른 한편으로는 그와 구별되신 자로 묘사한 곳에서 발견된다(창16:7-13, 18:1-21, 19:1-28).

가인과 아벨은 각각 하나님께 어떤 재물로 제사를 드렸으며(창4:3-4), 하나님이 가인의 제사를 열납하지 않으신 이유는 무엇인가요? (창4:4-5, 히11:4)

가인은 땅의 소산 즉 농산물로, 아벨은 양의 첫새끼와 그 기름으로 제사를 드렸다.

땅의 소산은 가장 오래된 형태의 제물인데, 충분히 하나님께 열납될 수 있었다(레2:1, 4, 14, 15). 따라서, 하나님이 가인의 제물은 거부하시고 아벨의 제물만 받으신 것은 제물의 차이 때문이 아니다. 하나님은 그들의 중심을 살피셨다. 즉 가인의 제물은 그의 불경건한 태도 때문에 버림받았고, 아벨의 제물은 그 믿음과 정성 때문에 하나님께 합당한 것으로 여겨졌던 것이다(히11:4, 요4:24).

하나님의 아들들과 사람의 딸들은 각각 누구를 가리키는 말입니까? (창6:2)

하나님의 아들들과 사람의 딸들은 각각 지체 높은 자의 아들들과 낮은 서열에 있는 백성의 딸들이라고 보는 견해(유대 랍비), 천사들과 인간의 딸들로 보는 견해, 셋 계통의 경건한 자손과 가인 계통의 불신 자손으로 보는 견해가 있다. 첫 번째 견해는 성경적 근거가 없다. 성경에서 하나님의 아들들이란 말은 대개 천사들을 가리키는 데 사용되거나(욥1:6, 2:1, 38:7, 단3:25), 경건한 인간을 지칭할 때도 사용되었다(신32:5, 시73:15, 80:17, 호1:10). 인류의 죄악이 너무 커져서 결국 심판을 받을 수밖에 없었다는 문맥을 고려하면 세 번째 견해가 가장 타당하다.

고기를 먹을 때 피째 먹지 말라는 이유는 무엇입니까?(창9:4, 레17:11, 행15:29)

피는 생명으로 간주되었고(레17:11)피를 먹지 말라는 규례는 모세의 율법에도 규정되었으며(레3:17) 신약교회에서도 이방인 개종자들에게 피를 먹지 말도록 규정하고 있다(행15:29).

하나님께서 이러한 규정을 정하신 이유는 모든 생명에 대한 주권이 오직 하나님에게만 있음과 생명의 존엄성을 인간에게 가르치기 위해서이다. 특히 만물에 대한 지배권을 지닌 인간으로 하여금 짐승에 대한 잔혹 행위를 방지하기 위해서이다(칼빈, 크리소스톰).

아브라함은 애굽의 왕 바로에게 자기 아내를 누구라고 하였습니까?(창12:13)

누이라고 하였다. 사실 아브라함의 아내 사라는 아브라함의 이복동생이었다(창20:12). 참고로 족장시대 근친 결혼사례를 보면 아래와 같다.

[족장시대 근친 결혼의 계통]

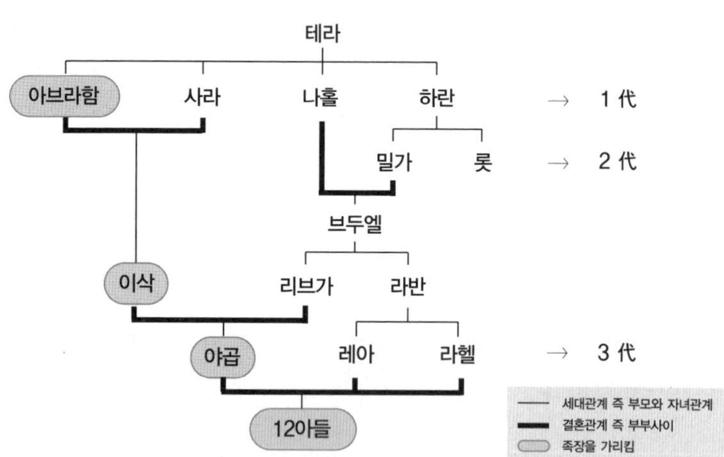

타는 횃불이 쪼갠 고기 사이로 지나더라는 말은 무엇입니까?(창15:17)

연기 나는 풀무에서 나온 타는 횃불은 하나님의 임재를 상징한다(출19:18). 타는 불이 쪼갠 고기 사이를 지나는 것은 하나님이 아브람의 재물을 받으신 것과 더불어 그 언약이 인준되었음을 보여줌과 동시에 언약을 위반했을 때는 쪼갠 짐승처럼 된다는 것을 말해준다.

소돔 사람들이 롯에게 그의 집을 방문한 천사들을 "상관하리라"고 말했는데 이 말은 무엇을 뜻합니까?(창19:5)

'상관한다' 라는 말은 히브리어(야다)로 보면 경험을 통하여 상대방을 안다는 뜻이다. 여기서는 성행위(동성애)를 가리키는 완곡어법으로 사용되었다. 성경상 동성애는 하나님 창조 질서에 어긋나는 것으로 모세의 율법에는 사형으로(레20:13), 그 밖의 모든 경우에도 엄격히 금지되어 있다(레18:22, 롬1:26-27, 고전6:9).

성경에서 여자의 향년이 기록된 사람은 누구입니까?(창23:1)

아브라함의 아내 사래이다. '사라의 향년 일백이십칠세이다' 라고 하였다. 사라는 모든 여성의 대표자라 할 수 있다(벧전 3:6).

아브라함은 왜 막벨라 굴을 중한 값을 주고 샀습니까?(창23:15)

아브라함은 아내 사라가 죽었을 때 헷사람에게 장지를 샀다. 그 때 헷사람은 구원자 하나님의 방백 같은 사람에게 돈은 받을 수가 없다고 그냥 사용하라고 하였지만, 아브라함이 억지로 값을 주고 산 것이다. 아브라함은 그의 후손이 오랜 후에 이 땅을 차지할 것을 알고 그 때까지 보존하도록 중한 값을 주고 샀다. 과연 아브라함의 믿음대로 그 땅은 오랫동안 보존되었으며 그 무덤 안에 아브라함, 이삭, 리브가, 야곱과 레아가 함께 묻히게 되었다.

손을 환도뼈 밑에 넣는 것은 무엇을 나타냅니까?(창24:2, 47:29)

맹세를 표하는 고대의 관습이다. 여기서 환도뼈라는 말은 성기를 의미하는 완곡한 표현으로 환도뼈 밑은 곧 사타구니를 의미한다. 일반적으로 환도뼈는 주권이나 권위를 상징하며 그곳에 손을 얹는 것은 충성의 맹세나 복종을 의미한다.

합환채, 드라빔이란 무엇을 말합니까?(창30:14, 창31:19)

합환채는 '만드라고라' 라는 식물로 사랑의 사과라고도 불리며 최음제로 사용되었다. 야곱 당시 고대 근동에서는 이 합환채가 부부간의 사랑을 증대시키고 자녀 출산을 증진시킨다고 일반적으로 믿어지고 있었다.

드라빔은 사람 형상을 닮은 우상인데 족장시대에 가정의 수호신으로 널리 숭배되었다. 최근 고고학적 자료에 따르면 이 드라빔은 우상으로서뿐 아니라 재산상속권의 증표로도 사용되었다고 한다. 이를 고려해 볼 때 라헬이 드라빔을 훔친 것은 종교적 이유보다는 재산권에 대한 욕심에서 비롯된 것으로 보인다. 라반이 야곱을 뒤쫓아와서 드라빔을 찾은 이유도 그것이 재산과 관계된 것이기 때문이며 후에 언약을 세울 때에도 드라빔을 통한 재산 상속권 문제가 피차간에 발생하지 않게 되기를 약속하였던 것이다.

"흰머리로… 음부에 내려간다"는 말은 무슨 뜻입니까?(창42:38)

여기서 음부란 말은 단순히 시체를 두는 무덤을 가리키는 말로 육체적인 죽음을 상징한다(민16:30, 시16:10).

이 말은 노인이 죽는다는 것을 우의적으로 표현한 것으로, 베냐민에게 재난이 미칠 경우 야곱이 겪게 될 슬픔을 나타내 주고 있다. 즉 죽음으로까지 이끌 정도로 슬픔이 심하리라는 것을 의미한 것이다.

2. 출애굽기

1) 명칭

출애굽기란 말은 칠십인역(헬라어 역본)에서 유래되었다. 칠십인역의 명칭은 '엑소도스' 인데 이 말은 출발 · 탈출 · 밖으로 나감 등을 의미한다. 이스라엘 백성이 애굽에서 430년 동안 노예생활을 하다가 하나님의 놀라운 은혜로 애굽에서 나왔다는 뜻이다.

2) 역사적 배경

출애굽기는 야곱이 애굽에 이르렀을 때(BC 1875년경)로부터 이스라엘백성이 출애굽하여 시내산에 이르러 성막을 세우기까지(BC 1445년경) 약 431년 동안 일어났던 역사를 기록한 책으로, 창세기에서 레위기, 민수기, 신명기로 이어지는 큰 줄거리의 교량역할을 하는 책이다.

3) 영적 교훈

신학적으로 보면, 일찍이 창15:13,14에 계시된 하나님의 구원 약속을 하나님이 성취시키신다는 것이 그 주된 내용이라 할 수 있다. 따라서 출애굽기의 주제는 한 마디로 '구속' 이다. 하나님이 당신의 종 모세를 통해 노예 상태에 있던 택한 백성을 구원하셔서, 약속의 땅 가나안으로 인도하시는 구원 활동이 본서의 중심인 것이다.

4) 본서의 내용

본서는 크게 두 부분으로 나뉘어져 있다. 1-18장까지는 역사편으로 이스라엘 백성이 애굽을 떠나 시내산에 이르는 약 2개월간의 여정을 기술하고 있고, 19-40장까지는 율법편으로 시내산에서 약 1년 동안 머물면서 모세가 율법을 받은 내용을 기록하고 있다.

(1) 애굽에서 시내산까지의 여정

에담	→	홍해	→	마라	→	신광야	→	르비딤	→	시내산
(불기둥 구름기둥)		(바다 갈라짐)		(쓴물→단물)		(만나)		(반석-생수)		(율법받음)

출애굽 여정

(2) 율법의 제정

① 십계명 : 십계명을 비롯하여 안식일과 3대절기에 관한 규정

② 회막의 규례 : 회막의 재료를 비롯하여 성막에 설치하는 일곱가지 성구에 대한 규례

③ 회막의 건조 : 회막의 규례대로 회막을 세우는 역사

5) 출애굽의 의의

출애굽 사건은 구약의 최대 사건으로 신약의 십자가 사건에 비견된

다. 출애굽은 제2의 창조라 할 수 있으며, 이로써 이스라엘이 건국된 것이다. 그래서, 출애굽한 날을 새해 첫날로 정하고 이 날을 기준하여 모든 절기를 지키도록 하였다.

뿐만 아니라 하나님은 천지창조 후 안식하신 것처럼(창2:3) 출애굽 후에도 안식(신5:15)하도록 명령하셨다. 출애굽기 19장에서 민수기 10장에 이르기까지 장장 59장을 시내산 사건의 기술에 할애했다. 이것 하나만 보더라도 출애굽의 의의가 얼마나 큰가를 잘 알 수 있다.

탐구문제

출애굽기에서 신약의 예표가 되는 몇몇 낱말과 예수의 사적을 비교하여 보세요.

유월절양(출12:3): 신약에서는 고전 5:7이하에 '… 우리의 유월절 양 곧 그리스도께서 희생이 되셨느니라' 라는 말이 기록되어 있다.

만나(출16:4): 신약에서는 요6:35이하에 '예수께서 가라사대 내가 곧 생명의 떡이니 내게 오는 자는 결코 주리지 아니할 터이요 나를 믿는 자는 영원히 목마르지 아니하리라' 고 기록되어 있다.

반석의 생수(출17:6): 신약에서는 고전10:4이하에 '다 신령한 음료를 마셨으니 이는 저희를 따르는 신령한 반석으로부터 마셨으매, 그 반석은 곧 그리스도시라' 고 기록되어 있다.

성막(출26:36): 신약에서는 히9:11-12 중에 '그리스도께서 … 손으로 짓지 아니한 곧 이 창조에 속하지 아니한 더 크고 온전한 장막으로 말미암아 …' 로 기록되어 예수가 성막으로 칭해졌다.

대제사장과 제사장(출28:1) :신약에서는 히8:1에서 '… 이러한 대제사장이 우리에게 있는 것이라 그가 하늘에서 위엄의 보좌 우편에 앉으셨으니'라고 기록되어 예수가 대제사장으로 칭해 있다.

율법(출20장): 예수 그리스도께서는 자신이 하나님의 율법을 폐하러 온 것이 아니라 완전케 하러 오셨다고 말씀하셨는데(마5:17), 실제로 그 말씀과 같이 십자가에 달려 죽으심으로 인류 구원을 위한 하나님의 율법을 완성하시었다(롬10:4).

모세: 히3:1-6 등에서는 예수 그리스도가 모세와 비교되고 있다.

하나님께서는 모세에게 왜 신을 벗으라고 하셨는가요?(출3:5)

모세가 서있는 곳은 거룩한 땅 즉 하나님이 임재하신 곳이기 때문이다. '신을 벗는 것'은 거룩하신 하나님께 경의를 표하는 것을 의미한다. 당시 고대사회에서 노예들은 자신의 신분을 나타내기 위해 맨발로 다니는 것이 관례였는데(눅15:22), 이는 자신의 신분이 미천하다는 고백적 의미를 내포하고 있다.

길의 숙소에서 모세가 하나님으로부터 죽임을 당할 뻔한 이유는 무엇이며, 십보라가 모세를 '피남편'이라고 부른 의미는 무엇입니까?

(출4:24-25)

이스라엘의 지도자가 될 모세가 그의 아들에게 할례를 행하지 않았기 때문이다. 자녀에게 할례를 행하는 것은 부모의 의무임(창17:10)에도 모세는 그 명령에 불순종한 것이다. 다시 말하면, 모세는 하나님의 놀라운 뜻을 이룩하려고 나가는 마당에 자기 자식에게 행해야 할 책임을 다하지 못하였기에 하나님은 그 책임을 촉구하기 위해 죽인다고 하셨던 것이다.

한편, 십보라가 아들의 양피를 베어 피를 흘림으로 인해 모세는 죽음으로부터 벗어날 수 있었다. 그러므로 사실상 모세는 십보라에게 피로 산 남편이 된 것이다.

하나님께서 모세로 하여금 바로에게 신이 되게 하였다는 말은 무슨 뜻입니까?(출7:1)

이 말은 모세가 바로에게 신격화된다거나, 하나님과 대등하게 된다는 의미가 아니다. 이것은 하나님께서 모세로 하여금 바로를 지배할 수 있는 신적 권세와 능력을 지니게 하겠다는 것이다(출4:16).

이는 다만, 하나님의 말씀을 전하는 자는 사람의 말이 아닌 하나님의 말씀을 전하는 자이기에 곧 하나님으로부터 신적 권위를 부여받게 된다는 뜻이다(시82:6, 요10:35).

하나님께서는 바로의 마음을 '강퍅케 하셨다' 라는 말의 뜻은 무엇입니까?(출7:3)

이것은 바로의 선한 마음을 하나님께서 고의로 악하게 바꾸셨다는 것이 아니다. 이것은 하나님께서 인간에게 자유의지를 허락하셨다는 뜻을 함축하고 있다. 즉 바로는 자기 스스로 마음을 강퍅케 한 것이며 하나님께서는 이러한 그의 행동에 전혀 관여하지 않으셨다는 것이다(참고 창2:17).

이스라엘에게는 10가지 재앙 중에서 어느 재앙 때부터 그 재앙이 내리지 아니하였는지, 또한 그 의미는 무엇일까요?(출8:22-23)

파리재앙부터는 이스라엘이 거하는 고센땅에 재앙이 내리지 않았다. 이것은 재앙이 이스라엘이 믿는 여호와 하나님께로부터 왔다는 것을 증명해 준다. 또한 그 하나님은 이스라엘의 하나님이심을 분명히 알려 주는 재앙인 것이다.

출애굽은 누구에게 하신 언약의 성취입니까?(창15:13-16)

하나님은 아브라함의 자손들이 애굽에서 400년 간 종살이를 할 것과

(창15:13), 그 400년 후에 해방되어(15:14) 가나안으로 다시 돌아올 것을(15:16) 미리 아브라함에게 계시하셨다.

출애굽은 바로 하나님이 아브라함에게 하신 이 언약의 성취였던 것이다.

하나님께서는 10계명을 주시기 전에 자기를 어떻게 소개하셨습니까? (출20:2)

하나님은 자신을 이스라엘 백성을 애굽땅, 종 되었던 집에서 인도해 내신 여호와 하나님이라고 소개하셨다. 이것은 창조주 하나님이 아니라, 구원주 하나님이심을 강조하여 드러내며, 백성들에게 율법을 수여할 수 있는 근거를 제공하는 것이다. 그러기에 칼빈은 본절을 십계명의 서문이라고 하였다.

다시 말하면, 하나님이 먼저 구원과 은총을 베푸셨기에, 우리는 그 구원의 은총에 감사하는 마음으로 율법을 지키는 것이다. 즉 율법은 이러한 하나님에 대한 사랑의 표현인 것이다(롬13:8,10).

성경은 자신의 동족에게 변리를 받지 말라고 명하고 있습니다(출22:25). 이것은 오늘날의 현실과 어떻게 조화될 수 있을까요?

여기서의 '변리' 라는 말은 히브리어(네쉑)로 보면 '억압하다', '괴롭히다' 라는 뜻을 지니고 있다. 즉 이 말은 부자가 가난한 자를 경제적으로 심하게 착취한다는 뜻을 강하게 담고 있다. 성경은 가진 자의 횡포 즉, 가난한 자의 약점을 이용해서 재산 증식을 꾀하는 행위를 죄악으로 규정하고 있다(레25:36, 시15:5, 잠28:8, 겔18:8).

그러나 한편, 성경에는 합당한 이식을 취하라는 구절도 있다(느5:10-11).

성경의 교훈을 종합하여 보면, 선한 의도로 돈을 빌려주며 합당한 이

자를 취하는 것은 죄가 아님을 알 수 있다. 따라서 오늘날 은행 거래나 상업상의 거래에서 이자 받는 것은 무방하다.

'모세와 그의 동행인들이 하나님을 보았다' 라는 말은 무슨 뜻입니까? (출24:10)

하나님께서는 영이시니(요4:24)그 누구도 하나님의 본체를 볼 수는 없다. 그리고 성경에서 하나님의 모습을 보는 자는 죽으리라고 했다(출33:20). 그러므로 여기서 모세와 그의 동행인들이 하나님을 보았다는 것은 곧 하나님의 영광을 보았다는 말로 이해하여야 할 것이다.

그룹이란 무엇입니까?(출25:18)

그룹이란 하나님의 보좌를 둘러싸고 있는 영적 존재, 곧 일종의 천사이다(겔1,10장, 계4:6-8).

이 그룹의 모양은 정확히 알 수 없으나 성경 기록을 종합해 보면, 날개를 갖고 있고 사람과 비슷한 모습을 띠고 있을 것으로 추정할 수 있다.

모세가 받은 율법의 종류는 무엇입니까?

종 류	내용	성 격
도덕법	10계명	영원불변하는 법이기에 오늘날도 보편적으로 적용된다.
의식법	하나님을 공경하는 법	절기, 성막, 제사, 정결, 음식 등에 관한 규정은 예수님과 하나님 나라를 예표하는 것으로 신약시대 예수님에 의해 성취되었다. 따라서 오늘날은 문자적인 적용은 없으나 구속사적맥락에서 의미를 가진다.
시민법	백성을 다스리는 법	이스라엘 신정체제하에서 적용되었던 법으로, 오늘날에는 적용이 없다. 하지만 그 법의 정신은 오늘날에도 적용되며, 재해석이 필요하다(고전9:9-10).

하나님께서 모세와 대면하여 말씀하셨다는 것은 무슨 뜻입니까?(출33:11)

이 말은 직접적으로 얼굴과 얼굴을 마주 보았다는 뜻이 아니다. 아담의 범죄 이후 하나님을 직접적으로 보고서는 살아 남을 수 있는 자는 없기 때문이다(출33:20, 창32:30,신5:25,삿13:22, 사6:5). 이 말은 원죄로 인해 연약성을 지닌 모세가 하나님의 영광을 보고도 죽지 않을 정도로 하나님께서 모세에게 특별한 계시의 방법으로 자신을 나타내셨다는 뜻이다.

모세가 수건으로 광채 나는 자신의 얼굴을 가린 이유는 무엇입니까?(출34:33-35)

바울은 '모세가 이스라엘 자손들로 장차 없어질 것의 결국을 주목치 못하게 하려고 수건을 그 얼굴에 썼다' (고후3:13)고 하였다.

모세가 얼굴을 가리운 이유는 곧 이스라엘 백성들이 자신의 얼굴에서부터 나는 광채에 현혹되어 자신이 전하는 하나님의 말씀을 소홀히 할 수 있는 가능성을 배제하기 위함이었던 것으로 이해할 수 있다.

법궤는 무엇을 상징합니까?(출37:1-9)

법궤는 하나님의 언약의 말씀인 십계명판을 보관하는 것인데, 하나님의 말씀이 되시는 그리스도를 상징한다(요1:1,2,14).

3. 레위기

1) 명칭

레위는 야곱의 12아들 가운데 셋째아들로서 이스라엘의 제사장 계통의 조상이 된다. 하나님은 레위의 후손들을 이스라엘의 12지파 가운데 특별히 제사장 지파로 선별하셨다. 이렇게 선별된 레위인들이 제사를 드릴 때 꼭 지켜야할 제반 법규들을 기록한 책이기에 그 이름을 레위기라 하였다. 출애굽기는 하나님께서 모세에게 일러주신 모형대로 성막을 건립하는 것으로 끝을 맺지만, 레위기는 그 성막을 통해 하나님께 어떻게 제사를 지내야 하는가하는 그 원리를 가르쳐주는 제사법에 관한 책이다.

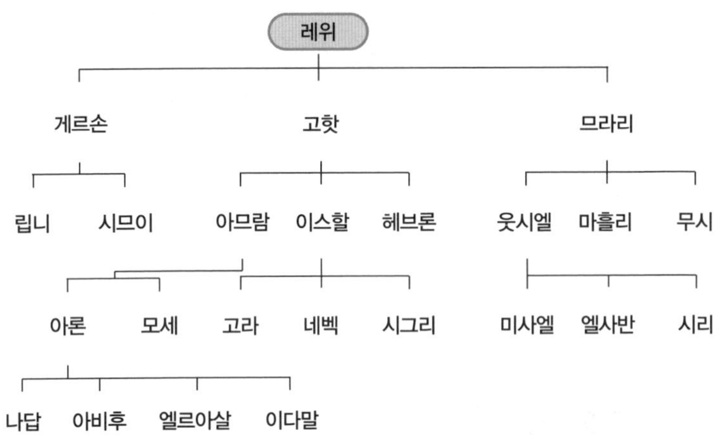

[레위의 후손]

2) 레위기의 내용

레위기는 크게 두 부분으로 나뉘어져 있다. 1~16장까지는 하나님께 나아가는 길을 가르쳐 주고 있다. 번제, 소제, 화목제, 속죄제, 속건제 등 5대제사의 규례와 제사장에 관한 규례가 나온다. 17-27장까지는 하나님과 교제하는 길을 가르쳐 주고 있다. 전반부에는 번제, 소제, 화목제, 속죄제, 속건제 등 여러 가지 제사법규가 나온다. 죄인으로 하여금 하나님께 가까이 나갈 수 있도록 하기 위해 여러 가지 희생제물을 드리는 제사법이 규정되어 있다. 신약적으로 해석하면 그리스도의 보혈이 넘쳐흐른다고 할 수 있다.

3) 레위기와 신약성경의 관련성

레위기에 나오는 여러 가지 제사, 절기, 성결에 관한 의식법이 신약성경과 어떤 관련성이 있는가 하는 점과 예수 그리스도를 믿음으로 구원받은 성도들도 구약의 제사법을 행해야 하는가 하는 점이 무엇보다도 규명해야될 문제가 된다. 레위기의 여러 희생 제물은 장차 인간의 죄를 대속하기 위해 십자가에 돌아가신 그리스도를 상징하는 예표라 할 수 있다. 따라서 예수 그리스도가 이 땅에 오셔서 단번에 드린 제사(히9:26)로 인해 구약의 모든 의식법은 완성된 것이다. 그러므로 레위기의 의식법이 문자적으로 오늘날 우리들을 얽어매지는 못한다. 그러나 그 원리는 오늘날 그리스도인에게도 그대로 적용된다.

탐 구 문 제

레위기의 주제는 무엇입니까?

레위기에서는 거룩이라는 말이 무려 90번이나 빈번히 사용되고 있다(11:44, 19:2, 20:8, 21:7). 하나님이 거룩하신 것처럼 하나님의 백성

또한 거룩해야 한다는 것이 본서의 주제이다.

번제물의 머리에 안수하는 이유는 무엇 때문입니까?(레1:4)

안수는 제사장이 하지 않고 제물을 바치려는 자가 하도록 되어 있었다. 이는 제물과 그것을 드리는 자가 서로 연합하여 하나가 된다는 의미로 그의 죄를 제물에 전가시키는 상징적인 의미가 있는 것이다. 즉 피흘림이 없이는 사함이 없기에(히9:22), 안수받은 짐승이 피를 흘릴 때 안수한 자의 죄가 사함을 받는 것으로 여겨졌던 것이다.

소제물에 넣어서는 안 되는 것과 반드시 넣어야할 것은 무엇이며, 그것의 의미는 무엇입니까?(레2:11,13)

누룩과 꿀은 소제물에 넣어서는 안 된다. 누룩과 꿀은 부패와 전염의 성질이 있어서 죄악의 속성과 비슷하다. 또한 누룩은 위선과 교만으로 비유되기도 하였다(마16:12, 막8:15, 눅12:1).

죄악, 교만, 위선 등을 상징하는 누룩과 꿀은 하나님의 거룩한 제물과는 조화될 수는 없는 것이다.

그러나 모든 소제물에는 반드시 소금을 치도록 되어 있다. 소금은 부패와 불결로부터 벗어나서 정결한 상태가 유지되는 것을 상징한다. 여호와와 그의 백성간의 언약이 영원하고 진실됨을 상징하는 의미로서 소금을 치도록 한 것이다. 일반적으로 영구 불멸의 언약을 가리킬 때에는 '소금 언약' 이라고 불렀다(민18:19, 대하13:5).

모세가 피를 취하여 아론의 오른 귓부리와 오른손 엄지가락과 오른발 엄지가락에 피를 바른 행위는 무엇을 상징합니까?(레8:23)

모든 제사장들은 모두 피의 능력 아래 있어야 함을 상징한다. 우선 오른 귓부리는 하나님의 말씀을 듣고 복종해야 함을, 오른손 엄지가락은 하나님의 일을 올바로 행하고 섬겨야 함을, 오른발 엄지가락은 하나님의 명령과 법령 속에서 행하며 불평하지 않고 성소의 뜰에 서야 함을 각각 상징하는 것이다. 결국 모든 것을 하나님께 헌신하는 것을 상징하는 것이다.

나답과 아비후의 범죄는 무엇입니까?(레10:1)

그들은 여호와께서 명하시지 않은 다른 불을 담아 여호와 앞에 분향한 죄를 범하였다.

본래 향단을 피울 때는 번제단의 불을 향로에 담아 향단에 옮겨 분향하였다. 그런데 나답과 아비후는 이 규정을 어기고, 번제단의 불과는 다른 불 즉, 자신들 스스로가 만든 불이거나 고기를 삶을 때 피우는 불로 분향하다가 죽임을 당한 것이다. 결국 그들은 하나님의 명령에 불순종한 범죄를 저지른 것이다(신30:8, 삼상15:22).

'응식' 이란 말은 무슨 뜻입니까?(레10:13, 민18:11,19)

응식(應食)은 일정한 수입이 없는 제사장의 생계를 위해 하나님께서 제물 가운데 일부를 그들의 몫으로 허락하신 것을 가리킨다.

하나님이 부정한 짐승을 정하시고 그것을 먹지 말라고 하신 근본의도는 무엇이며, 이러한 짐승은 오늘날에도 먹을 수 없습니까?(레11:8, 44-45)

이스라엘 백성이 하나님 앞에서 구별되었음을 가르치기 위한 것이다. 즉, 하나님은 택한 백성들을 이방 민족과 구별시키기 위해 그들이 먹는 짐승까지도 정하셨던 것이다. 외적 정결을 통해 내적 영적 성결에 이르도록 교훈하시기 위한 것이었다.

그러나 예수 그리스도를 통해 율법이 완성된 이후에는 양심에 거리낌이 없다면 어떤 고기든지 먹을 수 있게 되었다. 즉 이제는 외적 상징을 통해 영적 정결을 유지하는 것이 아니라 예수의 중보 사역을 통해 하나님과 직접 만남으로 인해 이런 외적 상징에 의한 구분은 무의미해졌다.

결론적으로 '하나님이 지으신 모든 것이 선하기'에(딤전4:4, 행10:28) 아무 것도 부정하다고 할 수 없다. 다만, 우리는 어떤 고기든 먹을 수는 있으나, 남의 유익을 위하여(고전10:24,33) 종국적으로 하나님의 영광을 위하여(고전10:31) 절제할 수 있어야 한다.

짐승 중 굽이 갈라지고 새김질을 하는 짐승만이 정결하다고 간주된 이유는 무엇일까요?(레11:3)

이러한 짐승들은 부정한 짐승과 비교해 볼 때 주로 풀을 먹고 사는 매우 온유하며 깨끗한 동물이었다. 굽이 갈라진 것은 성도가 구별된 삶을 살아야할 것을 상징한다.

문둥병 환자가 윗입술을 가리며 '부정하다'고 외치는 의미는 무엇입니까?(레13:45)

윗입술을 가리는 것은 자기 증오와 자기 비하를 나타낸다. 그러므로 문둥병 환자들은 사람이 접근해 올 때마다 '부정하다' 라고 선언함으로써 다른 사람의 접근을 막았으며 하나님 앞에서 자신의 부정한 모습을 스스로 증오하였던 것이다.

법궤 위 속죄소에 대해서 설명하세요.(레16:2)

지성소 안에는 금으로 둘러싼 법궤(언약궤)가 있다. 이 법궤 안에는 만나를 담은 금항아리, 아론의 싹난 지팡이, 언약의 비석들이 들어 있다(히9:4). 이 법궤 위에는 법궤를 덮는 뚜껑이 있는데 이것이 속죄소이며, 그 위에는 속죄소를 덮는 그룹들이 있다(히9:5, 출25:17-18).

이스라엘의 3대 절기는 무엇이며, 그것이 주는 의미는 무엇입니까?

이스라엘의 3대 절기는 유월절(무교절), 맥추절(칠칠절, 오순절), 수장절(초막절, 장막절)이다.

이 절기에는 이스라엘의 모든 남자들이 함께 모여 그들의 형제애를 고취하며 여호와께 예물을 드려 감사하였다. 이러한 절기의 상징적 행위는 복음 안에서 모든 하나님의 백성들이 한 형제요 자매임을 나타낸다.

'하늘로 철과 같게 하며 너희 땅으로 놋과 같게 한다' 는 것은 무슨 뜻입니까?(레26:19, 신28:23)

이 말은 하늘에서 비가 내리지 않아 땅이 말라붙는 극심한 가뭄을 의미한다. 즉 하나님의 징계를 받으면서도 회개치 않으면 하나님은 더욱 징치하셔서 비를 내리지 않으며 그 결과 땅의 소산을 얻지 못하게 하신다는 말씀인 것이다.

4. 민수기

1) 명칭

민수기란 명칭은 칠십인역에서 따온 것으로 두 차례의(1장, 26장) 인구조사에 근거를 두고 있다. 민수기 전체의 내용은 40년 간의 광야 유랑생활을 기록한 것인데, 그 중에 실시한 두 차례의 인구조사는 대단히 중요한 의미를 갖고 있다. 1차 인구조사는 광야 행군의 효율성과 각종 전투시 군대 조직 편성을 위한 기초작업이었고(1:1-4:49), 40년 간의 광야 방황이 거의 끝난 후 실시된 2차 조사는 가나안 정복 전쟁과 그 땅 분배를 위한 기초작업이었다(26:1-65).

즉, 가나안 정복이라는 큰 사역을 앞둔 이스라엘은 보다 효율적인 기동력을 발휘하기 위해 인구조사를 실시하였던 것이다.

2) 역사적 배경

애굽에서 출발한 이스라엘 백성은 시내산에 이르러 약 1년 동안 머물면서 율법을 받았고 성막도 세웠다. 그 후 가나안을 향하여 계속 행진하게 된다. 민수기는 시내산에서 가나안 건너편 모압광야에 이르기까지의 광야유랑기이다.

광야 40년의 생활은 한 마디로 비참한 실패의 연속이었다.

3) 내용

두 차례의 인구조사는 필연적으로 민수기를 둘로 나누어 놓는다. 1-25장은 1차 인구조사에서 시작하여 광야 유랑의 이정표를 기술하고 있다. 가나안 정탐꾼의 부정적인 보고, 이에 선동된 모든 백성의 원망, 불평으로 인해 출애굽한 세대는 승리의 가나안 입성을 하지 못한 채 40년 동안 광야에서 헤매다 죽게 되는 슬픈 역사를 맞는다. 26-36장까지는 2차 인구조사(새 세대 인구조사)로 시작하여 새 세대가 요단 동편 땅을 정복하는 등 가나안에 들어가기 몇 달 전까지의 사역을 기술하고 있다.

4) 영적 교훈

민수기는 유랑의 책이다. 불과 11일 정도면 도달할 수 있는 거리를 40여 년 동안이나 방황한 것은 하나님의 약속을 믿지 못한 데 따른 하나님의 심판 때문인 것을 민수기는 가르쳐 주고 있다.

5) 1· 2차 인구조사 비교

지 파 명	제 1 차	제 2 차	증 감
르 우 벤	46,500	43,730	−2,770
시 므 온	59,300	22,200	−37,100
유 다	74,600	76,500	+1,900
잇 사 갈	54,400	64,300	+9,900
스 불 론	57,400	60,500	+3,100
에브라임	40,500	32,500	−8,000
므 낫 세	32,200	52,700	+20,500
베 냐 민	35,400	45,600	+10,200
단	62,700	64,400	+1,700
아 셀	41,500	53,400	+11,900
갓	45,650	40,500	−5.150
납 달 리	53,400	45,400	−8,000
합 계	603,550	601,730	−1,820

탐 구 문 제

인구조사를 한 목적은 무엇입니까?(민1:2-3, 26장)

1차 인구조사는 광야 행군을 위한 것으로 이스라엘 백성을 여호와의 군대로 재편하는 데 그 목적이 있다. 즉 광야의 행진은 가나안 정복을 위한 집단적 이동이었으므로 신속한 기동력을 가진 효율적인 군대로 편성할 필요가 있었던 것이다.

2차 인구조사는 미디안과 가나안을 치기 위한 군대조직을 편성하는 데 그 목적이 있었지만 근본적으로는 가나안 땅에 정착할 준비 즉, 정복후의 땅의 분배를 위해서였다.

나실인이란 어떤 사람을 말합니까?(민6:2)

나실인이란 히브리어(나지르)로 '구별된 자' 혹은 '헌신된 자'를 의미한다. 나실인은 성별에 관계없이 특정 기간 혹은 평생 하나님만을 섬기기로 서원한 평신도였다.

이들은 포도나무에서 나온 소산과 독주를 마실 수 없었고, 머리를 깎을 수 없었으며, 죽은 시체를 가까이 함으로 자신을 더럽힐 수도 없었다. 나실인의 예로 삼손(삿13:5), 사무엘(삼상1:11), 세례요한(눅1:15) 등을 들 수 있다.

모세가 이방 사람인 구스여자를 아내로 맞은 것은 하나님의 뜻에 어긋난 행동이었습니까?(민12:1)

아론과 미리암이 모세가 이방여자와 결혼한다고 비방한 것은 실상은 모세의 우월성에 대한 시기 때문이었다. 요셉이 애굽여자와 결혼한 것이(창41:45) 신정국가의 법칙에 어긋나지 않은 것처럼(창48:5) 모세가 구스(에티오피아)여자와 결혼한 것도 하나님의 뜻에 어긋난 것이 아니다. 다만 가나안 정복시대와 느헤미야 시대에 특히 강조된 이방인과의 통혼금지는 종교적 타락을 방지하기 위해서였지 그 자체가 무슨 절대적 법칙인 것은 아니었다(출34:16, 신7:3-4).

'음부'란 어떤 곳입니까?(민16:30)

이것은 히브리어(쉐올)에서 나온 말로 무덤을 뜻한다(시16:10). 또한 당시 우주관에 따라 지하에 있다고 생각한 사자(死者)들이 머무는 장소를 뜻하기도 했다(창37:35, 잠9:18).

그러나 신약시대에 이르러 음부의 개념은 구원받지 못한 죄인이 죽은 후에 가는 멸망의 장소로 통용되었다(마11:23, 눅16:23, 행2:27, 계20:13).

반석에서 물을 내신 하나님께서 모세와 아론에게 심히 분노하신 이유는 무엇입니까?(민20:10-13, 시106:33)

하나님께서는 모세와 아론에게 반석에게 물이 나오도록 명령하라고 (20:8)만 지시하셨다. 그러나 모세는 분노하면서(시106:33) 자신이 물을 내듯이 반석을 두 번이나 쳤다(20:10-11). 이렇게 행하여 모세가 하나님의 인내와 자비와 거룩성을 파괴하였기에 하나님은 심히 분노하셨던 것이다.

모세가 광야에서 만들어 장대 위에 매단 놋뱀은 어떤 점에서 예수 그리스도의 예표로 상징됩니까?(민21:8-9, 요3:14)

놋뱀을 통한 치유사건	예수 그리스도를 통한 구원사건
불뱀에 물린자는 누구나 놋뱀을 쳐다보아야 함	죄인된 인간은 누구나 예수를 믿어야 함(요3:16, 사45:22)

놋뱀은 놋으로 만들어진 것으로 전혀 독이 없고 해를 주지 않음	예수님도 육신의 모습으로 오셨으나 실제로는 죄가 없으신 분으로 우리를 대신하여 심판을 당하심 (고후5:21, 마27:46)
놋뱀은 높이 들리움	예수님은 십자가에 달려 돌아가심 (마27:35, 요3:14)
놋뱀을 보는 자는 즉시, 치유받음 쳐다보는 것 외에는 다른 노력이 필요없음	예수를 믿는 자는 즉시, 구원받음 (요14:6, 5:24) 예수를 믿는 것 외에는 다른 것은 불필요(엡2:8)
놋뱀으로 인한 치유는 하나님의 은혜임	예수를 통한 구원은 하나님의 은혜임 (롬3:24)

'한 별이 야곱에서 나오며 한 홀이 이스라엘에게서 일어난다' 는 것은 무슨 뜻입니까?(민24:17)

성경에서 별은 왕의 위엄과 영광을 나타내는 자연적인 표상으로 언급되었다(마2:2, 계22:16). 또한 홀이란 왕이 들고 다니는 막대기를 말하는데 지도자나 왕의 통치적 주권을 상징하는 것이다(창49:10).

그러므로 별과 홀은 후에 오실 그리스도의 영광과 그 권위를 상징한다고 볼 수 있다. 예수 그리스도는 온 세계를 통치하시며 인류역사를 주관하신다(삼하7:12, 렘30:9, 겔34:24, 호3:5).

5. 신명기

1) 서론

신명기(申命記)란 두 번째 율법(제2의 율법)이란 뜻이다. 모세는 이스라엘 백성을 이끌고 40년 동안 광야를 배회하다가 마침내 가나안의 접경지대인 모압평야에 이르게 된다. 여기서 5주 머무는 동안 장차 가나안의 주인공이 될 신세대들에게 출애굽기, 레위기, 민수기에 수록된 율법을 다시 한번 정리하고 재해석해준 책이 바로 신명기인 것이다.

일명 '율법의 복습'이라고 이름짓는 신명기는 시내산에서 받은 율법을 단순히 복습시키는 것이 아니라, 미래에 대한 안목을 가지고 과거를 회고하면서 역사적 사실 속에 나타난 하나님의 섭리를 가르치는 것이다.

신명기는 율법을 적절하게 조화시켜 하나님과 이스라엘 백성의 관계를 잘 설명하는 설교체로 율법을 재해석해 주고 있다.

2) 내용

신명기는 모세가 3차례에 걸쳐 설교한 내용이다.

(1) 모세의 첫 번째 설교(1-4장)

하나님의 보호하심, 최고 복종 권면

(2) 모세의 두 번째 설교(5-26장)

십계명과 기타 율법의 재해석

(3) 모세의 세 번째 설교(27-30)

언약관계에서 축복과 저주를 말하고 복종 권면

(4) 모세의 최후의 행적(31-34장)

3) 레위기와 신명기의 차이점

레위기는 제사장을 중심으로 제사장의 복무규정과 제사의식을 상세히 규명하는데 반하여, 신명기는 이스라엘 민족 전체를 중심으로 하나님에 대한 선민의 의무를 강조하고 복종을 권고하고 있다.

4) 신명기와 신약과의 관계

신명기는 신약성경에서 가장 많이 인용된 책으로, 신약성경 27권 가운데 17권에 그 내용이 80회 이상 인용되어 있다. 특별히 예수님이 마귀에게 시험받으실 때 마귀를 물리치기 위해 인용하셨던 세 말씀이 모두 신명기에 있는 말씀이었다(마4:4,7,10, 막10:4).

탐 구 문 제

부모의 죄로 인해 그 자손이 삼사대까지 벌을 받는 것은 너무 억울한 일이 아닐까요?(신5:9, 겔18:14-17)

그렇지 않다.

부모가 타락하여 범죄하게 되면 그 자식들은 자연히 죄악된 환경아래 놓이게 된다. 특히 이스라엘 가정은 가부장적 사회로서 자식에 대한 부모의 권위는 절대적이었으므로 부모의 죄악은 곧 자식에게까지 직결되어 그 영향이 이어지는 것은 불가피하였다.

그러므로 이러한 하나님의 징벌은 부모의 죄악된 영향으로 후손들의 영혼이 건전하지 못한 처지에 놓일 것이라는 말이지 직접적으로 그 조상의 죄 때문에 멸망을 받는다는 것은 아니다. 하나님께서는 '아들이 그 아비의 행한 모든 죄를 보고 두려워하여 그대로 행하지 아니하고 … 내 율례를 행할진대 이 사람은 그 아비의 죄악으로 인하여 죽지 아니하고 정녕 살겠고' 라고 말씀하셨다(겔18:14-17).

'사람이 떡으로만 사는 것이 아니요 여호와의 입에서 나오는 모든 말씀으로 산다' 는 것은 무엇을 의미합니까?(신8:3, 마4:4, 눅4:4)

여기서 모세가 강조하고 있는 점은 사람이 육체적 생명을 유지하기 위해서는 양식이 필요하기는 하지만 설령 그러한 것이 없다 할지라도 하나님께서는 자신의 입으로 명하시어 내시는 특별한 것 즉 만나와 같은 것으로 자기 백성들을 먹여 주신다는 점이다(출16:35).

예수님께서 이 구절을 인용하여 마귀의 시험을 물리친 것도 같은 의미에서였다. 즉 비록 떡이 없더라도 하나님께서는 자신의 생명을 특별하신 방법으로 지속시켜 주시리라는 것이다. '무엇을 먹을까 무엇을 마실까 무엇을 입을까 하지 말라 이는 다 이방인들이 구하는 것이라' (마6:31-32)는 예수님의 말씀도 같은 의미로 이해할 수 있다.

혹자는 이 구절을 '사람에게 있어서 육체를 위한 양식도 필요하지만 그것보다도 더 중요한 것은 영혼을 위한 양식 즉 하나님의 말씀이다' 라고 해석하기도 한다.

'이른 비', '늦은 비' 는 언제 내리는 비입니까?(신11:14)

이른 비는 10월에서 11월 사이에 내리는 비를 말하며, 이 때는 밀과 보리를 파종하고, 늦은 비는 3월과 4월 사이에 내리는 비로, 이 때 밀과 보리가 결실하게 된다.

'나무에 달린 자는 하나님께 저주를 받았음이니라' 는 말의 의미는 무엇입니까?(신21:23)

구약시대 일반적 사형법은 돌로 쳐죽이는 것이었다(신13:10, 21:21, 22:21) 그러나 극악한 범죄자를 죽일 때는 나무에 매달아 죽였다(수8:29,10:26). 이 경우 나무에 달린 시체는 공포심을 조장한다고 혹은 부정하다(레22:4, 민6:11)고 해서 해지기 전에 나무에서 내려야 했다.

한편 예수의 시체도 이러한 유대인의 관례에 따라서 해가 질 때 아리마대 요셉에 의해 장사되었다(요19:31). 즉 예수는 인간이 받아야 할 하나님의 저주를 대신 받으사 십자가에 달려 죽으심으로 저주받은 자의 모형이 되신 것이다.

이스라엘 사회에서 이혼할 때 이혼 증서를 여자에게 주는 의미는 무엇입니까?(신24:1)

이혼당한 여인은 몸이 더럽혀졌다는 이유로 다른 남자에게 재혼하는 일이 불가능한 경우가 있었다. 그런데 이혼증서란 이혼녀가 재혼할 수 있는 법적인 권리와 자유를 보장해 주는 일종의 성문서였다. 또한 이혼증서를 쓰는 것은 많은 증인 앞에서 엄숙히 선언하는 행위가 되므로 이스라엘 백성으로 하여금 경솔히 이혼하는 것을 막아줌과 동시에 함부로 아내를 버리는 일을 막도록 제도화한 규례였다.

한편 예수님은 모세가 이혼증서를 써주고 이혼할 수 있도록 허락한 것은 이스라엘 사람들의 완악한 마음 때문이지 결코 이혼을 합법화시킨 것은 아니라고 말씀하셨다(마19:3-11).

제단 즉 돌단을 쌓되 그것에 철기를 대지 말라는 이유는 무엇입니까?(신27:5)

하나님께서는 '네가 내게 돌로 단을 쌓거든 다듬은 돌로 쌓지 말라. 네가 정으로 그것을 쪼면 부정하게 함이니라' 고 말씀하셨기 때문이다(출20:25).

사람의 피를 흘리게 하는 무기로 사용될 수도 있는 정과 같은 철기로 사람의 생명을 구원하는 제단을 만드는 것은 부정한 일이다.

한편 이방인들은 신전이나 제단을 만들 때 돌을 정교하게 다듬어 사용하여 외적인 아름다움을 강조하였다.

'성읍에서도, 들에서도 복을 받는다'는 말의 의미는 무엇입니까? (신28:3)

성읍에서 복을 받는다는 것은 많은 사람이 알 수 있도록 공개적으로 큰 축복을 받는 것을 의미한다. 또한 들에서 복을 받는다는 것은 아무도 없는 곳에서도 내적인 큰 은혜를 받는다는 것을 의미한다. 결국 이 구절은 하나님의 말씀에 순종하는 자는 어느 곳에서나 하나님의 흡족한 은혜를 누리게 된다는 것이다.

'대적들이 한 길로 치러 왔다가 일곱 길로 도망한다'는 의미는 무엇입니까?(신28:7)

7이란 숫자는 완전한 것을 나타내는 상징수이다(창2:2, 마18:22). 그러므로 대적들이 일곱 길로 도망한다는 것은 곧 그들이 완전하게 패배하여 제각기 도망치는 것을 의미한다. 사람이란 극도의 위기를 맞이하면 방향감각을 상실하고 제각기 도망하게 된다. 혼비백산(魂飛魄散)이라는 말이 바로 이를 두고 하는 말이다.

이스라엘은 광야에서 40년 동안 옷과 신발을 어떻게 해결하였습니까?(신29:5)

하나님은 이스라엘 백성들이 모세의 인도로 40년 간 광야에서 시험받던 기간 동안에도 사랑과 자비를 베푸시어 그들의 옷이나 신발이 해어지지 않도록 세심하게 보호하셨다.

여호와 하나님께서 '마음에 할례를 베푸신다'는 말의 의미는 무엇입니까?(신30:6)

본래 하나님의 백성이 되었음을 확인하는 상징적 행위였던 할례가(창17:11) 하나님과 전혀 관계없는 '의식' 그 자체로만 행하여진다면 아무런 의미가 없을 것이다. '마음에 할례를 받는다'(렘9:26), '마음가죽을 베다'(렘4:4)는 말은 참마음으로 회개하여 진정으로 여호와를 섬기는 행위를 의미한다. 그러므로 본 절의 '하나님께서 마음에 할례를 베푸신다'는 말은 하나님께서 이스라엘 백성들에게 그들의 죄를 회개할 수 있는 의지력을 주시겠다는 뜻으로 이해할 수 있다.

이는 곧 우리가 죄를 회개하는 것 자체가 하나님의 은혜란 사실을 보여주고 있다(행5:31, 롬2:4).

6. 여호수아

1) 서론

본서의 주인공의 이름을 딴 여호수아서는 일반적으로 여호수아가 기록하였다고 여겨진다. 여러 곳에서 여호수아가 기록했다는 사실이 증거되고 있으며, 특히 24:26은 이를 강력히 뒷받침하고 있다. 끝에 나오는 일부 기사는 후대에 보충되었다고 여겨진다.

2) 내용

본서는 크게 세 부분으로 나뉘어져 있다. 1-5장까지는 가나안에 진입한 역사를, 6- 12장까지는 7년 동안 가나안 땅을 정복한 역사를, 마지막 13-24장까지는 정복한 토지를 분배한 내용을 다루고 있다.

3) 영적 교훈

여호수아서는 가나안 땅을 정복하여 토지를 분배한 역사적 사실을 밝힐 뿐 아니라 일찍이 하나님이 아브라함과 그 후손들에게 가나안 땅을 주시겠다고 하신 그 약속(창12:7, 15:16)을 성취시키시는 신실하신 하나님이심을 밝히 증거하고 있는 것이다.

4) 여호수아서의 위치

모세오경 다음에 나오는 여호수아서는 모세오경과 밀접히 관련되면서 상호보완되고 있어, 모세6경이라고까지 불리며, 뒤따라 나오는 사사기, 사무엘상·하, 열왕기상·하의 기초가 된다.

5) 여호수아 약전

(1) 본명은 호세아(민13:8) 에브라임지파에 속하는 눈의 아들

(2) 12명의 정탐군 가운데 한 사람(민14:6)
(3) 광야에서 모세를 잘 섬겼던 수종자(출33:11)
(4) 아말렉 전투의 지휘관(출17:8-16)
(5) 모세가 시내산에서 십계명을 받을 때 동행(출24:13)
(6) 모세 생전에 모세 후계자로 임명(출24:13)
(7) 토지 분배때 자기 몫을 챙기지 않았던 청렴한 지도자(수19:50)
(8) 110세 때에 사망(수24:29) BC 1380년경으로 추정

탐구문제

하나님은 왜 가나안땅 족속을 쳐죽이라고 하셨습니까?
(창15:16, 레18:19-25)

하나님은 아브라함 당시 가나안땅을 차지하고 있던 아모리 족속의 죄악이 심판을 받아야 할 만큼 극악하지 않았기에 그 땅을 아브라함의 자손들에게 곧바로 주시지 않았다(창15:16).

하지만 그들의 죄악이 관영하였을 때에는(왕상21:26) 이스라엘 민족을 통해 가나안 족속을 심판하셨다.

모세가 가나안 땅을 밟지 못하고 죽은 이유는 무엇입니까?(수1:2)

하나님께서는 모세와 아론에게 반석에게 물이 나오도록 명령하라고(민20:8)만 지시하셨다. 그러나 모세는 분노하면서(시106:33) 자신이 물을 내듯이 반석을 두 번이나 쳤다(민20:10-11). 이렇게 행하여 모세가 하나님의 인내와 자비와 거룩성을 파괴하였기에 하나님은 심히 분노하셨고, 결국 모세는 약속의 땅에 들어가지 못하고 죽게 된 것이었다.

그런데, 이것은 놀라운 하나님의 섭리의 한 단면을 보여준다. 율법을

대표하는 모세가 백성을 가나안에 이끌지 못했던 것은 율법만으로는 가나안이 상징하는 구원과 영생에 들어갈 수 없음을 나타낸다.

이에 반해 여호수아는 백성을 가나안에 입성시키고 토지 또한 분배하였다. 이 점에서 여호수아는 구원과 영생을 보장하는 예수를 예표한다. 이로써 완전한 구원과 영생은 율법이 아니라 예수 그리스도에 의해 이루어짐을 알 수 있다.

라합이 한 거짓말은 어떻게 정당화 될 수 있습니까?

(수2:5, 약2:25, 히11:31)

여기에 대해서는 여러 가지 견해가 있다. 그 가운데 중요한 이론은 다음과 같다.

1) 라합의 행위는 믿음의 행위로서 죄악이 아니라는 견해가 있다(랑애, 홀베르다).
   홀베르다에 의하면 이스라엘 백성에게 있어서 '진실'이란 사실과의 일치를 뜻하지 않고 하나님과 이웃에 대한 충성을 뜻하기에 라합의 행위는 거짓이라고 할 수 없다는 것이다.

2) 라합의 행위는 분명한 죄악이지만 그 동기(의도, 결과)가 신앙적이므로(히11:31) 용서되고 이해되어야 한다는 견해가 있다(칼빈, 어거스틴, 메튜 헨리: 전통적 개혁주의 입장).
   이들은 아무리 선의의 거짓말이라도 거짓말은 정죄되어야 한다는 입장에서는 공통되나 성경이 라합의 행위를 칭찬하는 문제(약2:25)에 대해서는 의견을 달리한다. 즉, 어거스틴은 라합은 이방인임에도 칭찬받을 만한 일을 했다고 보았으며, 칼빈, 머레이는 라합의 행위에는 좋은 요소와 나쁜 요소가 섞여 있다고 즉 전체적

태도나 행동은 칭찬받을 만하나 잘못된 요소도 있다는 것이다.

3) 계명의 우선성을 고려하여 하나님이 더 많이 요구하시는 계명이 있다는 견해가 있다. 이 견해에 의하면 라합의 경우에는 하나님은 사실대로 말하라는 9계명보다는 이웃의 생명을 지켜야한다는 6계명을 지키기를 더 원하셨다는 것이다. 그래서 라합의 행위는 하나님의 요구에 부합되기에 죄를 지은 것이 아니라고 본다.

· 결론 : 우리는 결과가 좋더라도 거짓을 미워하고, 악을 행하지 않아야 한다(롬3:8). 아무리 선의의 거짓말이라도 거짓말은 피해야 하고, 항상 진실한 말을 하도록 노력해야 한다.
그러나 하나님을 향한 믿음, 이웃의 안위, 생명을 위해 불가피한 한계상황이 있다. 이 때 '거짓말하지 않는다' 는 것은 '사실을 숨기지 않는 행위' (헬라 철학적 개념)라기보다는 '하나님과 이웃에 대한 신실함' (히브리 사상)으로 이해해야 할 것이다.

이스라엘 백성들이 길갈에서 할례를 행한 이유는 무엇입니까?(수5:4-7)

이스라엘 백성들은 광야에서 구름기둥과 불기둥의 인도를 받았기 때문에 한 곳에 오래 머물며 할례받을 수 있는 기회를 얻지 못했다(민9:17). 또한 가데스 바네아에서 조상들이 하나님의 언약을 무시하고 그분을 배반한 데 따른 하나님의 저주 때문에 할례의 계명(창17:12)을 지키지 못했다(민14).

결국 하나님께서는 이스라엘 백성들이 가나안땅에서 할례를 받음으로 하나님의 언약을 갱신할 수 있는 기회를 주셨던 것이다. 뿐만 아니라 적지에 들어가서 먼저 진지를 구축하지 아니하고 한 주간 동안 꼼짝할 수 없는 할례를 받게 한 것은 이스라엘 백성들의 믿음을 시험한 것이라고 해석할 수도 있다.

유월절의 유래에 대해 아는 대로 설명하세요.(수5:10)

유월(逾越)은 히브리어(페사흐)로 통과하다, 뛰어넘는다는 의미를 갖고 있다. 이 절기는 출애굽 직전 애굽의 모든 장자들이 죽임을 당할 때 이스라엘 장자들은 죽음을 면한 역사적 사실에 그 기원을 두고 있다(출11:5).

이스라엘 백성들이 출애굽하는 정월 14일 저녁에 흠 없고 1년 된 수양을 잡아 그 피로 문 좌우 설주와 인방에 바르고 그 날 밤 잡은 수양의 고기를 불에 구워 무교병과 쓴나물을 아울러 먹을 때, 죽음의 사신은 양 문설주와 인방에 피가 있는 집은 건너갔기에-그대로 통과했으므로 이스라엘 백성들은 죽음을 면했던 것이다.

하나님께서는 모세에게 이 날을 기념하고 여호와의 절기를 삼아 대대로 지키라고 명령하셨는데(출12:14), 이 절기는 구속 사역을 이루신 그리스도에 의해 완성되게 된다(요1:29, 고전5:7).

성경은 여호수아가 속은 이유를 어떻게 설명하고 있습니까?(수9:14)

어떻게 행해야 할 것을 여호와께 묻지 아니하였다고 성경은 증거하고 있다. 기브온 사람들이 아무리 멀리서 온 사람으로 가장했더라도 여호수아가 조약을 맺는 큰 일을 하나님께 기도로 물었더라면 하나님은 반드시 위장한 것을 알 수 있도록 깨우쳐 주셨을 것이다.

기브온 사람들은 왜 여호수아를 속였습니까?(수9:24)

그들은 하나님께서 모세에게 가나안 땅의 모든 거민을 죽이고 가나안 땅을 차지하라고 명령하셨다는 소문을 들었기 때문이다. 그리고 하나님의 백성은 하나님께 한 번 맹세하고 언약하면 비록 거짓으로 탄로

나더라도 그 언약은 반드시 지킬 것을 믿었기 때문이다.

'피의 보수자'는 누구를 가리킵니까?(수20:3, 민35:9-28)

피는 생명을 의미하며 피를 흘리게 한 자는 반드시 자신의 피로써 속죄해야 했기에(창9:5, 출21:29) 고대 이스라엘에서는 누구든지 가까운 친척이 살해되면 그 피의 복수를 해야할 의무가 있었다.

따라서 여기서의 피의 보수자란 죽은 자의 원수를 갚을 가장 가까운 친척을 말한다.

7. 사사기

1) 서론

사사기(師士記) : 사사기의 히브리어 명칭은 '지도자' 란 뜻을 가진 '쇼펫' 의 복수형인 쇼페팀이다. 영어로는 'Judge' (심판자)라고 번역하였고, 우리말로는 '사사' 라 하였다. 사사란 이스라엘 민족이 타민족의 압제를 당했을 때 그를 구원하기 위하여 특별한 능력을 받은 구원자, 지도자란 뜻이다. 사사 시대는 여호수아가 죽은 후 사울왕이 즉위하기까지(BC1380-1051)의 약 300여 년 동안을 가리킨다. 모세와 여호수아의 인도로 가나안 땅에 들어온 이스라엘 백성들은 지도자가 죽고 난 다음부터 하나님의 말씀대로 살지 못하고 타락하게 되었다. 가나안 족속과 교제하고, 그들의 우상숭배를 따라갈 때 하나님은 이방인의 압제를 받게 하셨고, 그들이 괴로움을 견디다 못해 하나님께 회개할 때마다 사사를 세워 구원해주셨다. 300여 년 동안의 사사 시대는 이스라엘 민족사에서 가장 암울한 시대였다.

2) 저자와 기록연대

탈무드와 초대교회의 전승은 사사기의 저자를 사무엘이라 전하고 있다. 사무엘이 본서의 자료를 상당 부분 제공한 것은 틀림없으나, 저자가 누구인지는 확실하지 않다. 기록연대는 정확히 알 수는 없지만, '그 때는 이스라엘에 왕이 없으므로' (17:6)라는 기록으로 보아, 왕정 수립 이후에 기록되었음을 알 수 있다. 일반적으로 사울이나 다윗이 왕으로 재위할 때라고 본다(BC 1051-1000년경).

3) 사사기의 내용

사사기는 크게 세 부분으로 나뉘어져 있다.

1-2장까지는 사사시대의 정치적 · 역사적 배경 설명이 나오고, 3-16장까지는 사사시대의 본격적인 역사로 옷니엘을 비롯한 12명 사사들의 활동사가 소상하게 소개되어 있고, 17-21장까지는 당시 사회의 패역상을 증거하고 있다.

4) 영적 교훈

사사기 전체를 통해 나타난 가장 중요한 주제는 이스라엘에 대한 하나님의 주권이다. 하나님은 이스라엘이 하나님을 떠나 범죄할 때마다 이방을 들어 징계하셨고, 그들이 회개하고 돌아올 때마다 그들을 구원해주셨다. 이것을 통해 하나님은 신실하신 하나님이심을 사사기는 증거하고 있는 것이다.

5) 역대 사사들

사사기에 나오는 12사사

(1) 옷니엘(3:7-11)
(2) 에훗(3:12-30)
(3) 삼갈(3:31)
(4) 드보라(4-5장)
(5) 기드온(6-8장)
(6) 돌라(10:1-2)
(7) 야일(10:3-5)
(8) 입다(11:1-12:7)
(9) 입산(12:8-10)
(10) 엘론(12:11-12)
(11) 압돈(12:13-15)
(12) 삼손(13-16장)

***참고** : 이상 12명 외, 드보라를 도와 전투를 지휘한 바락과 사무엘상에 나오는 엘리와 사무엘을 사사 반열에 넣는다.

탐구문제

'사사' 란 어떤 사람을 가리킵니까?(삿2:16)

사사는 히브리어(솨파트)로 심판하는 자, 판결하는 자, 재판하는 자란 뜻이다.

사사는 그 시대 백성들을 압제에서 구원하시기 위해 하나님이 백성 가운데 선택하여 지도권을 준 사람들이다. 사사들은 구원자임과 동시에 통치자(재판, 군사, 정치)였다. 하나님은 사사를 직접 세우지만 때로는 백성들의 논의, 추천, 백성들에게 제시, 세움의 단계를 거쳐 간접적 방법으로 세우기도 하셨다. 이들은 종신제였으며 그 직임이 후손에게 세습되지 않았다. 한편 히브리사사들의 권한은 율법을 넘어설 수 없었다.

사사기와 사무엘상에 나타난 사사로는 엘리와 사무엘을 포함하여 14명이 된다. 적사사인 아비멜렉을 포함하면 15명이 된다.

'발을 가리운다' 는 것은 무슨 뜻입니까?(삿3:24, 삼상24:3)

히브리인의 관용적 표현으로 '용변을 보다' 혹은 '잠을 자다' 라는 두 가지 의미를 가지고 있다.

따라서 사건의 정황상 에글론이 발을 가리운 곳이 휴식처인 다락방임을 감안하면 '잠을 자다' 로 파악하는 것이 타당할 듯싶다. 한편 삼상24:3에서는 '용변을 보다' 라는 뜻으로 사용되었다.

손으로 물을 움켜 개처럼 핥아먹는 태도는 어떠한 군인정신을 보여줍니까?(삿7:5)

이러한 모습은 군복을 입은 채 서서 손으로 약간의 물만 움켜 마시는 모습이다. 이러한 모습은 물 마시는 태도에 있어서조차 투철한 군인정신과 자제력을 보여주는 것이었다.

기드온이 에브라임사람에게 '에브라임의 끝물포도가 아비에셀의 맏물포도보다 낫지 아니하냐' 라고 말한 의미는 무엇입니까?(삿8:2)

여기서 끝물포도란 포도를 다 딴 후 이삭줍기로 얻은 포도를 말하며 맏물포도는 정식으로 수확하는 포도를 가리킨다. 그래서 이 부분은 '에브라임의 포도이삭줍기가 아비에셀의 포도수확하는 것보다 낫지 아니하냐' 란 뜻이다. 그러므로 이 말은 미디안과의 전투에서 처음부터 끝까지 므낫세지파가 세운 공로보다는 끝 무렵에 참전한 에브라임지파의 공로가 훨씬 더 낫다는 풍자적 표현인 것이다.

아비멜렉이 세겜 성을 헐고 소금을 뿌린 의미는 무엇입니까?(삿9:45)

소금은 종종 불모지나 폐허를 가리키는 의미로 사용되었다(욥39:6, 시107:34, 렘17:6, 습2:9).

이런 의미에서 정복한 땅에 소금을 뿌리는 관례가 생겼으며, 이런 관례는 앗시리아의 군대사에도 나타난다. 결국 아비멜렉이 소금을 뿌렸던 것은 세겜성이 영원한 폐허로 남아 있기를 바라는 뜻에서였다.

요담의 우화를 설명해 보세요.(삿9:8-15)

요담의 우화에는 먼저 왕이 되라는 나무들의 요청에 대해 훌륭한 나무들인 감람나무, 무화과나무, 포도나무 등이 겸손하게 거절하는 내용이 나온다. 하지만 가장 보잘 것 없는 가시나무만은 자청하여 왕이 되겠다고 나서는 매우 아이러니컬한 장면이 나타난다. 즉 이것은 왕이 될만한 명분이나 인품이 구비되지 못한 아비멜렉이 부당하게 왕이 되려고 하는 것을 잘 꼬집는 적절한 우화인 것이다.

입다의 서원이 주는 교훈은 무엇입니까?(삿11:31-40)

서원이란 어려운 일을 만났을 때 하나님의 특별한 도우심을 받기 위해 말로 행하는 약속이다(삼상1:11). 하나님은 신자들의 서원을 받으시며, 그 서원은 신자들에게 유익할 수 있다. 하지만 그렇다고 입다처럼 아무렇게나 서원을 해서는 안 된다. 입다는 사람을 번제로 드리겠다는 서원을 했는데, 이것은 율법에서 철저하게 금하는 것이다(레18:21, 신12:31).

따라서 누구든 일시적인 감정과 인간적 판단에 따라 경솔하게 서원해서는 안 된다(잠20:25).

삼손이 딤나여인과의 결혼식장에서 낸 수수께끼의 내용은 무엇입니까?(삿14:14)

삼손은 자신이 전에 찢어 죽인 사자의 시체 속에 든 꿀을 보고 이 수수께끼를 내었다.

먹는 자에게서 먹는 것이 나오고, 강한 자에게서 단 것이 나왔다는 수수께끼는 하나의 대구법의 형식을 갖추고 있다. 즉 먹는 자는 강한 자를 가리키고, 먹는 것은 단 것을 가리킨다.

따라서 이것은 '다른 짐승을 먹고 사는 강한 동물에게서, 맛이 단 먹는 것이 나왔다' 는 것이다. 이 수수께끼의 답은 "사자에게서 나온 꿀" 이었다. 그런데 흥미로운 것은 사자와 꿀이 히브리어로 모두 '아리' 라는 동음이의어인 것이다. 그래서 이 수수께끼의 해답은 동음이의어의 테크닉을 이용한 "아리에서 나온 아리" 였을지도 모른다.

사사 시대를 이해하는 데 핵심적인 말씀은 무엇입니까?(삿17:6, 18:1, 19:1, 21:25)

사사기 기자는 사사시대의 혼돈의 이유를 '그 때에 이스라엘에 왕이 없었으므로 각자 가지 소견대로 행하였다' 는 데서 찾고 있다. 이 구절은 이스라엘에 왕이 없어 누구나 자기 눈에 옳은 대로 행동하는 그래서 각자가 책임지는 사회라는 긍정적 의미로 이해될 수도 있다. 하지만, 다른 한편으로 자기 눈에 옳은 대로 제멋대로 행동하는 사회였다는 부정적인 의미가 더 강하다고 할 수 있다. 즉 이스라엘은 하나님에 의지하여 율법대로 순종하지 못하고 자기소견대로 행하면서 자유를 남용하여, 온갖 분열과 죄악의 길로 나아갔던 것이다.

'성읍거리에 앉는다' 는 것은 무엇을 뜻합니까?(삿19:15)

성읍거리는 마을입구에서 조금 들어간 곳에 있는 넓은 광장을 가리킨다. 히브리인들에게 있어 성읍거리는 재판, 회의, 사교, 사업, 거래가 이루어지는 중요한 곳으로 당시 사회활동은 성읍거리를 중심으로 이루어졌다. 따라서 존경을 받는 자들은 이 성읍거리에 앉을 수 있었으나 인정을 받지 못하는 자들은 그곳에 나설 수 없었다. 성경에 '성문에 앉는다' (창19:1, 룻4:1) 또는 '넓은 곳에 선다' (시18:19, 31:8)라는 표현은 모두 성읍거리인 광장에서 사람들에게 인정을 받고 높임을 받는다는 뜻이다.

8. 룻기

1) 서론

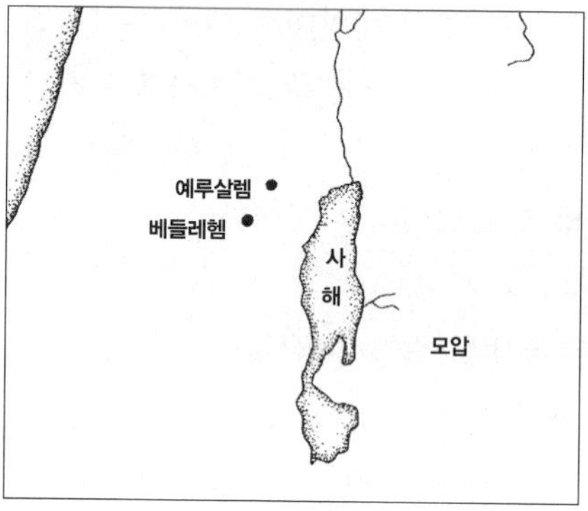

룻기는 주인공인 젊은 모압 여인의 이름을 따서 붙인 명칭이다. 에스더서와 더불어 여자의 이름으로 된 단 두 권의 책 중 하나이다. 전자는 고귀한 신분으로 이스라엘 민족을 구원한 데 반하여 후자는 비천한 신분으로 한 가정을 구원한 기록이다.

탈무드와 유대 전승에는 사무엘이 기록했다고 하나, 확실한 근거는 없다. 저작연대도 알려져 있지 않다. 일반적으로 다윗의 족보에(4:18-22) 솔로몬이 빠진 것으로 보아 다윗왕정시대에 기록했다고 추정한다.

2) 시대배경

룻기는 1장1절에 나와있는 대로 사사시대 한 가정에 일어났던 사건을 다룬 것으로 당대의 여러 가지 제도와 사정을 상세히 말해주고 있다. 즉, 이스라엘과 이웃나라와의 관계, 곡식재배와 추수, 그리고 추수때 가난한 자들을 위한 배려, 또한 가까운 친척의 의무와 권리에 대한 규정에 이르기까지 상세히 서술하고 있는 것이다. 사사기는 이민족의 침입과 격퇴를 다루는 전쟁사인데 비하여, 룻기는 한가정의 아름다운 애정을 다루고 있는 것으로 목가적인 서정시와 같다. 룻기를 사사기의 속편이라 부르기도 한다.

3) 내용

베들레헴 땅에 살았던 엘리멜렉 일가는 심한 기근으로 인해 모압땅으로 피난 갔다가 거기서 두 자부를 얻게되나 엘리멜렉도 죽고 두 아들마저 죽게된다. 이에 시어머니인 나오미는 두 자부에게 자기집으로 돌아가도록 명령하고, 자기는 베들레헴으로 돌아갈 것을 밝혔다. 한 자부는 돌아갔지만, 룻은 한사코 시어머니를 따라 베들레헴으로 돌아온다. 룻은 보리이삭을 주워 시어머니를 공궤하다가 가까운 친척이요 베들레헴의 부호인 보아스를 알게된다. 마침내 보아스는 나오미의 기업에 대한 권리를 회복시켜 주기 위해, 룻과 결혼하여 아들을 낳아 나오미 집안의 가계를 이어주었다.

4) 영적 교훈

짧은 룻기서에 '기업을 무르다' '구속하다' 라는 낱말이 무려 20번이나 나온다. 보아스가 불쌍한 룻을 속량하여 아내로 삼은 것은 그리스도가 인류를 속량한 사실을 가리킨다. 뿐만 아니라 이방 여인의 후손으로 다윗왕(룻은 다윗왕의 증조모)을 낳았다는 것은 다윗의 후손으로 오실 메시야는 곧 만민의 구세주인 것을 의미한다.

5) 문학적 가치

룻기는 한 가정의 애환을 엮은 불과 4장밖에 안 되는 짧은 글이지만 그 내용은 너무나 아름답다. 괴테는 룻기를 '가장 사랑스럽고 완전한 작품' 이라고 평했고, 슈뢰더는 '세상의 어떤 시인도 이보다 더 아름다운 단편소설을 쓸 수 없었다' 라고 격찬하였다. 간결함과 아름다움과 극적 효과면에서 룻기는 단연 독보적이다. 룻기는 히브리 이야기 예술의 정교한 보석이다.

탐 구 문 제

룻이 나오미를 굳게 따를 수 있었던 동기는 무엇입니까?(룻1:18)

시어머니를 따르겠다는 룻의 결심은 시어머니에 대한 동정심 혹은 어떤 관습에 따른 의무에 기인한 것이 아니다. 그것은 평소에 시모가 섬기는 하나님이 참된 하나님이심을 발견하였고, 이스라엘은 하나님의 택한 백성이라는 사실을 시모에게서 배웠기 때문일 것이다.

룻이 '당신의 옷자락으로 시녀를 덮으소서'라고 요청한 것은 무엇을 뜻합니까?(룻3:9)

이 말은 상대방에게 결혼을 원한다는 의도를 나타내는 상징적인 표현이며, 자기의 일생을 맡아서 보호해달라는 의미이기도 하다. 한편 이 표현은 이스라엘과 하나님의 관계를 나타내는 데에도 사용되었다(겔16:8).

나오미가 룻에게 '가만히 앉아 있으라'고 말한 이유는 무엇입니까?(룻3:18)

나오미와 룻은 자신들이 할 일을 다한 셈이었다. 이제 남은 일은 하나님께서 함께 하셔서 그들이 뜻하는 바가 이루어지는 일이었다. 그래서 나오미는 룻으로 하여금 여호와께서 일하시는 것을 기다리라는 의미로 그렇게 말한 것이다(출14:13).

기업 무를 권리를 양도한다는 표시를 어떻게 하였는가요?(룻4:7)

당시 이스라엘에서는 자신의 물건이나 권리를 무르거나 교환하는 일을 확정하기 위해 신을 벗어 이웃에게 주었다. 왜냐하면 신은 땅을 밟는데 사용되며, 그 신을 이웃에게 넘겨주는 것은 재산이나 소유를 이

전한다는 상징이었기 때문이다(신25:9).

계대 결혼(신25:5-6)의 목적은 무엇이며, 성경에서의 그 예를 찾아 보세요. (창38:8, 룻4:10)

이스라엘 및 고대 근동사회에서는 후사(기업 이을 자녀)없이 죽은 형제의 아내를 다른 형제가 취하여 결혼하는 계대(繼代) 결혼제도(=嫂婚제도)가 있었다. 이 제도는(창38:7-11) 모세에 이르러 성문화되었으며 그후 이러한 규례는 엄격히 지켜졌다(룻4:10, 마22:24).

이러한 계대 결혼은 죽은 형제의 대를 이어줄 아들을 낳아 그 기업과 이름을 보존할 수 있게 하고, 홀로 남은 미망인을 보살피기 위한 일종의 사회보장제도였던 것이다. 성경에서 계대 결혼의 예로 오난과 다말의 결혼, 룻과 보아스의 결혼이 있다.

유다의 맏아들 엘이 죽자 유다는 둘째아들 오난에게 그 형수 다말과 동침하여 아들을 낳도록 명령한 적이 있다(창38:8).

룻은 시아버지 엘리멜렉의 친족(룻2:1)인 보아스와 결혼하게 된다(룻4:10). 이것은 본래의 계대 결혼제도와는 약간 다른 점이 있다. 그것은 룻이 남편의 형제와 결혼한 것이 아니고 가까운 친척 보아스와 결혼하였다는 것이다. 또한 죽은 자의 아내와 결혼할 경우 죽은 자의 기업을 물려 주어야할 의무가 있다고 했는데(룻4:5) 신명기에는 그러한 내용이 없다. 다시 말하면 기업 무를 자의 의무가 첨가된 것이다. 이는 계대 결혼의 범위가 가족 간에서 씨족 간으로 확대된 것으로, 혹은 제도의 융통적인 운용이라고도 볼 수 있다.

9. 사무엘상

1) 서론

사무엘상 · 하 라는 명칭은 본서의 중심 인물인 사무엘의 이름을 따서 붙인 것이다. 사무엘상·하는 원래 히브리원전에는 한 권의 책으로 되어 있었다. 그런데 70인역(헬라어 역본)에서 둘로 나누어 왕국기 Ⅰ · Ⅱ(Books of the Kingdom)라 하였고, 열왕기서도 역시 둘로 나누어 왕국기 Ⅲ · Ⅳ라 이름하였다. 이후로 대개가 사무엘서를 두 권으로 분류하고 있다. 탈무드와 유대 전승은 저자를 사무엘이라고 말하나 확실한 근거는 없다.

그러나 사무엘이 본서의 일부를 기록한 것만은 분명한 사실이다(삼상10:25). 일반적으로 분열왕국 직후(BC 931-721년)에 누군가가 기존문서인 '선견자 사무엘의 역사' 와 '선지자 나단의 이야기' 및 '선견자 갓의 역대기' (대상 29:29)를 근거로 하여 기록했을 것으로 본다.

2) 내용

사무엘상·하는 사무엘, 사울, 다윗을 중심으로 한 100년 간의 역사를 서술한 것인데 상권은 크게 세 부분으로 나뉘어져 있다.

1-8장까지는 이스라엘의 마지막 사사로서, 선지자 · 제사장의 역할을 동시에 수행하여 사사시대와 왕정시대를 연결시켜 준 사무엘의 사역과 그 탁월한 위치를 피력하고 있다. 9-15장까지는 백성들의 요구로 이스라엘의 초대 왕이 된 사울의 치적과 불순종을 그리고 있으며, 16-31장까지는 하나님 앞에 범죄하여 버림받게 된 사울과 하나님의 선택으로 차기 이스라엘 왕으로 준비된 다윗 간의 숨막히는 갈등의 역사가 그려지고 있다.

3) 영적 교훈

본서에서 사무엘, 사울, 다윗의 개인적인 삶은 곧 이스라엘 민족 전체의 삶을 대변하는 것이다. 뿐만 아니라 본서에 기록된 이스라엘의 역사는 단순히 한 민족의 형성사나 왕정사가 아니라 하나님의 왕국이 세워져 가는 과정을 그린 구속사인 것이다. 이 때부터 본격적으로 하나님의 나라가 이 세상에서 왕국 체제를 갖추고, 그 모습을 드러내게 되었다고 볼 수 있다. 결국 사무엘서는 하나님 왕국 건설의 형성사로서, 다윗이 건설한 이스라엘 왕국은 거룩한 하나님나라의 그림자가 되는 것이다. 장차 예수 그리스도께서 세우실 궁극적인 하나님 나라는 바로 다윗 왕국의 계승으로 묘사되고 있는 것이다(암9:11, 사11:1-10).

탐구문제

한나의 노래 중 '내 뿔이 높아졌다', '내 입이 내 원수를 향하여 크게 열렸다'는 말은 무슨 뜻입니까?(삼상2:1)

여기서는 '뿔'이란 강력한 능력을 상징한다(단7:21).

한나는 사무엘을 얻은 것이 자기에게는 큰 위로와 힘이 되어서 하나님께서 자기를 높여주셨음을 감사하고 있는 것이다.

입이 열렸다는 말은 이제는 멸시하는 자들 앞에서도 하나님이 자기와 함께 하시는 분임을 증거하게 되었다는 말이다. 또한 하나님의 은혜로우심에 대한 그녀의 자발적인 찬양이 넘쳐나는 것을 말한다.

'옷을 찢고 머리에 티끌을 무릅쓰는 행동' 은 무엇을 나타냅니까?
(삼상4:12, 수7:6)

이 행위는 죽은 사람이나 국가적 재난을 애도하는 표시였다.

즉 그를 보는 모든 사람들에게 슬픈 소식을 알리고 그 자신도 매우 가슴이 아프다는 사실을 보여주기 위해 이런 표시를 했다.

이스라엘 장로들이 사무엘에게 왕을 요구한 이유 3가지는 무엇입니까?(삼상8:5, 20)

사무엘의 아들이 부패하였기 때문이며, 열방의 국가형태를 따르고 싶은 마음과, 군사적 지휘자의 필요성 때문이었다.

사실 하나님은 이스라엘 왕을 세우기 위한 법을 미리 준비해 두셨다(신17:14-15). 그러나 이스라엘 장로들의 잘못은 하나님을 그들의 참된 왕으로 인정하는 마음을 상실한 데 있었던 것이다(삼상8:7, 12:12).

왕이 되기 전에 사울은 어떠하였으며(삼상9:21, 10:21-22), 왕이 된 후 하나님의 법을 무시한 경우는 언제였습니까?(삼상13:13, 15:23)

왕이 될 것이라는 사무엘의 예언에 사울은 자신이 이스라엘 중에 가장 미천한 자라고 하였으며, 왕으로 선출되었을 때에도 행구 뒤에 숨을 정도로 대단히 겸손하였다.

하지만 왕이 된 후의 사울은 하나님의 말씀을 크게 두 번 어기게 된다. 사울은 블레셋과의 전쟁 때 사무엘 대신에 제사를 드림으로 자신의 나라가 길지 못하고, 하나님이 다른 사람을 지도자로 삼을 것을 경고 받는다.

또한 아말렉 전쟁 때 하나님의 말씀을 온전히 순종하지 않으므로, 하나님께 버림받게 된다.

구약시대와 신약시대의 성령의 역사하심은 동일합니까?(삼상16:14)

구약시대 성령의 역사	신약시대의 성령의 역사
선택적인(왕, 선지자같은 특별한 사람) 임재(단4:8) 일시적인 임재(삿3:10)(시51:11)	보편적 임재(모든 성도들) 영구적인 임재(요14:16)

지극히 선하신 하나님께서 '악신'을 친히 부리신다는 것은 당신의 거룩성과 모순되는 일이 아닙니까?(삼상16:14)

유일신 사상을 기초로 한 히브리 사상에서는 선악 모두가 하나님의 섭리 안에 포함되어 있다. 그렇다고 하나님의 속성 중에 악의 개념도 포함되어 있다는 말은 아니다.

악신은 사단을 가리키며 악신을 여호와께서 부리셨다는 표현은 단지 사단이 활동하도록 허락하셨다는 뜻이다(욥1:6-7). 따라서 사단의 활동까지도 하나님의 주권 아래 있다는 것을 잘 나타내 준다. 다윗의 수금에 악신이 사울을 떠난 데서 여호와의 신 앞에 도망갈 수 밖에 없는 사단의 모습을 잘 볼 수 있다.

결론적으로 인간은 의지를 가진 구체적 인격으로 악에 대해 하나님을 원망하지 말고 스스로 책임을 져야한다.

신접한 여인이 불러 올린 사무엘은 실제 사무엘입니까?(삼상28: 11-14)

이것은 실제 사무엘이 아니고 사단이 사무엘로 가장하고 대언한 것에 불과하다. 이처럼 사단도 자기를 광명한 천사로 가장할 수 있는 힘이 있다(고후11:14). 혹자는 여기 나온 사무엘을 실제 사무엘이 아니고 유령이라고 했다(칼빈, 루터).

결론적으로 하나님이 정죄하신 영매술의 사용은 성도의 삶에서 근절되어야 한다(출22:18, 신18:10-11).

10. 사무엘하

1) 내용

본서는 사울왕가의 몰락과 함께 다윗에 의해 성취되는 통일 이스라엘 왕국의 번영, 다윗 개인과 그 왕가의 부패와 타락을 적나라하게 묘사한 인물중심의 역사서이다. 본서는 그 내용상 세 부분으로 나눌 수 있다. 1-10장까지는 사울과 요나단의 죽음으로 나타난 사울왕가의 몰락과 새로운 왕 다윗의 즉위를, 11-20장까지는 다윗의 범죄와 그로 인해 야기되는 궁중 내부의 암투와 반역사건들을, 21-24장까지는 결론적으로 다윗 통치에 대한 대략적인 기사를 소개하고 있다.

2) 영적 교훈

본서의 핵심적 내용인 다윗의 생애는 인간적 결함에도 불구하고 그를 '하나님 나라'의 도구로 사용하여 당신의 뜻을 이 땅위에 실현시키시는 하나님의 주권적 섭리를 여실히 드러내고 있다. 또한 본서의 중심인물인 다윗과 그가 세운 이스라엘 왕국은, 하나님의 택한 자들인 영적 이스라엘(믿는 성도)의 영원한 통치자로 이 땅에 오실 예수 그리스도의 모형을 제시해 주는 한편, 성취될 '하나님 나라'라는 미래의 희망을 우리들 가슴 속에 깊이 심어주고 있다.

탐 구 문 제

다윗의 아들들은 모두 몇 명이었습니까?(삼하3:2-5, 5:14-16)

헤브론에서 낳은 아들 6명:암논(압논), 길르압(다니엘), 압살롬, 아도니야, 스바댜, 이드르암(삼하3:2-5)

예루살렘에서 낳은 아들 11명:삼무아(시므아), 소밥, 나단, 솔로몬,
입할, 엘리수아, 네벡, 야비아,
엘리사마, 엘랴다, 엘리벨렛(삼하5:14-16)

따라서 다윗은 이렇게 17명이나 되는 아들을 낳아 자기의 권세를 확고히 하려 하였으나 말년에 많은 환난을 감수해야만 했다(삼하13-18장).

'뽕나무 꼭대기에서 걸음 걷는 소리'란 무엇을 말합니까?(삼하5:24)

이 말은 문자적으로 '뽕나무 숲 윗부분에서 걸어가는 큰 발자국 소리'이다. 이것은 뽕나무 숲위에서 나는 행군하는 소리를 가리키는 것으로 수많은 천군천사의 접근을 의미한다.

이와 같은 계시는 비록 눈으로 볼 수 없다 할지라도 귀로 듣고 확신해야만 했다.

법궤를 운반하던 웃사가 급사한 이유는 무엇입니까?(삼하6:6-7)

율법은 특정한 레위인을 제외하고는 어떠한 이스라엘인도 하나님의 궤에 접촉하지 못하도록 엄히 금하고 있다(민4:15, 20).

따라서 웃사는 하나님이 지정해 주신 법궤 봉사자가 아님에도 불구하고 하나님의 궤를 만졌기 때문에 급사했다.

'묵시'란 무엇을 말합니까?(삼하7:17)

묵시란 꿈과 구별하기 위해 사용된 계시의 한 방편을 말한다. 즉 하나님께서 선지자에게 당신의 뜻을 밝히기 위해 주로 사용하신 방법이 바로 하나님의 말씀(나1:1), 묵시였던 것이다(옵1:1, 암1:1, 미1:1, 합1:1).

'공궤하라' 는 말은 무슨 뜻입니까?(삼하9:10)

이 말은 일용할 '양식을 주라' 또는 '부양하라' 는 의미이다. 다윗은 므비보셋 가족의 생계를 위해 충분한 양식을 공급해 줄 것을 약속하면서 시바를 그 책임자로 임명하였다.

하눈은 다윗의 신하들에게 어떤 모욕을 주었습니까?(삼하10:4)

하눈은 다윗의 신하들의 수염을 절반 깎고 의복을 중동 볼기까지 자르고 돌려보냈다.

중동지방에서 수염은 그 사람이 자유인이라는 표시이며 그것의 한쪽을 깎는다는 것은 단순한 정도의 모욕이 아니라 그들을 노예처럼 취급한다는 의미가 담겨 있다. 더욱이 제사장만 속옷을 입기 때문에(출28:4) 속옷이 없는 사신들의 겉옷을 엉덩이 바로 위까지 자른 것은 수치스럽고도 지독한 모독이었다.

다윗은 그 생명을 위해 기도하던 아이가 죽었을 때 어떤 태도를 취하였습니까?(삼하12:18-20)

다윗은 '일어나 몸을 씻고 기름을 바르고 의복을 갈아입고 여호와의 전에 들어가서 경배하고 난 후 음식을 먹었다'. 이것은 다윗의 포기와 체념이 아니라 변경할 수 없는 하나님의 뜻 앞에서 순종하고, 자신의 슬픔과 감정을 억제하며 하나님을 찬양하는 성숙한 모습이었던 것이다.

"칼이 네 집에 영영히 떠나지 아니하리라"(삼하12:10)는 예언은 어떻게 성취되었습니까?(삼하13:28, 18:14, 왕상2:25)

이 예언은 다윗 당대뿐 아니라 그의 후손들 대부분이 전쟁과 살인 사건에 휩싸일 것이라는 말이다. 이 예언은 그의 아들 압살롬이 형제 암논을 죽였고(13:28-29), 압살롬은 반역을 일으키다가 살해되었으며

(18:14) 아도니야도 그 형제 솔로몬에게 살해당하는 사건(왕상2:24) 등으로 실현되게 된다.

다윗이 압살롬을 피해 피난할 때 동행했던 사람은 누구입니까?

(삼하15:17,18)

왕궁에 속한 모든 사람들과 신하들, 모든 그렛사람과 모든 블렛사람, 가드에서 온 600용사였다. 특별히 가드에서 온 600인은 다윗이 청년 장교시절에 다윗의 부하가 된 사람으로 다윗이 사울을 피해 도망다닐 때부터 다윗의 신변을 지켜주었던 충성스러운 부하들이다. 이들은 다윗이 등극할 때 일등공신으로 모두 높은 벼슬을 차지했으나 다윗이 왕위에서 축출될 때 모두 성과 왕궁을 버리고 다윗을 따라갔다. 불변의 지조를 가지고 있었던 신하들이다.

다윗이 자기를 저주하는 시므이를 용납한 이유는 무엇입니까?

(삼하16:10-14)

자기는 하나님의 심판을 받아 마땅한 죄인임을 깨달았던 다윗은 시므이의 저주 또한 하나님에 의해 된 것으로 믿었기에 그를 용납하였던 것이다.

다윗이 이스라엘과 유다의 인구조사를 하게 된 근본이유는 무엇입니까?(삼하24:1, 대상21:1)

하나님께서 다윗을 감동시켰기(즉, 자극시켰기) 때문이다. 그러나 실제로 다윗에게 인구조사를 하도록 자극한 것은 사단이었다(대상21:1). 즉, 하나님께서는 사단의 악한 계획을 그대로 방임한 것이었다.

이스라엘내의 죄악을 징벌하시기 위하여 하나님께서는 다윗의 잘못된 생각을 그대로 내버려두신 것이다.

11. 열왕기상

1) 서론

히브리어 성경에는 열왕기 상하가 '왕국들' 이라는 이름 하에 한 권으로 되어있다. 70인역은 사무엘서와 열왕기서를 합쳐서 왕국기 1,2,3,4로 구분하였고, 그 후 라틴어로 번역된 벌게이트(1448년)에서는 왕국기 상하로 나누어 오늘에 이르고 있다. 본서는 이스라엘과 유다를 다스리는 왕들의 역사를 재위순서대로 다루고 있으므로 열왕기(列王記)라 불린다. 본서의 저자는 누구인지 확실치 않으나, 일반적으로는 예레미야로 본다. 본서에 예레미야라는 이름이 언급되어 있지 않은 점과 유다 왕국 말기에는 예레미야의 행적과 이름을 감히 삭제할 수 없었다는 사실은 예레미야가 저자임을 강력히 시사하고 있다. 기록연대는 바벨론 포로 말년경으로 추정된다. 즉, 바벨론 포로로 잡혀간 여호야긴왕이 석방되는 사건(BC 562년경)이 마지막 부분에 기록(왕하 25:27-30)된 것으로 보아 BC 562년 이전에 기록된 것이 확실하고, 바벨론 포로로 잡혀간 유다인이 1차로 귀환하는 중요한 사건(BC 536년)에 대한 언급이 없는 것을 볼 때 저작연대는 BC 562-536년 사이로 추정된다.

2) 역사적 배경

열왕기 시대 이스라엘에 크게 영향을 미친 주변국가들의 사정은 복잡했다. 솔로몬 시대에는 세계 최강국으로 행세했던 애굽의 세력이 크게 쇠퇴하였고, 이스라엘을 위협하는 적국은 없었다. 솔로몬의 영화가 끝나고 분열왕국시대 들어와서는 북쪽 앗수르가 점점 강성하여 마침내 BC 722년에 북이스라엘 왕국을 정복하고, 멀리 애굽까지 영향권을 미쳤다. 한편 남쪽에는 신흥 바벨론이 일어나 점점 그 세력을 넓혀 나가다가, 갈그미스 전투에서 애굽을 물리치고 세계 강국으로 부상하여 마침내 BC 586년에는 남조 유다 왕국을 멸망시켰다. 열왕기서는 이와 같은 역사적 배경을 가지고 있다.

3) 내용

열왕기서는 솔로몬의 즉위(BC 971)에서부터 남북 왕국의 멸망(BC 586)까지 385년의 역사를 서술하고 있다. 열왕기상에서는 전반부 120년 간의 역사를 다루고 있는데, 크게 두 부분으로 나눌 수 있다.

1장에서 11장까지는 많은 부분을 솔로몬의 치적에 할애하고 있는데, 솔로몬의 통치시기는 이스라엘 역사상 권세와 영광이 결정에 달했던 시기였다. 12장에서 22장까지는 솔로몬의 사후 남북으로 분열된 역사 중, 남유다의 왕조 20대 가운데 4대 (르호보암, 아비야, 아사, 여호사밧)까지의 역사를, 북이스라엘의 9왕조 20대 가운데 4왕조 8대(여로보암, 나답/바아사, 엘라/시므리/오므리, 아합, 아하시야)까지의 역사를 언급하고 있다.

4) 영적 교훈

열왕기서는 단순한 역대왕들의 역사를 서술한 것이 아니다. 성전의 파괴, 왕가의 굴욕, 그리고 타국의 포로로 끌려가는 모든 비극의 원인이 하나님에 대한 배반의 결과인 것을 열왕기서는 강조하고 있는 것이다. 즉, 하나님께 순종할 때에 국가가 번영하였고, 하나님께 불순종할 때에 국가가 멸망한 사실을 들어 역사를 신앙적으로 해석하는 신명기적 역사관을 강조하고 있다. 뿐만 아니라 포로로 끌려왔지만 신앙을 저버리지 말고 이제라도 회개하고 하나님께로 돌아오면 하나님은 회복시켜 주실 것을 바라보게 한다.

열왕기서는 그 안에 '하나님 나라' 라는 깊은 신학을 간직하고 있으며, 절망에 빠진 하나님의 백성들에게 소망을 심어주는 구약의 교회사라 할 수 있다.

＊ 참고

385년 동안 40명의 왕들의 역사를 기록한 열왕기서가 방대한 자료를 사용하였다는 것을 본서자체가 설명해 주고 있다. 즉, 열왕기서는 솔로몬의 행장(왕상 11:41), 유다왕 역대지략(왕상 14:29), 이스라엘왕 역대지략(왕상 14:19), 사무엘의 글, 나단의 글, 갓의 글(대상29:29)등 여러 기록들을 참고하였던 것이다.

◖ 열왕기 상하의 구분 ◗

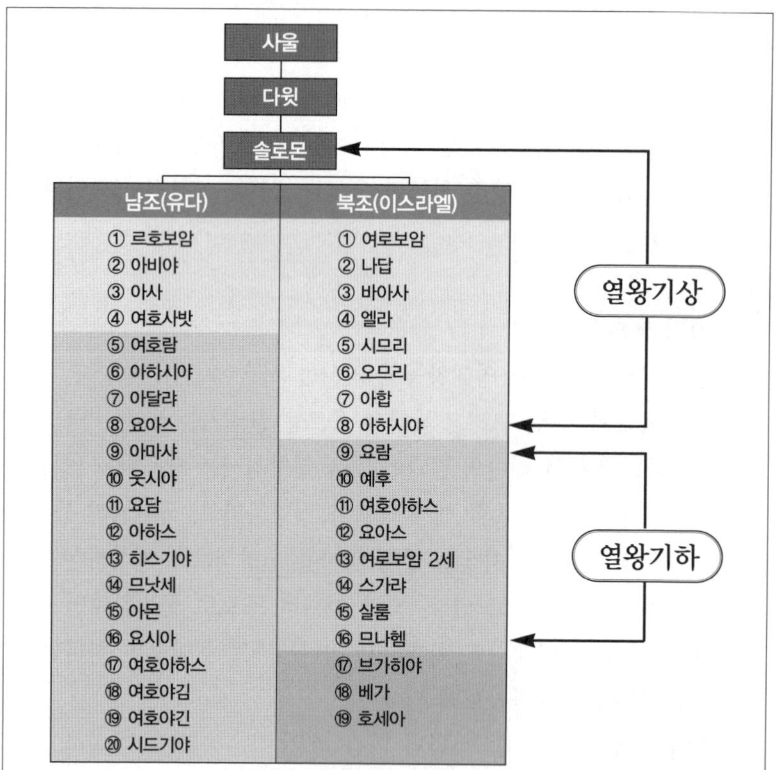

탐 구 문 제

젊은 처녀로 하여금 왕의 품에 누워 왕을 따뜻하게 한 이유는 무엇입니까?(왕상1:2)

그 이유는 부부생활을 하게 하려는 것이 아니라 쇠약해진 다윗의 원기를 회복시키기 위한 일종의 의료행위였다. 늙은 사람은 일반적으로 몸에 온기가 없으며 추위를 많이 느낀다.

따라서 젊은 처녀로 하여금 노쇠한 왕의 품에 눕게 하여 몸에 온기를 북돋우는 것은 고대의 의술자들이 권장하는 중요한 처방이었던 것이다.

솔로몬을 왕의 노새에 태우는 것은 무슨 의미를 가집니까?(왕상1:33)

그 당시 왕과 왕자는 노새를 탔으며 보통사람들은 나귀를 탔다(삼하13:29). 그리고 말은 그 당시에는 없었으며 솔로몬 시대에 이르러 애굽으로부터 수입되었으나 타는 것보다는 마차를 끄는 데 사용되었다(왕상4:26,10:28).

따라서 솔로몬을 노새에 태우는 것은 그가 왕의 후계자임을 나타내는 상징적 표현이었으며, 이를 보는 백성들은 왕의 후계자가 누구인지를 알 수 있어 혼란을 막을 수 있었다.

아도니야가 솔로몬을 두려워하여 잡은 '제단뿔'은 무엇을 의미합니까?(왕상1:51)

제단뿔은 제단의 네모퉁이에 튀어나온 돌기부분으로 신의 힘을 상징하였다. 이 뿔에 희생제물이 될 짐승을 매기도 했으며(시118:27), 제물의 피를 그 위에 바르기도 하였다(출29:12).

한편 제단뿔은 제단에서도 가장 거룩한 부분이므로 실수로 살인한 자가 그 뿔을 잡고 있는 동안은 보수자가 그를 죽이지 못하였다. 이렇게 제단뿔을 범죄자의 도피처로 삼는 일은 출애굽 이후 성막제도와 더불어 있었다(출21:12-14).

결국 아도니야가 제단뿔을 잡은 것은 자신의 잘못을 뉘우치고 여호와의 용서하시는 은혜에 호소하는 것이었다.

아도니야가 수넴여자 아비삭을 아내로 삼으려 했던 이유는 무엇입니까?(왕상2:17)

역사가 헤르도투스는 선왕의 첩을 아내로 삼음으로써 왕위를 널리 인정받는 풍습이 고대 페르시아에 있었다고 했다. 다윗도 일찍이 사울의 첩들을 취한 바 있다(삼하12:8). 그리고 압살롬 역시 다윗의 후궁 10명과 동침함으로써 자신의 권위를 입증하려고 한 적이 있다(삼하16:21-22). 사실 아비삭은 노쇠한 다윗왕의 몸을 따뜻하게 해주던 여자로 다윗과 육체적 관계는 없었지만(왕상1:4) 분명 다윗의 마지막 첩이었다. 그러므로 아도니야가 아비삭을 아내로 삼으려 했던 것은 은연중 자신을 다윗의 후계자로 부각시키려는 간교한 술책을 드러낸 것이었다.

수은제란 무엇입니까?(왕상3:15)

수은제는 화목제를 말한다. 화목제는 감사제, 서원제, 자원제 등으로 구분할 수 있는데, 여기서는 감사제를 말한다(레7:15-18). 수은제는 제물의 일부는 제사장에게, 또 일부는 제사에 참여한 사람들에게 나누어주어 그들로 하여금 먹고 즐기게 하는 것이었다(레7:15).

'포도나무아래와 무화과나무 아래서' 산다는 말은 무슨 의미입니까?(왕상4:25)

포도나무와 무화과나무는 팔레스틴지방의 대표적인 과일 나무들로서 이 나무들 아래서 살았다는 것은 흉년이나 전쟁으로 인한 양식의 부족을 느끼지 않고, 행복하게 살았음을 나타내는 우의적 표현인 것이다(미4:4, 슥3:10).

다윗왕이 성전을 건축하지 못했던 이유는 무엇입니까?(왕상5:3)

사실 다윗은 여호와의 집을 사모하면서 성전건축을 열망하였다(대상29:3, 시26:8, 시27:4).

그러나 다윗이 군인으로 있을 때 사람들의 피를 많이 흘렸기 때문이다.(대상22:8, 28:3) 피를 많이 흘렸다는 것은 전쟁을 통해 많은 사람들을 죽였다는 것을 암시하는데, 이는 하나님의 거룩성과 성전의 영적 의미에 부합되지 않는다. 그리하여 성전을 건축하는 일은 평화의 왕으로 알려진 솔로몬에게 넘겨졌던 것이다.

'놋바다' 와 '물두멍' 은 각각 어떤 용도로 사용되었습니까?
(왕상7:23,38)

놋바다는 성전 안뜰에 놓여있는 거대한 놋대야로 제사장들이 성전에서 봉사하기 위해 씻을 때 사용되었다(대하4:6). 이것은 하나님께 봉사하는 자는 불결한 몸으로 하나님 앞에 나갈 수 없다는 의식적인 의미를 지니고 있다.

물두멍은 제단 양편에 5개씩 놓여 있는 작은 대야로 제단 제사용 동물들의 내장과 각 부분을 씻는 데 사용되거나(대하4:6), 제사장들이 번제나 화제를 드릴 때 반드시 손과 발을 씻어야 될 때 사용되었다(출30:17-21).

'여호와의 영광' 은 무엇을 의미하며 주로 어떻게 나타납니까?(왕상8:11)

하나님의 영광이란 하나님의 임재를 가리키는 말로 주로 구름, 불,

연기 등과 같은 가시적 현상으로 나타날 뿐 아니라(출13:21-22, 19:9,18) 바람같이 비가시적이나 느낄 수 있는 것으로 나타나기도 한다.(호6:3)

'여호와께서 캄캄한데 계신다' 라는 말은 무엇을 의미합니까?(왕상8:12)

하나님께서 백성에게 임재하실 때나(출19:9,18) 성소 안에 나타나실 때 캄캄한 구름 가운데서 나타나실 것을 말씀하셨다(레16:2, 신4:11).

그 이유는 하나님의 존엄을 사람이 감당하기에는 너무 어려운 일이었기에 캄캄한 구름 속에서 당신의 모습을 감추시기를 원하셨기 때문이다(출33:20, 딤전6:16). 또한 이것은 구약시대의 계시가 신약시대의 계시에 비해 분명하지 않음을 나타내는 것이다(고후3:12-18).

여로보암이 범한 죄는 무엇입니까?(왕상 12:28-30)

여로보암은 금송아지 둘을 만들어 하나는 북쪽국경에 있는 단에, 다른 하나는 남쪽 국경에 있는 벧엘에 두어 백성들이 우상을 숭배하도록 하였다. 이것은 백성들을 단합시키려는 정치적 목적을 달성하기 위해 우상을 숭배하도록 하는 큰 범죄를 범한 것이다. 이로써 열왕기 기자는 여로보암을 악한 왕의 대표로 보아 '여로보암의 죄' 라는 평가 공식을 통해 북방 이스라엘의 왕들의 죄악을 평가하고 있는 것이다.

하나님께서 다윗에게 주신 '등불' 은 무엇을 가리킵니까?(왕상15:4)

이것은 예루살렘을 통치할 다윗의 후손을 가리킨다. 환난 중에도 완전히 멸망되지는 않을 것을 약속하신 대로(왕상11:36-39) 하나님께서는 다윗의 후손을 유다왕으로 세워 당신의 뜻을 계속 진행시키시다가(왕하8:19) 결국 다윗의 후손인 예수그리스도를 통해 당신의 나라를 이룩해 나가셨다(롬1:3-4, 히1:1-2).

엘리야는 자기 후계자로 엘리사를 부를 때 그에게 어떤 행동을 취하였습니까?(왕상19:19)

선지자의 겉옷은 동물의 가죽으로 만들어진 것인데(마3:4) 선지자의 직무를 상징한다

엘리야는 이러한 그의 겉옷을 엘리사에게 던져 덮어주었다. 이것은 엘리사로 하여금 자신의 일을 대신하게 한다는 상징적 행위로서 하나님의 명령에 따라(왕상19:16) 실행한 것이다.

군대를 자랑하는 벤하닷의 교만한 말에 아합왕은 '갑옷 입는 자가 갑옷 벗는 자같이 자랑치 못할 것이라'고 말했는데 이 말의 의미는 무엇입니까?(왕상20:11)

이것은 일종의 속담으로 이제 전쟁을 시작하는 자가 이미 전쟁에서 승리한 것처럼 자랑하지 말라는 것이다. 즉 승패를 겨루어 보아야 알 수 있기에 미리 자랑할 것이 없다는 것을 충고하는 우회적 표현이다.

이세벨이 나봇을 죽이기 위해 금식을 선포한 이유는 무엇입니까?

(왕상21:9,12)

그 당시 신에 대한 모독 행위가 있을 때에는 왕이 금식을 선포하는 관습이 있었다. 그러므로 이세벨은 나봇을 죽이기 위해 율법과 경건을 악용하여 이스라엘백성의 지도자들에게 금식명령을 내린 것이다.

12. 열왕기하

1) 서론

본서는 본래 '왕국들' 이란 제목 하에 한 권의 책이었던 열왕기상의 내용을 계속해서 전개하고 있다. 곧 본서는 엘리사, 아모스, 호세아, 오바댜, 요엘, 이사야, 미가, 나훔, 하박국, 스바냐, 예레미야 등 수많은 선지자들의 경고에도 불구하고, 반복되는 우상숭배와 도덕적 타락으로 멸망의 길을 재촉하였던 이스라엘과 유다 두 왕국의 비극적 역사를 서술하고 있다.

2) 내용

본서는 크게 두 부분으로 나뉘어져 있다. 1장에서 17장까지는 열왕기상에 이어지는 남·북 왕국 역사를 교차적으로 진술하면서, 앗수르에 의한 북이스라엘의 멸망까지를 기록하고 있으며, 18장에서 25장까지는 북이스라엘 왕국의 멸망 이후, 몇 번의 신앙개혁 운동에도 불구하고 근절되지 못한 우상숭배로 인해 바벨론에 멸망당하는 유다의 역사를 다루고 있다. 따라서 열왕기상이 솔로몬의 성전건립에서 시작되는 반면에, 본서는 그 성전의 파괴로 끝맺게 된다.

3) 영적 교훈

이스라엘이 당한 참담한 비극은 하나님을 떠나 우상을 섬겼던 이스라엘의 죄악 때문임을 말하면서, 포로된 백성들로 하여금 장차 도래할 메시야 왕국을 소망하게 하는 데 그 목적이 있다.

탐구문제

승천하는 엘리야를 보고 엘리사는 '내 아버지여 내 아버지여 이스라엘의 병거와 그 마병이여' 라고 외쳤는데 이 말의 의미는 무엇입니까?(왕하2:12, 13:14)

'내 아버지여' 라고 부른 것은 엘리야를 영원한 스승으로 고백한 표현이고, '이스라엘의 병거와 마병' 이라고 한 것은 엘리야가 이스라엘을 지키는 강력한 영적 능력의 소유자이자 온 이스라엘의 병거와 마병을 합친 것 이상의 힘을 소유한 자인 것을 가리키는 표현인 것이다. 한편 이 말은 요아스 왕이 죽을 병이 든 엘리사에게 한 말과 같다(왕하13:14).

선지자 생도의 한 아내가 엘리사에게 와서 무엇을 호소하였습니까?(왕하4:1)

남편이 죽은 후 빚을 갚지 못하여 채주가 자기의 두 아들을 종으로 삼으려 한다고 하소연하였다. 이러한 것은 히브리 사회에서 합법적인 일이었는데(레25:39, 느5:5) 일정한 기간 내 채무자가 빚을 갚지 못하면 자기의 자녀와 함께 종살이를 하였다. 그러나 비록 빚을 못 갚아 종이 되었을지라도 엄격히 부려서는 안되었다(레25:43,46). 채무자들의 짐을 덜기 위해 매 7년마다 돌아오는 안식년 끝에 채무가 면제되었고(신15:1-6) 매 50년마다 돌아오는 희년에는 저당잡힌 채무자의 재산이 본인에게 되돌아 왔다(레25:28).

수넴 여인이 엘리사의 도움을 거절하면서 말한 '내 백성 중에 거한다' 는 말은 무슨 뜻입니까?(왕하4:13)

이것은 나는 내 백성 가운데 한 사람이라는 말이 아니라 나는 내 동족들 가운데서 평안한 생활을 하고 있어서 왕과 같은 권력자의 도움을 필요로 하지 않는다는 뜻이다. 또한 그러한 행위를 통해 자기의 순수한 봉사를 그릇되게 만들고 싶지 않다는 여인의 순수한 마음의 표현이기도 하다.

안식일에 '입번한 자와 출번하는 자'란 각각 누구를 가리킵니까?
(왕하11:5,7)

제사장들은 24반열로 나뉘어져서 한 주간씩 윤번으로 성전 봉사를 하였다(대상24:1-19).

이들은 안식일 아침부터 다음 안식일 저녁 제사 직전까지 성전 직무를 수행하였는데 이 중 성전 봉사를 시작하러 안식일 아침에 들어가는 제사장들을 '입번하는 자'라고 부르며 성전 봉사를 마치고 안식일 저녁 제사드리기 직전에 나오는 제사장들을 '출번하는 자'라고 부른다.

그러므로 안식일에는 '입번한 자'와 '출번한 자'가 합류하여 성전 일을 돌보게 되는데 여호야다는 이들과 함께 거사를 도모했던 것이다. 즉 여호야다는 출번하는 반도 보내지 아니하고 두 대로 나누어 성전을 지키고 왕을 호위하는 임무를 맡겨 거사를 도모했던 것이다(왕하11:7).

'처녀딸 시온'이란 무슨 뜻입니까?(왕하19:21)

여기서 처녀딸 시온이란 시온을 인격화한 시적 표현인데, 도시를 처녀 혹은 딸로 비유하는 것은 시문학이나 예언서에서 특히 히스기야로부터 예레미야시대까지 성행한 말이다(사23:12:처녀딸 시돈, 사47:1:처녀딸 바벨론, 애2:13:처녀 예루살렘, 미4:10:딸 시온).

이런 표현을 쓴 이유는 여러 번 위험한 고비를 당하였으나 한 번도 이방인의 발에 짓밟혀 본 일이 없는 거룩한 도성 예루살렘이기에 '처녀딸 시온'으로 높이 호칭한 것이다.

므낫세의 범죄에 대한 하나님의 심판의 말씀 "사마리아를 잰 줄과 아합의 집을 다림보던 추로 예루살렘에 베풀고… 그릇을 씻어 엎음같이 예루살렘을 씻어 버린다"는 것은 무엇을 의미합니까?(왕하21:13)

'사마리아를 잰 줄과 아합의 집을 다림보던 추' 로 심판을 베푸시겠다는 것은 예루살렘의 죄가 사마리아의 죄와 같기에 그 심판도 사마리아와 아합의 집에 내린 심판의 복사판이 될 것이라는 의미이다(심판의 기준).

또한 그 심판은 그릇을 씻어 엎음 같이 혼돈과 정결을 위한 완전한 심판이 될 것을 나타낸다(심판의 정도).

예루살렘 성전이 파괴된 것은 무엇을 의미합니까?(왕하25:9)

사람들은 왕의 궁전과 대신들의 집이 불탈 때는 조금도 의아해 하지 않았다. 그것은 그 집 거주자들의 죄가 그 집들을 불태우게 만들었다고 생각했기 때문이다. 그러나 여호와의 전이 불타는 것은 매우 이상하게 생각되었을 것이다. 다윗이 준비하였고, 솔로몬이 막대한 경비를 들여 지었고, 그 위에 항상 하나님의 눈과 마음이 자리잡고 있던(왕상9:3) 성전이 불탈 수밖에 없었던 것에는 중요한 의미가 있다. 당시 부패한 유다는 성전 안에서까지 우상을 세우고 죄악을 저질렀다(왕하21:5,7).

이 죄악 때문에 하나님께서는 당신을 예배할 집마저도 아끼지 아니하시고 파괴하셨던 것이다.

13. 역대상

1) 서론

히브리성경에는 그 명칭이 '각 시대 사건들' (혹은 각 시대 말씀들)이라 되어 있고, 상하로 구분되지 않고, 단권으로 되어 있으나, 70인역(헬라어 번역)에는 상하로 나뉘어져 있다. 한편 1448년 라틴어 벌게이트역은 표제를 '거룩한 역사의 역대기 전서' (Chronicle of the Whole of Sacred History)라 명명했고, 종교개혁자 루터도 이 견해를 지지했다. 이후 역대기란 명칭이 일반화되었는데, 역대기란 거룩한 역사 전체를 연대기적으로 서술하고 있다는 뜻이다. 유대인의 전승에 따르면 에스라가 느헤미야와 함께 역대기를 기록하였다고 하나 확실한 근거는 없다. 다만 역대기의 마지막 부분(대하 36:22,23)이 그대로 에스라서의 서언으로(스1:1-3) 반복 제시되어 있는 것은 두 책의 저자가 동일인물일 가능성을 시사하고 있다. 기록연대는 바벨론 포로에서 돌아온 뒤인 BC 450년경으로 추정된다.

2) 내용

역대기는 온 인류의 역사를 이스라엘 중심으로 하나님의 언약과 성취라는 관점에서 재구성한 역사서이다. 그렇기 때문에 분열왕국시대 북이스라엘의 역사를 다루지 아니하였고 예루살렘 성전 중심인 남유다의 역사만 다루었고, 그 중에서도 우상숭배를 반대한 왕의 업적을 강조하였다. 그리고 다윗과 솔로몬의 생애에 있어서도 사생활보다는 성전건립의 예비적 사건들(대상13-17장 22장)과 성전건축과 봉헌식(대하2-7장)에 중점을 두면서, 다윗 솔로몬 시대의 영광을 부각시켰다.

역대기상의 내용은 크게 두 부분으로 나뉘어져 있다. 1장에서 9장까지는 아담에서 시작하여 다윗에 이르는 계보를, 10장에서 29장까지는 다윗의 역사를 기록하고 있는데, 역대기상·하의 내용을 도식화하면 아래와 같다.

아담 – 다윗왕국 – 솔로몬왕국 – 분열시대 남조 유다의역사

← 상권 → ← 하권 →

3) '사무엘상·하, 열왕기상·하' 와의 차이점

사무엘상·하와 열왕기상·하는 왕국기 1, 2, 3, 4권으로 명명된 것과 같이, 이스라엘의 역대 왕의 사적을 계속적으로 기록한 역사서이다. 여기에 반해서 역대기는 같은 역사를 기록한 역사서 이나, 여러 면에서 특징적인 차이점을 보여주고 있다. 사무엘서와 열왕기서가 인간의 역사를 객관적 측면에서 지적하고 비판함으로써 역사의 주관자되신 하나님의 역사하심을 강조한 것이라면, 역대기는 그 역사를 주관하시는 하나님의 섭리에서 드러난 은총과 영광에 주안점을 둔 저자의 주관적 관점에 따라 기술된 것이다. 따라서 역대기는 다윗왕국과 남유다의 역사를 유다 중심적인 관점에서 긍정적으로 평가하고 있다. 이 점은 특히 다윗 생애의 긍정적인 측면만을 부각시킨 역대상에서 더욱 분명하게 보여지고 있다.

4) 영적 교훈

역대기 저자는 바벨론 포로로부터 귀환한 회복된 이스라엘 공동체를 일차적인 대상으로 하여 이 역사서를 기록하였다. 따라서 이 역대기서의 가장 주된 관심사는 역사의 계속성 곧 과거 역사와의 연결성이다. "과연 하나님께서 아직도 우리에게 관심을 가지고 계시는가?" "그의 언약은 아직도 유효한가?" 또는, "지금 우리에게는 다윗과 같은 왕도 없고 오히려 바사의 지배를 받고 있는 형편인데, 하나님이 다윗에게 하신 약속이 무슨 의미가 있단 말인가?" 또는 "하나님의 대심판(다윗

왕가의 몰락,이스라엘 왕국의 멸망, 예루살렘과 성전의 파괴, 바벨론에 포로됨)을 당하고 있는 판국에 선민 이스라엘에 대한 하나님의 특별한 관계가 무슨 소용이 있는가?" 등의 의문에 대한 해답으로 주어진 것이 본서이다. 따라서 이스라엘 역사 전체를 재조명하면서, 바벨론 포로에서 돌아오게 된 것도 역시 하나님의 놀라운 섭리로 인한 것임을 보여줌으로써 귀환한 백성들로 하여금 이스라엘 재건의 벅찬 소망을 고취시키는 데 본서의 목적이 있는 것이다.

탐구문제

역대기에 나오는 족보의 의미는 무엇입니까?(대상1-9장)

역대기에는 아담에서부터 시작되는 족보가 기록되어 있다. 본서가 기록될 당시 이스라엘 백성들은 긴 포로생활로 인해 자신들의 족보와 조상들로부터 전해오던 여호와 신앙을 잊어가고 있었다. 따라서 이러한 족보 이야기를 통해 자신들의 신앙을 회복하고 뿌리를 되찾는 작업이 필요했던 것이다. 특히 그들은 언약백성이라는 관점에서 그들의 시작과 하나님의 역사진행을 명확히 할 필요에서 이같은 족보를 기록하였던 것이다.

하나님께서 레위 사람들에게 독립적인 땅의 분깃을 주지 않고 도피성들과 다른 지파들의 구역에 우거하도록 하신 이유는 무엇입니까? (대상6:54-81)

그것은 레위지파를 보고 '이스라엘 중에 흩어지리라' 고 한 야곱의 임종예언(창49:7)의 성취로써, 이스라엘 온 땅에 하나님과 율법에 관한 지식을 유포시키기 위해서였다.

또한 레위인들은 성물을 관리하는 자들로서 하나님을 섬기는 일에 전무하고 하나님 자신이 분깃이 되었기에(수13:14) 땅이 필요치 않았기 때문이다.

'느디님' 이란 누구를 말합니까?(대상9:2)

성전에서 레위인들을 돕던 하급일군들을 가리킨다.(스2:43, 8:20)

느디님이란 '주어진 자들' 이란 뜻인데 다윗은 레위인들을 돕는 한 집단으로 이들을 임명한 것이었다. 이들은 주로 나무패는 일과 물긷는 일을 했는데 대부분 외국인들이었다. 그들은 도시에서 살았고(스2:70), 에스라 밑에서 느디님의 몇 사람이 돌아와서(스7:7) 세금을 면제받은 적도 있었다(스7:24).

또한 이들은 느헤미야가 성벽을 재건하기 위해 구성한 조직에서도 언급되었고(느3:26), 유다인의 예루살렘 정착을 시도했던 느헤미야의 설명에서도 언급되어 있다(느11:3,21).

길르앗야베스 사람들이 사울의 시체를 장사하고, 그를 위해 7일 동안 슬픔을 표시했던 이유는 무엇입니까?(대상10:11-12)

옛날 길르앗야베스 사람들이 암몬의 침략을 당하였을 때 사울이 그들을 구원해 준 일이 있었기 때문이다(삼상11:1-11).

성경은 사울이 죽음을 당한 원인을 어떻게 규정하고 있습니까?

(대상10:13-14)

사울이 여호와께 범죄하였기 때문이라고 했다(대상10:13).

즉 그는 하나님의 말씀을 지키지 않았고(삼상13:9, 15:9) 또한 신접한 자에게 찾아갔기 때문에(삼상28:7), 비록 사울 자신은 자살하였지만 하나님께서는 그를 죽음으로 인도하셨던 것이다(대상10:14).

다윗이 세 용사가 길어 온 물을 하나님께 드린 이유는 무엇입니까? (대상11:15-19)

다윗은 세 용사가 생명을 걸고 길어 온 물을 그들의 피와 같이 간주하였기 때문이다. 피 곧 생명은 여호와께 드려야하는 것이 당시 관례였다(레17:11). 다윗의 이러한 행동은 자신의 잘못된 행위에 대한 회개이자, 하나님에 대한 전적인 헌신과 부하들에 대한 사랑을 나타내는 행동이기도 했다.

하나님께서 '뉘우쳤다' 라는 말은 결국 무엇을 의미합니까?(대상21:15)

이것은 신인동성론적 표현으로 하나님이 인간의 속성을 지닌 것처럼 묘사하는 것을 말한다. 여기서 하나님께서는 당신의 계획을 바꾸시지 않고 그 방법만을 변경시켰을 뿐이다.

즉 죽음의 심판을 변경시켜 긍휼을 덧입히신 것이다(약2:13).

레위인들이 성전에서 수행하여야 할 직분은 무엇입니까?(대상23: 28-32)

▶ 성전사무를 보살피는 자: 제사장들은 제사일을 수행했고(31절), 아론의 자손(제사장)에게 수종들어 하나님의 전과 뜰, 골방에서 섬기는 일과 모든 성물을 정결케 하는 일, 제사에 필요한 일체의 식물을 준비하는 것이었다(28,29절).

▶ 찬송하는 자: 아침 저녁 상번제를 따라 여호와께 감사 찬양하는 일을 담당하였다(30절).

▶ 문지기들: 회막과 성소의 직무를 수행해야 했으며 아론자손(제사장)의 직무를 지켜 그 시중드는 일을 했다(32절).

이같이 레위지파는 제사드리는 일과 찬송부르는 일과 성막을 관리하는 일을 전담하였다. 지금도 이 세 가지 직무는 거룩한 직분에 속한다.

14. 역대하

1) 서론

본서는 역대상과 마찬가지로 바벨론 포로에서 귀환한 이스라엘 백성들에게 모세의 율법을 준수하고, 성전 중심의 신앙 생활을 회복하며, 하나님의 통치가 실현되는 이스라엘 왕국의 재건을 촉구하기 위해 기록했다. 역대상이 다윗 왕국의 역사성과 정통성을 부각시킨 것이라면, 본서는 그에 이어지는 통일 왕국 말기, 곧 솔로몬의 통치 때부터 유다 왕국의 멸망까지의 역사를 기록하고 있다.

한편 본서는 성전건축 기록과 더불어 이스라엘의 대내외적인 평화와 번영의 시기인 솔로몬 통치시대와 그 후에 이어지는 유다 열왕들의 통치시대를 기록하고 있다. 특히 왕들의 기록을 많이 생략한 대신에 우상을 제거하며 성전을 고치고 예배를 회복하는 등 종교개혁을 단행한 왕들의 업적을 크게 부각시킴으로써 유다 왕국의 영적, 물질적 축복의 근간이 하나님과의 바른 관계 속에 있음을 강조하고 있다.

2) 내용

본서는 크게 세 부분으로 구성되어 있다. 1-9장까지는 이스라엘의 통일국가시대인 솔로몬왕이 통치한 부분이고, 10:1-36:21까지는 이스라엘이 남북 왕국으로 나뉘어진 후 남왕국 유다의 여러 열왕들이 통치한 부분이며, 36:22,23는 페르시아 왕 고레스의 조서부분이다.

탐구문제

성전 안의 기구들이 금으로 되어 있는 의미는 무엇입니까?(대하4: 19-22)

성전 밖의 기구들이 놋으로 만들어진 반면에, 성전 안의 기구들은 모두 정금으로 되어 있었다.

이것은 성전 안의 기구들이 더 중요한 것들임을 나타냄과 아울러, 신약성도들은 왕같은 제사장들로서(벧전2:9) 하나님께 가까이 갈수록 정금같이 더욱 정결해야 할 것을 의미하기도 한다.

2. **'하늘들의 하늘' 이란 무슨 뜻입니까?**(대하6:18)

이것은 3층천에 대한 유대인의 관념이나 어떤 랍비들의 두 하늘에 대한 관념과도 무관한 것이다.

이것은 '모든 하늘의 하늘'(신10:14)과 같은 표현으로 하늘의 모든 공간들이라는 뜻이다. 즉 그 공간이 아무리 넓고 무한할지라도 하나님은 그 공간에 매여 계시지 않는다는 뜻이다.

솔로몬이 기도를 마쳤을 때 '불이 하늘에서부터 내려왔다' 는 것은 무엇을 의미합니까?(대하7:1)

이것은 하나님의 의사 표시로서, 하나님께서 솔로몬의 기도와 제물을 받아들이셨다는 표시이다. 이러한 표적은 모세(레9:24)와 기드온(삿6:21), 다윗(대상21:26), 엘리야(왕상18:38) 등에게도 나타났다.

'하나님의 사람' 과 '선지자' 는 서로 어떤 차이가 있습니까?(대하11:2)

두 가지 표현은 비슷한 뜻을 가지고 있으나, 완전한 동의어는 아니다.

하나님의 사람이란 명칭은 천사들(삿13:6,8), 모세(신33:1), 다윗(대하8:14)에게도 쓰였고, 하나님의 사역자나 종을 가리키는 말로도 쓰였다(딤전6:11).

이에 비해 선지자는 '가르치는 자' 에게만 한정되었다(사9:15).

제사장들이 나팔을 불었다는 것은 무엇을 의미합니까?(대하13:12)

제사장들이 전쟁 때에 나팔을 분 것은 백성을 기억하고, 대적에게서 구원하시겠다는 하나님의 약속(민10:9)을 기억했기 때문이다. 그러므로 제사장의 나팔은 하나님의 말씀을 믿는 신앙고백을 의미하며, 한편으로 대적인 여로보암의 군대에게는 최대의 경고였던 것이다.

산당(山堂)은 어떤 곳입니까?(대하20:33)

산당은 이스라엘 민족이 가나안에 들어오기 이전부터 있었던 것으로, 가나안인들이 그들의 우상 바알을 섬기던 장소였다(민22:41, 왕상11:7). 그렇기에 하나님께서는 이스라엘이 가나안에 들어가면 반드시 그 산당을 허물어 버리라고 명령하셨다(민33:52).

그러나 이스라엘은 이 명령을 완전히 수행치 않아 산당은 모두 제거되지 않았으며 그 곳에서 여호와 경배와 우상 숭배가 동시에 이루어졌다(삼상9:12-14,10:5). 더욱이 북이스라엘의 여로보암은 정치적 목적으로 벧엘과 단에 산당을 짓고 송아지 우상 숭배까지 하였다(왕상12:31).

남유다에서마저 솔로몬 성전 건축 후 산당이 완전히 폐지되지 않은 것은 후일 유다의 멸망 원인 중 하나가 되었다.

여호람이 죽었을 때 백성들이 그에게 분향하지 않은 것은 무엇을 의미합니까?(대하21:19)

백성들은 왕들이 죽었을 때 분향하였으며(대하16:14), 특히 여호람은 오랫동안 심한 병을 앓다가 죽었기에 더욱 향료를 뿌릴 필요가 있었다. 그러나 백성들은 향료로 그의 시체를 영예롭게 하지 않았는데, 그 이유는 우상 숭배를 하며 그것을 장려까지 했던 그였기에 결코 존경심을 갖지 않았기 때문이다.

여호야다가 다윗성 '열왕의 묘실'에 장사되었다는 것은 무엇을 뜻합니까?(대하24:16)

열왕의 묘실에 정작 장사되어야할 유다왕 요아스는 장사되지 못하고(대하24:25) 장사될 수 없는 평민 여호야다는 그 곳에 장사되었다. 여호야다는 죽을 때 나이가 130세였던 것으로 보아 솔로몬 시대에 태어나서 모두 일곱 왕 시대를 살았을 것이다. 그 오랜 기간 동안 꺼질 듯한 다윗의 등불을 돋우는 귀한 일을 하였으며 특히 우상 숭배하던 아달랴 정권을 깨뜨리고 다윗왕손인 요아스를 왕위에 올렸던 것이다. 그래서 본문은 여호야다는 '이스라엘과 하나님과 성전에 대하여 선을 행하였다' 고 말하고 있으며, 영예롭게도 열왕의 묘실에 묻힐 수 있게 된 것이다.

웃시야가 향단에 분향하려 했던 것이 왜 죄가 되었으며(대하26:18)**, 하나님께서 이런 웃시야를 문둥병으로 징벌하신 이유는 무엇일까요?**(대하26:19-20)

여호와께 분향하는 일은 레위지파 아론 자손의 제사장들이 맡은 고유의 임무였음에도(민18:1-7) 권한이 없는 웃시야가 분향하려 했다. 결국 웃시야의 이런 행위는 과거에 사울이 사무엘의 권한을 빼앗은 것과 같은 행위로(삼상13:8-15), 하나님의 말씀을 무시한 불신앙적인 태도였던 것이다.

한편 하나님의 징벌은 웃시야의 죄에 대해 적합하게 주어졌다. 즉 하나님께서는 웃시야에게 문둥병이라는 수치를 주어 그의 교만을 꺾으셨으며, 문둥병을 판별할 권한이 있는(신24:8) 제사장의 감찰과 처사에 완전히 복종하도록 하셨던 것이다. 또한 제사장들만이 들어갈 수 있던 성소에 함부로 들어갔던 웃시야는 이제 성전의 뜰에서조차 쫓겨나게 되었던 것이다.

'힌놈의 아들 골짜기'는 어떤 곳입니까?(대하28:3)

이 곳은 유다-베냐민 지파의 경계선으로 처음 언급되었다(수15:8, 18:16).

이 골짜기에 있는 도벳 유적지에서는 전에 이스라엘 부모들이 그들의 자녀들을 몰렉 우상에게 제사하던 곳이기도 하였다(대하33:6). 예레미야는 이 곳을 '살육의 골짜기'(렘7:31-32)로 불렀는데 화염이 끊임없이 피어올라 이 곳은 멸망의 장소를 상징하게 되었다.

나중에 요시야왕은 이 곳을, 예루살렘성에서 내어버리는 오물을 처리 하는 장소로 만들어 가증스런 우상 숭배를 근절하려 하였다(왕하23:10).

신약에서 지옥(게헨나)이란 단어는(마5:29) 히브리어(게힌놈; 힌놈의 아들 골짜기)를 헬라어로 음역한 것이다.

히스기야가 바벨론 사신에게 행한 실수는 무엇입니까?(대하32: 25-31)

바벨론 왕이 히스기야에게 사신을 보내 이적을 물은 것은 히스기야가 기적적으로 병에서 고침을 받았다는 소식 때문이었다. 그렇기에 히스기야는 겸손히 여호와를 증거했어야 했는데 오히려 유다의 보물을 보여주며 자랑하는 실수를 저질렀다(왕하20:13).

이러한 실수의 원인은 그의 교만 때문이었으며(32:25), 그 일로 하나님의 진노가 예루살렘에 임하게 되었던 것이다(32:26).

요시야가 우상 제사장들의 뼈를 단 위에 불살랐던 사건은 어떤 의미를 가집니까?(대하34:5, 왕상13:2)

본래 히브리어로 짐승 잡는 고장이란 뜻을 가진 '제단' 위에서 사람의 뼈를 사른다는 것은 그 제단이 더럽고 부정한 장소가 됨을 말하는 것이다.

이 사건은 약 300년 전 한 선지자가 이스라엘 왕 여로보암을 향하여 예언한 말씀(왕상13:1-2)이었는데, 그것이 그대로 성취된 것이었다.

15. 에스라

1) 서론

본서의 제목은 본서의 중심 인물인 '에스라'의 이름을 따라 붙여졌다. 히브리 원전에는 에스라와 느헤미야가 한 권의 책으로 되어 있다. 그러나 에스라 2장의 내용이 느헤미야 7장에 반복되는 것으로 보아 두 권의 책은 본래부터 별개의 책으로 기록된 것이 분명하다. 70인역에는 두 책으로 구분되었으며, 히에로니무스의 라틴역 또한 두 책으로 나누었고, 1448년 이후에는 일반적으로 모든 성경이 둘로 나누었다. 유대인의 전승에 의하면 에스라가 역대기와 함께 에스라를 기록하였다고 한다. 역대하 끝 부분과 에스라 초두의 몇 구절은 똑같은 내용일 뿐만 아니라 '족장들', '하나님의 집', '노래하는 자들', '문지기', '성서의 종들'이란 표현은 역대기와 똑같은 관점에서 기록된 것으로 에스라의 저작권을 입증한다.

기록연대는 에스라가 1,800명을 거느리고 귀환한 BC 458년과 느헤미야가 돌아온 BC 445년 사이로 추정한다.

2) 역사적 배경

바벨론은 유다를 공격하여 3차에 걸쳐 포로로 끌고 갔다(1차 BC 606, 2차 BC 597, 3차 BC 586). 그러나 오래지 않아 바벨론의 신흥 바사왕 고레스에게 멸망당하고(BC 538) 포로로 된 유다백성은 고레스의 통치 하에 들어간다. 고레스는 정복 민족에게 관대하였는데, 특별히 유다 백성들에게는 특전을 베풀어 본국으로 돌아가도 좋다고 칙령을 발표하였고 바벨론이 예루살렘 성전에서 탈취한 금 · 은그릇을 도로 돌려주었다. 귀환은 3차에 걸쳐서 이루어졌으며, 그 때의 중요한 인물은 다음과 같다.

	바 사 왕	연 도	지 도 자
1차귀환	고레스	BC 536년	스룹바벨(총독) 예수아 대제사장
2차귀환	아닥사스다1세	BC 458년	에스라
3차귀환	아닥사스다1세	BC 445년	느헤미야

3) 내용

에스라서는 크게 두 부분으로 나뉘어져 있다. 1-6장까지는 첫 번째 귀환한 22년 간의 역사와 고레스왕의 귀환 조서, 귀환인의 명단, 성전 재건의 역사가 기록되어 있고, 7-16장까지는 2차 귀환 때 1년 만에 이루어진 역사가 기록되어 있다. 제사장이며 학사인 에스라가 아닥사스다왕의 통치 기간 중에 많은 유다인들과 함께 예루살렘에 돌아온 사실과, 이방인과의 결혼을 금지하는 등 그가 예루살렘에서 열정적으로 신앙의 순수성을 회복해 가는 영적 개혁의 과정이 기록되어 있다.

4) 영적 교훈

본서는 예레미야 선지자를 통해서 주신 포로 귀환에 관한 약속(렘 29:14)이 어떻게 성취되어 가는가를 보여주는 책이다. 즉, 이스라엘 왕국이 솔로몬 왕의 타락으로 분열되고 계속 죄악의 수렁 속으로 깊이 빠져들자, 하나님께서는 선지자들을 통하여 남북 왕국이 파멸될 것과 예루살렘 성전이 파괴될 것을 선포하셨고, 마침내 이스라엘을 각처로 흩어 포로생활을 하게 하셨다. 그러나 하나님께서는 그들을 아주 버리지는 않으셨다. 하나님께서는 이스라엘을 향한 영원한 언약을 완성하시기 위해 포로기간 동안 그들을 보호하셨으며 때가 이르자 그들을 다시 본국으로 돌아갈 수 있게 하셨다는 것을 본서는 말해주고 있다.

5) 에스라의 약전

(1) 에스라는 바벨론에서 출생한 스라야의 아들로서 아론의 16대손 제사장이며 서기관이다(스7:1-5, 대상6:3-15).

(2) 모세 율법에 통달한 학사(7:6)

(3) 아닥사스다 1세에게 재물에 관한 특권과 관리를 임명할 권력을 부여받은 자

(4) BC 458년 2차 포로 귀환 때 1750(희망자 모집)명 가량의 남자를 인솔해 귀환

(5) 귀환 때 바사왕의 군사적 경호조치를 거절할 정도로 돈독한 신앙자

(6) 느헤미야와 함께 예루살렘과 유다백성에게 율법을 가르치며 회개운동을 주도했다(스9:1-10, 느8:1-8).

탐구문제

북이스라엘이 남유다와는 달리 포로로부터 돌아오지 못한 이유는 무엇입니까?

앗시리아는 북이스라엘 백성 대부분을 자신들의 영토로 강제 이동시켰고(왕하17:6), 남아있는 자들을 이방 민족과 혼합되게 하여(왕하17:24) 새로운 사마리아족을 형성시켰다. 수도 사마리아가 함락된 이후에 이스라엘에는 생존한 왕족이 없었고 이미 종교적으로도 여호와를 섬기는데 있어 많이 혼란해져 있었으며, 앗시리아 포로 생활하는 백성들에게 종교적 순수성을 지킬 수 있게 지도할 만한 지도자와 종교적 구심점도 없었다. 그리하여 북이스라엘은 이스라엘 집안의 잊혀진 열 지파로 사라졌던 것이다.

고레스 왕의 출현에 대해 직접적으로 언급한 성경말씀이 있습니까?(스1:1)

이사야 선지자가 유다 포로들의 해방에 대해 예언할 때 고레스란 이름을 분명히 지적하였고(사44:28, 45:1), 이것이 정확하게 여자적으로 응답되었던 것이다. 그런데 하나님께서는 이사야 선지자를 통해 고레스왕을 비록 '나의 목자', '나의 모든 기쁨을 성취할 자'라고는 했지만(사44:28) '나의 종'이라는 명칭은 사용하지 않았다. 따라서 고레스는 하나님의 뜻을 이루기 위한 도구로서의 '목자'였지만, 분명한 소명의식 하에서 하나님의 뜻을 이루는 '여호와의 종'이라고는 할 수 없었다.

오랫동안 성전공사가 중단된 근본적인 원인은 어디에 있었습니까?
(스4:5, 24)

본서의 저자는 성전 공사의 중단 원인을 대적들의 방해에다 초점을 맞추었다. 그러나 그 당시의 선지자로 활약한 학개나 스가랴는 그 근본적 원인을 이스라엘 자손의 희미해진 신앙으로 보고 있었다. 학개 선지자에 의하면 대적들의 궤계에 의해 성전이 황무해졌는데도 이스라엘 자손은 화려한 집에 거하였다고 했다(학1:4).

즉 이스라엘 자손은 처음에는 하나님의 은혜로 성전 건축이 후원을 받아 진척될 때에는 기쁨으로 이 일을 행하였으나(스1:5), 막상 현지에 도착해서 주변 대적들의 위협을 받자 두려워하였고(스3:3), 대적들의 궤계로 정치, 경제적 후원이 끊어지자 하나님의 전을 생각하기보다는 자기들의 편이를 먼저 생각한 것이었다(학1:4).

16. 느헤미야

1) 서론

본서의 제목은 저자요, 중심인물인 느헤미야의 이름을 따서 명명한 것이다. 히브리어 원전에는 에스라서와 본서가 내용상 긴밀한 관계를 갖고 있기에 두 권을 한 권의 책으로 취급하였다. 70인역은 본서를 에스라서와 구분하여 느헤미야라 하였고, 벌게이트역도 느헤미야라 하였으나, 바티칸 사본에서는 제2의 에스라서라 하였다. 1525년에 나온 봄베그(Bomberg)판 히브리어 성경은 본서와 에스라서를 확실하게 구분하여 '느헤미야' 라고 칭하고, 이후 모든 성경은 느헤미야라 불렀다. 그러나 느헤미야서는 에스라서의 후편이며, 두 책은 또한 역대기서의 속편이라 할 수 있다. 저자를 느헤미야로 보는데 별 이의가 없다. 특별히 본문에 나타난 주어의 대부분이 1인칭으로 된 것은 저자가 느헤미야임을 가리킨다.

기록연대는 정확히 알 수 없으나 느헤미야가 유다 총독(BC 445-425)에서 은퇴한 BC 421년에서부터 그가 사망한 BC 400년경 사이에 기록한 것으로 추정된다.

2) 시대배경

느헤미야가 술 맡은 자의 신분으로 섬겼던 아닥사스다 1세는 에스더를 왕비로 삼았던 아하수에르 왕의 아들이다. 아닥사스다왕의 도움으로 유대인을 인솔하여 예루살렘으로 돌아온 에스라는 이스라엘을 재건하기 위해 이스라엘과 결혼한 이방여인은 돌려보내고 성전 재건을 시도했으나, 사마리아인의 방해로 어려움에 처하게 되었다.

이 때 이 소식을 전해들은 느헤미야는 바사왕실의 안락을 저버리고, 유다총독으로 임명받아 예루살렘으로 돌아와 에스라와 힘을 합하여 유대민족의 정통성 회복과 예루살렘 성곽건축에 혼신의 힘을 다 쏟는다. 에스라가 순수한 종교적 지도자임에 비하여 느헤미야는 정치적 지도자였다.

3) 본서의 내용

본서는 크게 두 부분으로 구성된다. 1-7장까지는 제3차 포로귀환을 인솔한 느헤미야가 이방대적들의 끈질긴 방해공작에도 불구하고 예루살렘 성전과 더불어 유대 민족의 상징이요 생명이기도 한 예루살렘 성곽을 건축하는 데 탁월한 행정력과 조직력을 발휘하여 52일만에 성전공사를 완공시킨 역사가 나온다. 8-13장까지는 성벽이 완공된 후 학사 에스라를 중심으로 하여 백성들을 성별하여 굳건하게 세우는 영적 부흥운동이 전개되는 내용이다.

4) 영적 교훈

본서의 내용은 하나님의 도성인 예루살렘을 재건하는 것과 언약백성을 회복시키고 개혁하는 것이다. 느헤미야에 의해 이루어진 이스라엘의 일시적 회복은 장차 그리스도를 통해 실현될 하나님의 백성들의 완전한 구원을 가르쳐 주며 소망케 하는 것이다.

이런 의미에서 이 책의 주인공으로 등장하는 느헤미야는 신약의 그리스도를 예표하는 인물이라 할 수 있다.

5) 느헤미야서와 말라기서의 관계

본서는 구약의 마지막 역사서이고, 말라기서는 구약의 마지막 예언서이다. 본서에 나타난 죄악상을 말라기서가 통렬하게 비판하고 있는 것으로 보아 말라기는 느헤미야가 예루살렘 총독으로 있을 때 활동했던 것으로 사료된다.

여기서 말라기의 통렬한 비판은 구약시대의 마지막 빛을 보여주는 것이었다. 이스라엘의 일시적 부흥 운동은 영구한 것이 되지 못하고, 결국 긴 암흑의 시대로 빠져 버리게 되었다. 그러나 이러한 암흑은 앞으로 나타날 밝은 빛, 즉 그리스도의 도래를 예고하는 것이기도 하였다.

6) 느헤미야의 약전

(1) 바벨론으로 끌려간 유다 지파에 속했던 하가랴의 아들(느1:1)

(2) 바사의 아닥사스다 1세(BC 464-424)에게 신임을 받아 술맡은 관원이 되었다(느1:1-2:1).

(3) BC 445년 아닥사스다 1세에 의해 예루살렘 총독으로 부임하여 예루살렘 성벽을 다시 쌓는 등 BC 443년까지 눈부신 활동

(4) BC 425년에 민족의 개혁을 위해 다시 귀국(느13:6)하여 계속 개혁 운동에 박차를 가했다.

(5) 바사왕 다리오의 치세 말기까지(BC 405) 예루살렘에 머물러 있었던 것 같다(느12:22).

(6) 그의 죽음의 연대와 장소는 불분명하나 다만 아주 고령으로 죽은 것을 유대역사가 요세푸스는 기록하고 있다.

탐 구 문 제

'하늘의 하나님' 이란 말의 뜻은 무엇입니까?(느1:4)

이 말은 인간에 의해 고안된 땅의 신들 곧 우상들과 구별되는 탁월하신 여호와 하나님을 지칭하는 말이다. 느헤미야는 먼저 여호와를 '하늘의 하나님' 으로 칭함으로서 언약의 주이신 여호와께서는 전지전능하신 분이며 온 세상을 통치하시는 분이심을 고백한 것이다(시

103:19,계19:6).

이스라엘 자손을 주의 종이라고 부른 이유는 무엇입니까?(느1:6)

이 말은 이스라엘 자손이 하나님과 언약으로 맺어진 하나님의 종이라는 뜻이다.

이러한 언약관계는 쌍방이 대등한 위치에서 맺어진 것이라기보다는 창조주 하나님이 피조물인 이스라엘에게 은혜를 베풀어 맺어진 언약이었다(왕상8:23). 따라서 이스라엘이 하나님의 백성으로 선택된 사실은 너무나 큰 은혜의 결과이기에 그 관계는 왕과 종의 관계이어야 함이 마땅한 것이다. 그러나 하나님은 폭군과 같이 군림하시는 것이 아니라 자녀와 같이 양육하셨던 것이다(사1:2,30:1).

느헤미야는 하나님의 어떤 약속에 기초하여 기도하였습니까?(느1: 8-9)

느헤미야는 하나님이 이미 모세를 통해 주신 약속을 잘 살펴보았는데, 그 중에서 레26:27-45, 신28:58-68, 29:24-29, 30:1-4 등에서 하신 말씀에 의지해서 기도했다. 그 내용은 이스라엘이 하나님의 택한 백성이지만 범죄하면 징벌하시고, 회개하여 하나님께 돌이키면 용서해주신다는 것이다.

'왕의 앞'에 술이 있기로 느헤미야가 들어 왕에게 드렸다고 했는데 (느2:1) '왕의 앞'이란 말은 어떤 상황을 설명해 줍니까?

70인역에는 '나의 앞에'라고 번역하고 있어서, 이 말을 '왕을 모시는 차례가 느헤미야에게 돌아왔을 때'라고 설명하는 학자도 있다. 하지만 이 말은 술관원인 느헤미야가 왕 앞에 놓인 술잔에 독이 있는지 시음하는 장면을 묘사하는 것으로 보는 것이 자연스럽다. 이러한 사실을 통해 느헤미야는 슬픔과 근심 중에도 일상업무를 소홀히 하지 않았음을 알 수 있다.

이스라엘 자손이 '첫열매' 와 '처음 난 것' 을 하나님의 전에 바친 이유는 무엇입니까?(느10:35-37)

그것은 이스라엘 자손은 하나님께서 택하신 언약 백성인 것을 나타내는 큰 표시였던 것이다. 즉 이스라엘 백성과 그들의 소유가 다 하나님께 속한 거룩한 것이지만(출19:6), 하나님께서는 장자와 처음 난 것을 대표로 받으심으로 모든 이스라엘을 받으시는 것으로 여기셨던 것이다(출13:2 ,12-13. 신18:1-5). 그러므로 이스라엘 자손들은 처음 난 것들을 드릴 때 자신들을 다 드린다는 심정으로 바쳐야 했던 것이다.

백성들은 예루살렘에 거주할 사람들을 어떻게 정하였습니까?(느11: 1-2)

예루살렘 수비를 위한 부담과 희생 때문에 예루살렘으로 이주해서 사는 일은 오히려 어려운 일이었다. 여기서 느헤미야는 먼저 지도자 되는 사람들을 예루살렘에 머물게 하고 그 나머지 백성들 가운데 제비를 뽑아서 1/10이 예루살렘 성에 거하도록 하였다. 물론 자원하는 자들도 예루살렘에 거주케 하였다.

한편 제비뽑는 방법은 구약시대에 많이 사용된 것으로서(민26:55, 수14:2, 삼상14:41) 특별히 정치문제(삼상10:20-21)나 노동문제(대상24:5,25)를 해결하기 위해서도 사용되었다.

이처럼 제비뽑는 행위는 하나님의 백성이 하나님을 의지하면서 그 분의 뜻을 구하는 신앙적 행위였던 것이다(수18:7,8).

공장(工匠) 골짜기는 어떤 곳입니까?(느11:35)

공장골짜기는 세공업자들(느3:8,31) 또는 가내 수공업을 하던 사람들이 모여 살던 곳이다.

느헤미야는 왜 찬송하는 무리를 성벽 위로 행진하게 하였습니까?(느 12:31,38)

성벽 위로 행진하게 한 것은 그 성이 하나님의 소유라는 의미를 내포하고 있었다. 즉 그들은 자기들이 세운 성벽 한 부분 한 부분을 발로 밟으면서 하나님께서 이 성벽을 받으시고 또 견고하게 세워주시기를 소망했던 것이다.

17. 에스더

1) 서론

본서의 제목은 주인공의 이름 에스더에서 비롯된 것이다. 이 이름은 바사(페르사)에서 유래한 것이며 '별'이란 뜻이다. 저자는 모르드개 혹은 에스라로 보는 등 여러 설이 있으나, 정확하지 않다. 다만 저자는 어려서부터 그 사건들을 목격한 유대인이거나, 아니면 모르드개 다음 세대의 유대인이었을 가능성이 가장 높다. 기록연대는 아하수에로왕의 치세(BC 485-465)가 과거형으로 표시되어 있고, 저자가 수산궁의 구조에 대해서는 잘 알고 있으나, 후일 수산궁이 불타 없어진 사실(BC 435년경)은 알지 못하는 것으로 보아, 본서의 저작시기는 BC 464-436년으로 추정할 수 있다. 본서는 히브리인의 중요한 절기 가운데 하나인 부림절이 생기게 된 내력과 기원을 후대에 전하기 위해 기록되었다.

2) 역사적 배경

북조 이스라엘은 BC 722년 앗수르에게 멸망당하고 많은 사람들이 메대 여러 마을로 강제 이주되어 갔다(왕하17:6).

BC 539년에 바벨론왕 느부갓네살이 앗수르를 점령하자 이들은 모르드개와 마찬가지로 수산 동편 땅으로 옮겨졌다(2:5,6). 본서의 내용은 바로 이들을 중심으로 전개되는 역사이다. 한편 바벨론 전역에 흩어졌던 이스라엘 백성들 중 약 5만명이 스룹바벨과 여호수아를 따라 BC 537년 약속의 땅 가나안으로 돌아와 제 2성전을 건축했다(BC 516).

본서는 제 2성전 건축 이후 33년이 지난 아하수에르의 잔치(BC 483, 에1:3)에서부터 부림절 시작(BC 473)에 이르는 10년 사이에 일어난 사건들을 다루고 있다.

※본서의 연대표

아하수에로의 통치(BC 486-464)

① 아하수에로의 잔치(BC 483, 에1:3)

② 바사의 그리스 침공(BC 480)

③ 에스더가 왕후가 됨(BC 478, 에2:17)

④ 부림절 축제(BC 473, 에9:11-19)

⑤ 아하수에로가 피살됨(BC 464)

3) 본서의 내용

본서는 크게 두 부분으로 구성되어 있다. 1-4장까지는 바사왕 아하수에로왕의 왕후가 폐위되고, 포로민 가운데 미천한 에스더가 왕후로 간택되는 드라마틱한 역사와 바사의 총리 하만이 바사제국에 흩어져 있는 유대인을 몰살시키려 했던 음모가 기술되어 있다. 5-10장까지는 하만의 흉계가 여지없이 탄로되어 모르드개를 죽이려고 세워둔 장대에 오히려 하만 자신이 달려죽게 되고, 모르드개는 하만의 자리에 오르게 되는 극적인 대전환의 역사가 서술되어 있다.

4) 영적 교훈

본서에는 하나님이란 낱말이 한번도 나오지 않으나, 에스더의 왕비 간택, 왕의 불면증에서 모르드개의 고발이 아뢰어진 것, 유대인의 전화위복 등에서 하나님의 섭리가 오히려 강하게 암시된다.

본서는 하나님의 언약 백성은 하나님께 도움을 청하고, 하나님께서는 원수의 손에서 이들을 구출하신다는 것을 증거하여 하나님은 변함없이 신실하신 언약의 하나님이심을 증거한다. 비록 그들이 고국으로 귀환하지 않고, 그 곳에 안주해 있을지라도, 하나님은 자신을 의지하는 자기 백성에게 살아계신 언약의 하나님이심을 확연히 보여주신 것이다.

특별히 에스더서는 다른 성경보다 사본으로 더 많이 필사되었다. 이것을 볼 때 유다인들이 이 책을 많이 애독했다는 것을 잘 알 수 있다. 뿐만 아니라 랍비들은 이 책에 보다 많은 주석을 달아 탈무드에 보존했으며, 유대 학자들은 이것을 아주 소중히 여겼다.

탐 구 문 제

부림절에 대해 설명해 보세요.

부림절은 율법책이나 구약책, 신약책 어디에도 규정되어 있지 않지만 그 기원에 대해서는 에3:7, 9:24에 기록되어 있다. 즉, 부림절은 제비뽑기라는 뜻의 히브리어(부르)에서 유래된 것인데, 하만 일당이 '부르' 를 통해 유다인을 말살하는 날을 12월 13일로 정했다가 오히려 그 날에 유다인에 의해 말살된 사실을 기념하는 데서 유래된 것으로 기록되어 있다.

한편 이 절기는 외경(마카비하15:36)과 요세푸스의 책에도 언급되어 있다.

부림절은 히브리력으로 마지막 달인 아달월(태양력으로는 2, 3월에 해당) 14일, 15일에 거행되던 이스라엘 축제이다. 유대사회에서 부림절은 항상 대중적 성격을 띠고, 각 지방에 따라 거행되었다. 회중은 아달월 13일에 금식했고(에스더의 절기), 14일 아침에 회당에 모여 예배를 마친 후에는 하루 종일 유쾌하게 즐겼다.

이 절기의 특색은 가난한 사람들에게 음식과 선물을 보내는 것이었다(에9:19).

아하수에로왕이 주흥이 나서 행했던 일은 무엇입니까?(에1:10-11)

아하수에로왕은 왕후가 면류관을 정제하고 자기 앞으로 나와 그녀의 미모를 하객에게 보이라고 명하였다. 그런데 왕의 이러한 명령은 주흥이 도는 자리에 여자는 나타날 수 없다는 페르시아의 일반적 관습에 어긋난 것이었다.

즉, 왕의 명령은 왕후의 체통을 깎아 내리는 것이었고 아내에게 무례함을 나타내는 명령이었던 것이다. 그러므로 왕후 와스디는 부당한 왕의 명령에 나아가지 않아 폐위되는 불행을 겪게 되고, 이후 에스더가 비가 되었으니(2:17) 하나님의 섭리는 참으로 오묘하다.

페르시아 사회에서 왕의 부름을 받지 못한 사람이 왕에게 나아가면 어떻게 되었습니까?(에4:11)

페르시아에는 왕이 금홀(金笏: 금지팡이)을 내밀지 않으면 누구든지 죽임을 당하는 것이 법으로 제정되어 있었다. 이것은 처음에는 왕의 신변보호를 위해 제정된 것이었는데 점차 왕의 권위를 신적인 위엄으로 상승시키기 위해 이 제도를 엄격히 유지했던 것이다.

18. 욥기

1) 서론

본서의 명칭은 주인공인 욥의 이름을 따서 붙인 것이다. 욥의 실재성에 대해서는 선지자 에스겔과(겔14:14-20) 야고보(약5:11)가 잘 증거 해주고 있다. 욥의 거주지인 우스땅(1:1)은 애4:21에 나타나 있는 대로 팔레스틴 동부에 실재로 위치한 땅이며 창22:21에는 이곳 지파들의 이름이 언급되어 있다. 그의 수명, 당대의 관습 등을 미루어 볼 때 욥은 족장시대 인물임에 틀림이 없다.

저자에 대해서는 본서에 어떤 단서도 나타나 있지 않기 때문에 정확히 알 수 없고, 욥, 엘리후, 모세, 헤만, 솔로몬, 예레미야라고 보는 추측만 무성하다. 기록연대도 정확히 알 수 없지만, 일단 대부분의 보수주의 학자들은 솔로몬시대로 보고 있다.

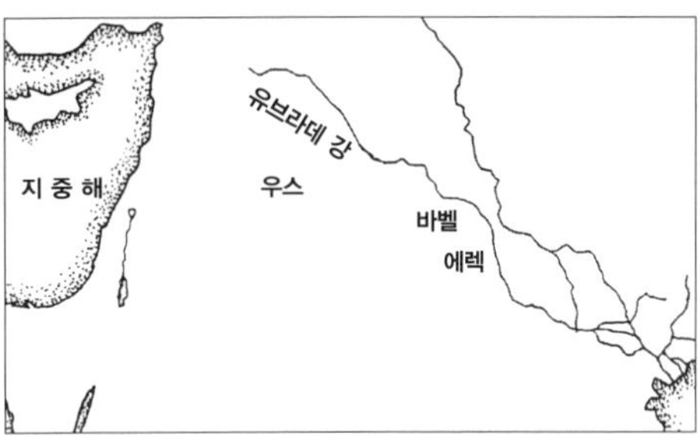

2) 문체와 사상

서론과(1-2장) 결론은(42:7-17) 산문체이나, 그 중간은 시가체로 된 히브리 문학의 최고봉이라 할 수 있다. 테니슨(Tennyson)은 고금 문예 중 최대의 시가라 하였고, 카알라일(Carlrile)은 인간의 붓으로 기록된 것 중 가장 웅대한 것이라 하였고, 루터(Luther)는 성경의 어떤 책보다 장엄하고 고상한 책이라고 격찬하였다. 단순히 문체뿐만 아니라 문화사적으로 볼 때에도 모든 이방이 권선징악, 즉 기복적 샤머니즘 정도에 머무르고 있을 당시에 이처럼 심각한 하나님 주권사상에 의거한 인간 실존의 이해를 시도했다는 점에서 본서의 가치는 실로 성경의 영감이 아닌 다른 방법으로는 설명할 수 없다 할 것이다.

3) 내용

BC 2000년경 하나님과 사람 앞에서 완전하고 의로운 사람 욥이 하나님의 축복을 받으며 행복하게 살고 있었다. 그런데 어느날 갑자기 하나님의 허락을 받은 사단의 시험으로 욥은 전 재산과 자식들을 잃고, 온 몸에 견딜 수 없는 질병까지 지닌 채 아내와 사회로부터 버림받는 절대 고통에 직면하게 된다. 그리하여 욥과 세 친구들 그리고 엘리후, 또한 최후에는 하나님까지 등장하여 이 문제에 대해 변론을 진행함으로써 듣는 자가 결국에는 진리를 깨닫게 되는 방식으로 본서는 진행된다.

본서는 크게 네 부분으로 구성되어 있다. 1,2장은 욥의 질병과 네 친구들의 방문을, 본서의 가장 중심부분인 3-31장은 욥과 세 친구들의 변론을, 32-37장은 엘리후의 변론을, 38-40장은 하나님의 직접적인 증거와 욥의 회개 및 축복 등을 기록하고 있다.

4) 영적 교훈

욥기서가 다루는 주제는, 온 세상의 주관자되신 하나님의 선하심과 전능하심을 믿는 사람들이 간혹 품게 되는 의문점에 관한 것이다. 하나님을 신실하게 섬기며 다른 사람에게 좋은 본이 되는 사람에게 재난이 닥치는 이유는 무엇인가? 반면, 하나님을 무시하고 다른 사람들을 경멸하는 악인들이 편안하게 지내는 이유는 무엇인가? 하나님이 전능하시고 공의로우시다면, 왜 의인이 고난당하고 악인이 형통하는 것을 방관한 채 계시는가? 욥기는 이와 같은 질문들에 대한 해답을 주고 있다. 한 마디로 의인이 고난당하는 것을 설명해 주고 있는 것이다.

탐 구 문 제

'하나님의 아들들' 과 '사단' 은 각각 어떤 존재들입니까?(욥1:6)

'하나님의 아들들' 이란 천사들 즉, 하나님을 섬기도록 피조된 하늘나라 존재들을 말한다(욥38:7, 창6:2, 겔10:20).

이들은 하나님의 성품을 나누어 받은 신적 존재로 생각되었고(욥38:7, 단3:25) 때때로 여호와 앞에 마치 궁전회의 참석자처럼 나타났던 것이다(왕상22:19, 슥6:5). 히브리서 기자는 구원 얻은 성도들을 위해 봉사하는 무리들이라는 의미에서 이들을 '부리는 영' 이라고 부르고 있다(히1:14).

'사단' 이라는 말의 뜻은 하나님과 하나님의 백성에 대항하는 대적자를 의미하는데(마13:27-28, 16:23), 실제 인격이며 영적인 존재이다(대상21:1, 슥3:1-2). 사단은 땅을 두루 다니면서(욥1:7) 영혼이 없는 만물을 지배할 수 있으며 더욱이 그리스도의 영이 없는 인간들에게 왕노릇하는 존재이다(엡2:2).

사단은 천년왕국에서 1000년 동안 묶인 후(계20:2) 영원한 불못에 떨어지기까지(마25:41) 악한 자유를 사용할 것이다(요14:30).

'하나님의 불' 이란 무엇을 말합니까?(욥1:16)

여기서의 '하나님의 불' 이란 번갯불 혹은 불과 유황의 소나기를 의미하는 것 같다(왕상18:38, 왕하1:12). 엘리야의 기도로 내린 불은 가나안의 기후신 바알이 아님을 강조하기 위해 '여호와의 불' 이라고 하였다. 아무튼 이 불사건은 사단의 악한 계획에서 출발한 파괴적인 일로(욥1:12), 자연적 현상에서 빚어진 일이 아니었음이 분명하다.

이처럼 사단은 자연계의 여러 현상들을 동원하여 하나님의 자녀들을 괴롭힐 수도 있으나, 이 모든 자연계마저도 하나님의 주권 안에 간직되어있는 것이다(막4:39).

욥의 세 친구들이 '하늘을 향하여 티끌을 날려 자기머리에 뿌리는 것' 은 무엇을 상징합니까?(욥2:12)

이것은 최고의 비탄을 나타내는 행위로(수7:6, 삼상4:12, 애2:10) 때로는 분노와 모멸의 몸짓이기도 했다(삼하16:13, 행22:23). 한편 그들의 이러한 동작은 하늘이 재앙의 근원이라는 그들의 신념을 반영한 행위이기도 했다. 그러므로 그들은 이 모든 재난이 욥의 허물로 말미암았다고 단정지을 수밖에 없었다(욥4:7, 20:5).

결국 그들의 행위는 욥을 위로하는 것이 아니라 욥을 정죄하기 위한 하나의 준비작업에 불과했던 것이다.

'날을 저주하는 자' 란 누구를 말합니까?(욥3:8)

날을 저주하는 자란 날들을 저주하며, 그 날들을 행복하게도 불행하게도 할 수 있는 능력을 가진 마술사를 말한다. 이 마술사는 큰 악어를 격동시키기에 익숙한 자라고도 하는데 여기서 큰 악어(리워야단)는 하나님의 원수인 것이다(사27:1).

성경에서 사자는 주로 무엇을 상징합니까?(욥4:10-11)

성경에서는 악한 자 특히 압박자들을 흔히 사자로 비유하고 있다(시7:2, 10:9 겔19:3, 나2:12, 습3:3).

'흙집'과 '티끌'은 무엇을 가리킵니까?(욥4:19)

이것은 모두 지상에 존재하는 육체들을 말한다(욥33:6, 고전 15:47). 왜냐하면 모든 육체는 흙(티끌)으로 지어졌기 때문이다(창2:7). 그리고 집이란 육체에 대한 일종의 비유이다. 이것은 또한 땅 위의 장막으로 표현되기도 하였다(고후5:1, 벧후1:14).

'가시나무 가운데 있는 것도 빼앗는다'는 말은 무슨 뜻입니까?(욥5:5)

추수한 뒤 곡식의 낟알을 가시나무 밑의 왕겨 옆에 보관하여 짐승이 먹거나 물어 가지 않도록 주의하는 것은 당시 농부들의 관습이었다(사7:19). 그런데 가시나무 가운데 있는 것도 빼앗는다는 것은 어떤 방어책을 강구할지라도 그것은 허사로 끝나버린다는 의미이다. 이와 같이 엘리바스는 범죄한 자의 형편이 극단적인 궁핍과 굶주림에 허덕이게 될 것이라고 경고하고 있는 것이다.

'밭에 돌이 너와 언약을 맺겠고'란 말은 무슨 뜻입니까?(욥5:23)

이 말은 너와 하나님의 모든 피조물 사이에 평화의 언약이 맺어질 것이며, 심지어는 '밭의 돌들'까지도 너의 발을 상하게 하지 않을 것이라는 의미이다(시91:12).

즉 하나님께서는 무감각한 돌마저 성도와 평화의 언약을 맺게 하셔서 성도들을 해치지 못하도록 할 것이라는 말이다.

'전능자의 살이 내 몸에 박혔다'는 말은 무슨 뜻입니까?(욥6:4)

이 말은 하나님께서 친히 욥에게 고난을 주셨다는 의미이다. 여기서 전능자의 살이란 일반적으로 하나님으로부터 오는 재난이나 고통을 통털어 표현하는 말이다(신32:23, 시7:13, 21:12, 45:5, 애3:13-14).

'라합을 돕는 자' 란 누구를 가리켜 한 말입니까?(욥9:13, 26:12)

히브리어(라합)은 교만, 혹은 신비스러운 바다괴물로 번역되는데 이것은 사단을 상징한다(계12:3-12). 그러므로 라합을 돕는 자란 사단에 동조하여 악의 세력을 팽창하게 하고 하나님의 뜻을 거스리는 무리들을 가리킨다(사51:9).

'마음을 정한다', '손을 든다' 라는 말은 무슨 뜻입니까?(욥11:13)

'마음을 정한다' 란 말은 예배를 위한 영적 준비로서 예배에 불필요한 모든 거리끼는 요소들을 제거하고, 흠이 없는 마음을 가지고 하나님께 나아가는 것을 의미한다(대하20:33).

'손을 든다' 란 말은 기도하는 행위를 의미하는 말로(시28:2, 63:4, 141:2, 사1:15, 애2:19) 회개하는 것을 나타낸다. 따라서 이 두 말은 하나님에 대한 예배행위를 묘사하는 것이다.

'동풍으로 그 품에 채운다' 는 말은 무슨 의미입니까?(욥15:2)

여기서 동풍이란 일종의 열풍으로 근동지방에서는 농작물에 해로운 바람이다(창41:6, 렘18:17, 겔17:10, 호13:15). 그러므로 '동풍으로 그 품에 채운다' 는 말은 마음 속이 동풍과 같이 무가치하고 해로운 것으로 어지럽다는 말이다.

머리를 흔드는 것은 무엇을 나타내는 행동입니까?(욥16:4)

머리를 흔드는 것은 상대방의 행위를 정죄할 때 사용하는 히브리적 표현 방식이다(시22:7, 사37:22, 렘18:16, 마27:39).

'나의 구속자' 란 누구를 가리킵니까?(욥19:25)

나의 구속자란 히브리어로 '고엘' 인데 이것은 살인을 당한 사람을 위해 피의 복수를 할 수 있는 가장 가까운 친척을 가리키는 말이다(삼하14:11).

또한 고엘은 죽은 친척의 소유를 사거나 저당된 것을 찾을 권리가 있고 죽은 친척의 뒤를 이을 자녀를 낳을 책임이 있는 가장 가까운 친척을 가리키기도 하며(레25:25, 룻3:9), 압박받는 자를 보호하는 자 특히 하나님을 가리키기도 한다(잠23:10-11).

그러므로 이 모든 조건을 갖춘 구속자는 사람일 수가 없다. 그 분은 바로 살아 계셔서 당신의 백성의 빚을 갚으실 뿐 아니라 보호와 구원을 허락하시는 하나님이신 것이다.

욥이 '나는 이리의 형제요 타조의 벗이로구나' 라고 말한 의미는 무엇입니까?(욥30:29)

이리와 타조는 광야에서 유리 방황하는 짐승으로서, 간혹 성경에서 슬픔을 상징하는 짐승으로 간주되고 있다(미1:8). 따라서 욥은 자신의 처지가 이제는 사회와 완전히 격리되어 버렸고, 희망과 기쁨이라고는 전혀 발견할 수 없는 상태가 되었다고 한탄하고 있는 것이다.

'손에 입맞추는' 것은 무엇을 상징하는 행위입니까?(욥31:26-27)

이 행위는 이방민족들이 행하는 우상숭배의 한 표현으로서, 우상에게 존경과 영광을 나타내기 위해 그 손에 입을 갖다 대었던 것이다(왕상19:18, 호13:2).

이것은 단순한 외적 표현이 아니라 타락한 영혼과 어리석은 마음의 상징적 표현인 것이다.

하나님께서 왜 눈과 우박을 창고에 저장해 두신다고 하셨습니까? (욥38:22-24)

하나님께서 환난 때와 전쟁과 격투의 날을 위하여 눈과 우박을 창고에 저장해 두신다고 하셨다. 눈과 우박은 전통적으로 전쟁에서 사용된 하나님의 무기였다(출9:18-29, 수10:11, 시18:12, 사30:30, 겔13:11, 계8:7).

즉 하나님께서는 이런 자연 현상을 통하여 불의한 인간을 심판하시고 그들의 어리석음을 깨우쳐 주시곤 하셨던 것이다.

욥은 고난을 통해 발전된 신앙을 어떻게 묘사하였습니까?(욥42:5)

'내가 주께 대하여 귀로 듣기만 하였삽더니 이제는 눈으로 주를 뵈옵나이다' 라고 묘사하였다. 이 말은 이제까지는 지식으로만 하나님을 알았는데, 하나님께서 스스로를 나타내신 지금에는 하나님은 진정한 힘과 위대함을 지니신, 인간이 감히 헤아릴 수 없는 하나님이심을 체험적으로 알게 되었다는 것이다.

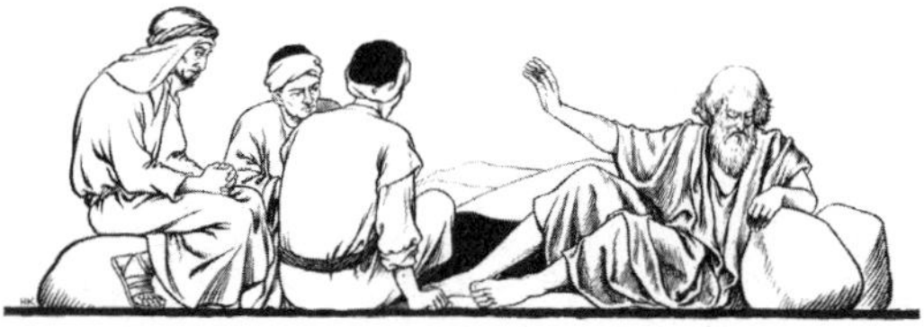

19. 시편

1) 서론

시편의 히브리 원문의 명칭은 '시(詩)들의 책' 이고, 70인역은 '수금을 치며 부르는 노래' 라고 하였다. 한글 개역 성경의 "시편"은 히브리 원문의 뜻을 반영한 이름이다. 시편은 시로서 낭송되기 위해 쓰여진 것이 아니라, 당시 히브리인들의 악기 반주에 맞춰서 부를 수 있는 노랫말로서 지어진 것이다. 150편에 달하는 시편은, 전체 회중이 노래하기 위해 지어진 것도 있으며, 성가대가 부르기 위해 지어진 것, 혼자 부르기 위해 지어진 것도 있다. 또한 시편은 하나님의 권능을 찬양하거나, 이스라엘을 구원하신 하나님의 자비로우신 보살핌을 찬양한 것도 있으며, 모함과 곤경에 빠진 성도가 하나님의 도우심을 간구하는 것이 있는가 하면, 죽음의 곤경에서 벗어난 성도가 하나님의 구원을 찬양하는 것도 있다.

한편으로 시편은 이스라엘 백성들에게 종교생활의 지침서가 되었다. 시편을 통해 하나님을 찬양하며 기도하는 원리를 배울 수 있는 것이다. 시편의 작자들로 모세(1편), 아삽(12편), 고라 자손(11편), 솔로몬(2편), 에단(1편), 무명의 작자들(15편)과 함께 다윗이 있다. "다윗의 시"로 된 것이 73편에 이르고 무표제의 34편도 70인역에는 2편 이외는 다윗의 시로 간주된다. 다윗 다음으로 중요한 작자인 아삽과 고라도 다윗왕의 악사들이었으므로 시편은 전체적으로 "다윗의 시편"으로 불리운다.

2) 집성시기

전체 5권으로 편집된 본서의 정확한 결집(結集) 시기는 분명치 않으나 그 편집 과정이 점진적이었다는 데 대해서는 이견(異見)이 없다.

1권은 다윗 사후(死後) 솔로몬에 의해, 2권은 고라 자손에 의해, 3권은 히스기야 시대에 아삽에 의해, 그리고 나머지 4, 5권은 에스라, 느헤미야에 의해 편집된 것으로 추정된다. 이렇게 하여 전권(全卷)이 에스라 시대에 모두 모아졌다. 그렇다면 시편은 최초의 저자인 모세 때(BC 1500년)부터 에스라에 이르는 1000년에 걸친 작품인 것이다.

3) 시편의 구성상 분류

총 150편의 시들이 다섯 권의 책으로 구분되어 있다. 모세의 율법이 다섯 권으로 나뉘어 있는 것과 관련이 있는 듯 하다. 그러나 이 구분은 후대에 이루어진 것이므로 절대적인 것이 못된다. 그 구분은 다음과 같다.

제1권 : 1-41편(창세기)
제2권 : 42-72편(출애굽기)
제3권 : 73-89편(레위기)
제4권 : 90-106편(민수기)
제5권 : 107-150편(신명기)

4) 시편의 유형상 분류

시편은 네 가지 유형으로 구성되어 있다. 신앙 공동체의 시, 개인적인 신앙 고백의 시, 찬양의 시, 왕의 시 등이다.

(1) 신앙공동체의 시 – 하나님 백성 전체가 그 주체가 되는 시이다.
44, 80, 74, 79, 80, 83, 85, 124, 129 등

(2) 개인적인 신앙고백의 시 – 대부분의 시들이 이 유형에 속한다.
3, 5, 6, 7, 13, 22, 25, 26, 27 …

(3) 찬양의 시 – 대부분 창조주 하나님의 위대하심과 구속의 역사를 찬미하는 것 등으로

8, 19, 29, 78, 81, 105 …

(4) 왕의 시 – 메시야를 찬양하는 시로

2, 20, 21, 45, 72, 101 …

탐 구 문 제

본서에 자주 언급되는 '셀라' 라는 말의 뜻은 무엇입니까?

'들어올리다' 란 뜻을 가진 히브리어 '살랄' 에서 파생된 단어로서 '높임' 혹은 '중지' 의 뜻을 가진 것으로 본다. 이러한 의미에서 셀라는 노래를 부를 때 음성을 높이 올리라는 음악적 지시어라고 볼 수 있다. 또한 반주가 있을 경우 간주곡이나 후주곡에서 기악의 소리를 높여서 노래의 흐름을 나타내기도 하였는데 이 때 노래는 잠시 중지하여 쉬게 되는 것이다.

이 말은 시의 한 연이 끝날 때 나타나는데(시46:7), 시편에서 39개의 시에 71번 나타나고 하박국에서도 3번 나온다. 셀라는 언제든지 ( )를 쳐 두었는데 읽을 때는 생략한다.

다윗 당시는 솔로몬의 성전이 건축되기 전인데, 다윗이 '주의 집' 혹은 '성전' 을 말하고 있는 까닭은 무엇입니까?(시5:7)

다윗이 주의 집 혹은 성전이라고 부른 것은 솔로몬의 성전을 가리키는 말이 아니라 다윗 당시 시온에 설치했던 '여호와의 장막' 을 가리키는 표현이다.

성경의 다른 부분을 보면 성전이 건축되기 전에도 장막을 성전이라고 부르고 있다(삼상1:9, 3:3, 삼하12:20). 이처럼 구약시대에도 성전은 어떤 건물 자체를 가리키기보다는 하나님이 임재하시는 장소를 의미했다(창28:17).

신약시대에는 성도의 몸이 곧 성전이다(고전 6:19).

다윗의 원수들이 '자기 기름에 잠겼다'는 것은 무슨 뜻입니까?
(시17:10)

여기서 기름은 마치 비계덩어리로 꽉 차서 뚱뚱하게 된 사람처럼 악인들을 채우고 있는 교만을 가리킨다. 따라서 다윗의 원수들이 기름에 잠겼다는 것은 그들의 마음이 교만으로 꽉 차서 육체적인 탐심만을 추구하며 악을 행하고 있었다는 뜻이다(시73:7, 119:70, 욥15:27).

'무죄하므로 손을 씻고 주의 단에 두루 다닌다'는 말은 무슨 뜻입니까?(시26:6)

이 말은 제사를 집행하는 제사장이 무죄의 표시로서 그의 손을 씻고 제단에 나아갔던 사실을 염두에 두고 한 말이다(출30:19). 따라서 '손을 씻는다'는 말은 단지 다윗 자신이 영적으로 순결하고 무죄하다는 사실을 고백하는 은유적 표현이고, '주의 단에 두루 다닌다'는 말은 제사에 종사하면서 제단 주위로 다니는 것을 가리키는 말로 예배드리는 행위를 상징하는 것이다.

하나님께서 '내 얼굴을 찾으라'고 하신 말의 의미는 무엇입니까?
(시27:8)

여기서의 '얼굴'은 하나님의 모습을 가리키지 않고(출33:20) 다만 하나님의 자비롭고 은혜로우신 성품을 의인화하여 나타낸 것이다(시30:7, 67:1, 대하6:42).

따라서, 이 명령은 하나님의 형상과 실체를 발견하기 위해 노력하라는 의미가 아니라 하나님의 은혜와 사랑을 간구하라는 의미이다.

시인은 왜 여호와의 소리를 '뇌성' 으로 비유하였습니까?(시29:3)

그것은 하나님께서 자주 우뢰로 말씀하셨고(출19:16, 신5:22), 우뢰로 이스라엘 대적들을 심판하셨기 때문이다(출9:22-34, 삼상7:10).

'여호와께서 레바논 백향목을 꺾어 부수시도다' 라는 말의 의미는 무엇입니까?(시29:5)

레바논의 백향목은 성경에서 여러 가지 상징적 의미로 사용되었다. 즉, 이스라엘의 영광(시80:10, 민24:6), 그리스도의 영광(겔17:22-23), 의인의 번영(시92:12), 강대한 나라(암2:9), 교만한 자(사2:13)등을 의미하였다. 여기서는 하나님 안에서 교만한 사람이나 나라를 풍유적으로 지칭하여 사용되었다(사2:13, 암2:9).

따라서 '여호와께서 레바논 백향목을 꺾어 부수신다' 는 말은 하나님께서 레바논의 백향목을 꺾어 부수시듯 그 교만을 꺾으신다는 의미이다.

'하나님께서 바닷물을 모아 무더기같이 쌓으셨다' 는 말은 무슨 의미입니까?(시33:7)

본절이 무엇을 의미하는지 분명치는 않다.

본절의 의미는 시78:13에서와 같이 홍해의 이적을 노래하는 것으로 볼 수도 있고, 가나안 입성시 요단강물이 끊어져 무더기같이 쌓였던 사건을 의미할 수도 있다(수3:13-17). 또한 하나님이 궁창을 만드신 사건과 연관하여(창1:7) 바닷물이 증발하여 대기권으로 올라가 수증기 상태로 모여 있는 것을 의미할 수도 있다.

아무튼 그 의미를 여러 가지로 생각해 볼 수 있지만 분명한 사실은 본절이 하나님의 천지창조사역의 기묘함을 잘 드러내고 있다는 점이다.

'마음이 상한 자' 란 어떠한 사람을 가리킵니까?(시34:18)

자신만을 신뢰하던 교만함과 자신만을 위하던 이기심이 깨어진 자를 가리킨다.

이러한 심령의 변화는 대개 극심한 환난을 겪은 결과 일어나게 되는데 이 때 하나님은 저들의 통회함을 들으시고 구원의 은총을 베풀어주시는 것이다.

다윗은 하나님이 구하시는 제사는 상한 심령이라고 언급하였고(시51:17), 예수님도 심령이 가난한 자는 복이 있다고 언급하셨다(마5:3).

'내 모든 뼈' 는 무엇을 의미합니까?(시35:10)

인간의 전인격을 의미한다. 다윗은 이와 동일한 의미로 '영혼' 이란 말을 사용하기도 했다(시35:9).

뼈는 겉으로 드러나지 않지만 온몸의 버팀대 역할을 하듯, 영혼도 눈에 보이지는 않지만 전인격을 통제하는 중요한 역할을 한다.

따라서 '내 모든 뼈가 여호와를 찬양한다' 는 것은 나의 전인격이 여호와를 찬양한다는 말이 된다. 한편 '나의 뼈가 떨린다' 는 말도 나오는데(시6:2, 렘23:9) 이 말은 나의 몸 즉 나의 마음이 떨린다는 말이다. 아담이 하와에게 "이는 내 뼈 중의 뼈요"라고 말한 것은 뼈가 곧 사람의 인격을 의미한다는 것을 생각해 볼 때 재미있는 구절이다.

'상아궁' 은 무엇을 상징하는 곳입니까?(시45:8)

상아궁은 영원한 기쁨이 내재해 있는 천국을 상징하는 곳이다(왕상22:39,암3:15).

'새벽에 하나님이 도우시리로다' 라는 말은 무슨 뜻입니까?(시46:5)

어둠이 걷히고 자유와 기쁨이 도래하는 것을 의미하는 '새벽' 에 하나님이 도우신다는 말은 생각지도 못한 때에 혹은 매우 적절한 때에 하나님께서 도와주신다는 말이다(왕하19:35).

야곱의 하나님이란 말은 무엇을 의미하는 말입니까?(시46:7)

그것은 하나님은 역사 속에 거하시는 언약의 신이라는 사실을 나타내는 말이다(마22:32).

즉 하나님은 역사적으로 실재하시는 분으로, 이스라엘 족장들과 언약을 맺으시고 그 후손들을 친히 돌보고 계시는 신실하신 하나님을 뜻하는 것이다.

'하나님의 성' 과 '거룩한 산' 은 각각 어디를 가리키는 말입니까? (시48:1)

'하나님의 성' 은 예루살렘을 가리킨다. 왜냐하면 하나님께서는 이 곳을 "나의 영원히 쉴 곳"(시132:14)이라고 말씀하셨기 때문이다. 따라서 예수님께서는 하나님이 임재해 계신다는 의미에서 예루살렘으로 맹세하는 것은 매우 불경스러운 일이라고 경고하셨던 것이다(마5:35).

'거룩한 산' 이란 시온산을 가리킨다(시2:6). 왜냐하면 이 산에 하나님의 성전이 있었기 때문이다. 그러므로 하나님의 성과 거룩한 산이란 영적으로 모두 하나님이 거하시는 거룩한 곳으로, 결국 장차 완성될 하나님의 나라를 예표하는 것이다(갈4:26, 히12:22).

'다시스의 배' 란 무엇을 상징하는 말입니까?(시48:7)

다시스의 배는 본래 다시스로 항해하기 위해 건조되었던 배를 의미했다. 하지만 후에 배의 종류나 크기를 나타내는 데 사용되어(왕상22:48, 사2:16), 크고 튼튼하여 장기 원양 항해에 적합한 배를 가리키게 되었다(왕상10:22, 대하9:21). 결국 이 말은 어떠한 세력 앞에서도 견디어 내는 막강한 힘을 상징하는 것으로, 시인은 다시스의 배와 같이 강력한 힘을 가진 적대자들이라도 하나님의 주권 안에서 지배됨을 묘사하고 있는 것이다.

'내가 죄악 중에 출생하였음이여' 라는 말은 무슨 뜻입니까?(시51:5)

이 말은 어머니가 불륜으로 자기를 잉태했다는 말이 아니라 잉태가 된 때부터 죄악된 본성을 지녔다는 의미이다. 즉 이 말은 아담 이후에 이어져 온 본성적 죄악이 인간에게 있음을 밝혀주는 것이다(시58:3, 욥14;4, 사43:27, 호6:7).

그리스도는 멜기세덱의 반차를 좇아 무엇이 되셨습니까?(시110:4)

그리스도는 영원한 제사장이 되셨다. 그러므로 그 분의 제사장직은 파기될 수 없다.

그리스도는 아론이 아니라 멜기세덱의 반열에 선 제사장이었다. 멜기세덱은 아론보다 앞선 제사장이며 '그 보좌에 앉은 제사장' (슥6:13)이었으며, 의의 왕이요, 평화의 왕이었다.

멜기세덱의 반열을 좇은 그리스도도 역시 그와 같은 분이셨다(히7장).

영원한 제사장이셨던 그리스도는 친히 제물이 되셔서 우리를 죄와 사망의 길에서 구원하셨던 것이다.

'건축자의 버린 돌이 집 모퉁이의 머릿돌이 되었다' 는 말의 의미는 무엇입니까?(시118:22)

모퉁이의 머릿돌이란 본래 돌로 된 건축물의 모퉁이 제일 윗 부분에 놓여진 돌을 의미하였던 것 같다. 따라서 다윗은 사울과 그 신하들에 의해 버림받은 돌처럼 되었지만 하나님의 놀라운 섭리에 의해 모퉁이의 머릿돌처럼 귀히 쓰이게 되었다는 것이다.

신약시대에 와서 예수 그리스도께서는 이 말을 유대인들로부터 배척 당하는 자신을 지칭하는 용어로 사용하셨다(마21:42-44). 유대인들은 그를 약속된 돌(단2:34), 즉 약속된 메시야로 고백하길 거부하고 그를 믿으려 하지도 않았다. 가장 필요한 머릿돌(벧전2:7)을 버렸던 것이다.

‘여자같은 멸망할 바벨론’ 이라는 말은 무슨 의미입니까?(시137:8)

시인이 바벨론을 가리켜 ‘여자같은’ 이라고 한 것은 히브리 저자들이 국가를 언급할 때 흔히 여성화했던 일반적 특성에 따른 것이다(사47:1, ‘처녀딸 바벨론’). 여자같은 바벨론은 실제로 바벨론 왕국을 가리킴과 동시에 장차 그리스도께서 재림하실 때 멸망받을 짐승과 그 추종자들을 상징하는데(계14:8), 요한계시록에는 바벨론이 음녀로 묘사되어 있다(계17:5).

한편 ‘멸망할’ 이라는 미래적 표현을 사용한 것은 지금은 바벨론이 부와 번영을 구가하고 있지만 시인의 눈에는 곧 멸망할 수밖에 없는 국가로 비쳐졌기 때문인데, 결국 메데바사왕 고레스에 의해 바벨론은 멸망당하게 된다.

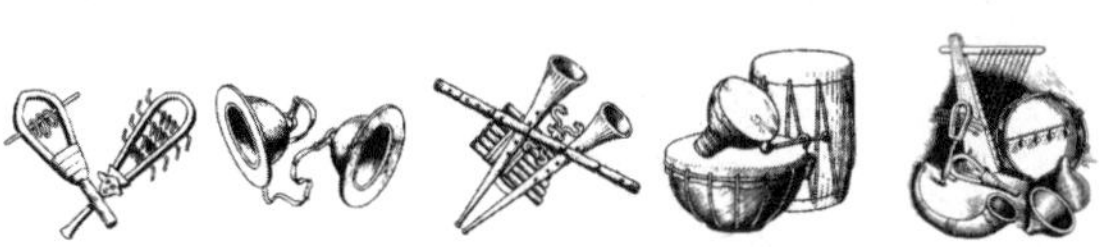

20. 잠언

1) 서론

이 책의 명칭은 히브리어 원전이나 헬라역이나 다 같이 '솔로몬의 잠언들' 이라고 하였다. 대부분의 잠언들은 솔로몬이 말했기 때문에 그 이름을 따서 책명을 정한 것이다. 영어성경이나 우리나라 성경은 "잠언"이라고 하였다. 잠언이란 속담보다는 넓은 의미를 갖는 것으로, 인간행위에 대한 진리들을 짧고 간결하게 표현한 것이다. 잠언의 대부분이 솔로몬의 잠언이고(1:1, 10:1, 25:1), 여기에 아굴(30:1)과 르므엘(31:1)의 잠언이 첨가되었다. 전체적으로 볼 때, 솔로몬이 3000잠언을 말했다고 하므로(왕상4:32) 책의 명칭은 '솔로몬의 잠언' 이라는 것이 자연스럽다(본서에 357개 수록).

편집연대는 솔로몬의 재위기간이 BC 971-931년인 점을 고려할 때 BC 10세기에 기록되었고, 히스기야의 재위시대(25:1)(BC 715-686)에 걸쳐 편찬한 것을 고려할 때 편찬 시기는 대략 BC 950-700년으로 추정한다.

2) 기록 목적

이 책을 기록한 목적은 서두에 나와 있듯이(1:2-6) (1) '지혜와 훈계를 알게 하며' (2) '명철의 말씀을 깨닫게 하며' (3) '지혜롭게 · 의롭게 · 공평하게 · 정직하게 행할 일에 대하여 훈계를 받게 하며' (4) '어리석은 자로 슬기롭게 하며 젊은 자에게 지식과 근신함을 주기' 위한 것이며 (5) '잠언과 비유와 지혜있는 자의 말과 그 오묘한 말을 깨닫도록 하기' 위한 것이다. 다시 말해서 독자로 하여금 지혜로운 삶을 영위하도록 이끄는 것이 목적이다.

그렇다고 세속적인 처세철언이 아니라, "여호와를 경외하는 것이 지식의 근본이라"(1:7)는 본서의 주제가 말해주듯이 여호와를 공경하는 신앙과 모세율법에 입각하여 하나님의 선민의 생활지침으로 주어진 교훈인 것이다.

3) 내용

잠언에서 다루는 내용은 아주 다양하다. 지혜와 어리석음 · 의로움과 사악함 · 삶과 죽음 · 지식과 무지 · 근면과 나태 · 질서와 무질서 · 성공과 실패 · 자제와 분노 · 신실함과 신실하지 못함 · 복종과 반항 · 정직과 사기 · 정의와 불의 · 진리와 거짓 · 존귀와 치욕 · 칭찬과 비난 · 교만과 겸손 · 깨끗함과 더러움 · 격리와 비방 · 화평과 다툼 · 사랑과 미움 · 인자와 잔인 · 관용과 탐욕 · 기쁨과 슬픔 · 부와 빈곤 · 좋은 친구와 나쁜 친구 등 인간생활 전 영역에 걸쳐서 다양한 교훈을 하고 있다.

뿐만 아니라 전달하는 방법도 다양하다. 때로는 아비가 자식을 훈계하는 듯이 엄격하게, 때로는 어미가 사랑하는 자식을 애정 어린 손길로 감싸듯이 부드럽게, 때로는 스승이 제자들에게 타이르듯이 친절하고 다정하게 교훈을 전달하고 있는 것이다. 그렇다고 해서 본서가 서로 무관한 여러 주제들을 무질서하게 엮어 놓은 책은 아니다. 비록 상당히 많은 경우에 있어 각각 독립된 단편의 교훈들이 다양한 어조로 전달되고 있지만, 그 중심 메시지는 두 가지로 분명하게 구분된다. 즉, '하나님과의 관계는 어떠해야 하는가?' 와 '다른 사람들과의 관계는 어떠해야 하는가?' 라는 것으로 집약되어 있다.

탐 구 문 제

눈짓하는 자는 어떤 자들을 가리킵니까?(잠10:10)

눈짓하는 자란 간계와 공모로 악을 꾸미되 은밀히 작당하는 자를 말한다(잠6:13).

'의인이 환난에서 구원을 얻고 악인은 와서 그를 대신하여 형벌을 받는다' 고 했는데 그 대표적인 예를 성경에서 찾아보세요.(잠11:8)

다니엘을 모함하던 자들이 다니엘 대신에 사자굴에 던져져 사자밥이 된 경우와(단6:24), 하만이 모르드개를 대신하여 장대에 달려 죽임을 당한 경우가 있다(에7:10).

'의인에게는 아무 재앙도 임하지 아니한다' 는 말은 무슨 뜻입니까?(잠12:21)

이 말은 의인에게 재앙이 전혀 없다는 말이 아니고 범죄에 따라오는 악한 결과들인 재앙이 없다는 뜻이다(잠22:8). 이러한 재앙은 하나님의 사랑과 보호 때문에 의인에게는 없게 되는 것이며, 환난조차도 의인에게는 유익이 되는 것이다.

여호와께서는 누구의 지계를 정하신다고 했습니까?(잠15:25)

여호와께서는 과부의 지계를 정하신다. 이 말은 여호와께서는 가난하여 압제당하기 쉬운 자들의 재산을 돌보심을 나타낸다.

지계표(혹은 지계석)는 고대 근동지방에서 전답이나 행정구역, 국경을 표시하기 위해 세웠던 것이다(창31:51). 가산이 지계표로 정해지는 이스라엘에서는 지계표를 아주 치워버리거나 그 위치를 바꾸어, 가난한 자를 속이고 압제하는 경우가 흔하게 발생할 수 있었다. 그래서 하나님은 율법에서 지계석을 옮기는 것을 금지하셨던 것이다(신 19:14, 27:17).

미련한 자는 지혜를 찾는다면서 눈을 '땅 끝에 둔다' 고 했는데 이말의 의미는 무엇입니까?(잠17:24)

'눈을 땅 끝에 둔다' 는 말은 눈의 초점이 없이 수많은 사물에 마음을 두는 미련한 자의 허영심과 탐욕에 이끌린 비참한 상태를 말한다. 결국 미련한 자는 지혜를 얻지 못하고 헛고생만 하게 되는 것이다.

'다투는 아내는 이어 떨어지는 물방울이다' 라는 말은 무슨 뜻입니까?(잠19:13, 27:15)

팔레스틴땅의 집지붕들은 편편하고, 진흙 혹은 회를 반죽하여 덮은 것이기에 비가 많이 올 때는 물이 새는 일이 흔하였다. '이어 떨어지는 물방울' 은 바로 지붕에서 빗물이 새는 상황을 묘사하는 말인 것이다.

뿐만 아니라 물방울이 계속 떨어지면 큰돌이라도 구멍을 뚫게 되는 것처럼 가정을 파괴하게 된다는 뜻이기도 하다.

'네 일을 밖에서 다스리며 밭에서 예비하고 그 후에 네 집을 세울지니라' 는 말은 어떠한 뜻입니까?(잠24:27)

이 말은 네 집을 세우기 전에 충분한 재력을 미리 마련해 놓으라는 것이다.

사실 당시의 신랑은 신부를 그 친척들로부터 사기 위해 상당한 선물을 마련해야 했다(창34:12, 출22:16). 따라서 결혼을 준비하는 자는 먼저 재물을 준비해야 했던 것이다.

지혜자는 '경우에 합당한 말' 은 무엇과 같다고 했습니까?(잠25:11)

경우에 합당한 말은 아로새긴 은쟁반에 금사과라고 했다. 즉, 아름다운 그릇에 황금빛깔의 좋은 천연사과(오렌지, 레몬 혹은 살구로 보는 이도 있음)가 있는 것과 같이 아름답다고 이야기하고 있는 것이다.

묵시가 없다는 말은 무슨 뜻입니까?(잠29:18)

이 말은 율법을 설명할 만한 레위인이나 제사장이 없고 여호와께 대한 선한 지식을 선포할 선지자가 없어서 여호와의 말씀이 희소하게 되었다는 뜻이다(삼상3:1).

나는 다른 사람에게 비하면 짐승이라는 말은 어떤 뜻입니까?(잠30:2)

이 말은 '나는 너무나 우둔하여 이성이 없는 짐승과 같다' 는 말이다. 아굴이 세상 사람에 비해 상대적으로 무식하다는 말이 아니라 '주의 앞에 짐승이라' 는 시편기자의 고백처럼(시73:22) 하나님 앞에서 무지하다는 말이다.

족한 줄 모르고 탐욕을 부리는 네 가지에는 어떠한 것들이 있습니까?(잠30:16)

음부는 계속해서 죽은 자를 받아들이고, 아이 배지 못하는 태는 항상 잉태하기를 원하고(창30:1), 땅은 물을 붓는 대로 다 스며들게 하고, 불은 연료를 공급해주어도 더 많은 연료를 요구한다는 점에서 족한 줄 모르고 탐욕을 부리는 것들인 것이다.

'홍색옷' 은 무엇을 가리킵니까?(잠31:21)

홍색옷은 추위에 몸을 따뜻하게 할 수 있는 옷을 가리킨다. 그러므로 현숙한 여인은 눈이 와도 가족 때문에 염려하지 않는 것이다.

21. 전도서

1) 서론

전도서의 히브리어 제목은 코헬레트인데 이것은 1:2, 12:8에 나오는 전도자라는 말에서 유래된 말로 '사람이 모인 곳에서 말하거나 전달하는 사람', '설교자', '전파자'라는 뜻을 가지고 있다. 개역 성경의 '전도서'는 위의 낱말을 넓은 의미로 번역한 말이다. 본서의 저자는 본서 1:1이 밝혀주듯이 '다윗의 아들, 예루살렘의 왕, 전도자'이다. 이 요건을 충족시켜 주는 인물은 솔로몬외에 다른 사람을 찾을 수 없다. 그러므로 저자는 솔로몬이 확실하다. 따라서 기록연대는 BC 935년경으로 추정한다. 전도서는 구약성경 가운데 가장 난해한 책이다. 히브리인들이 이 책의 해석과 정경성 문제로 치열한 논쟁을 벌인 기록이 있다.

2) 기록 목적

솔로몬은 바라던 모든 재물을 소유했고 원하던 모든 쾌락을 맛보았으며, 하고픈 모든 일을 다 성취했던 사람이다. 인간의 극한 영화를 다 누려본 솔로몬은 말년에 가서 자신의 체험을 통해 세속적인 목표나 동기를 가지고 인생을 추구해 갈 때 진정한 즐거움과 의미를 찾을 길이 없고, 오직 절망과 공허만이 남는다는 것을 역설하고, 인생의 최고의 목적과 행복은 하나님을 경외하고 순종하는 데 있다는 것을 권고하고 있는 것이다.

3) 내용

본서는 크게 3부분으로 나뉘어져 있다. 1-2장까지는 인생이 허무하다는 전제를 세우고 인생이 누리는 향락이 허무하고 인생의 지혜가 허무한 것을 말하고 있으며, 3-6장까지는 인간사가 아주 허무한 것을 구체적인 사실을 들어 증거하고 있다. 즉, 인생의 종국은 죽음이요 따라서 수고도 헛되고 재물도 번뇌만 더하는 것뿐이라고 역설하고 있다. 7-12장은 인생의 참다운 행복을 찾기 위하여 하나님을 경외할 것을 권고하고 있다.

탐 구 문 제

'해 아래서'는 무엇을 가리키는 말입니까?(전1:3)

이 말은 죄로 물든 이 세상을 가리킨다(전1:9, 2:11).

이와 비슷한 표현으로 '하늘 아래'(전1:13, 눅17:24)와 '세상에서'(잠8:14, 창9:13)라는 말이 성경에서 사용되고 있다.

전도자는 사람에게 가장 좋은 것은 무엇이라고 하였습니까?(전2: 24)

그것은 '먹고 마시며 수고하는 가운데서 심령으로 낙을 누리게 하는 것'이라고 하였다.

'먹고 마시며'라는 말은 히브리 사상에서는 세상의 부귀(렘22:15)나 하나님 나라에서의 잔치(눅14:15, 계19:9)를 의미하는데, 여기서는 육체적 쾌락이 아닌 안락하고 풍요로운 생활을 영위하는 상태를 의미한다.

'심령으로 낙을 누린다'는 말은 자기 수고의 즐거움을 맛보며 자기 노력의 보상으로 즐거움을 누리는 것을 말한다. 결국 전도자가 언급한, 사람에게 가장 좋은 것은 풍요한 생활을 즐기며 자기수고의 대가를 충분히 받는 이상적인 세계인데, 이것도 하나님에게서 나온다고 하였다.

'돌을 던져버릴 때가 있고 돌을 거둘 때가 있으며' 라는 말은 무슨 뜻입니까?(전3:5)

'돌을 던져버릴 때' 는 평화로운 시대를 맞아 요새가 불필요하게 되어 그것을 철거하면서 생긴 돌을 던지게 되는 때를 말한다. '돌을 거둘 때' 는 적들의 침입으로 성을 쌓기 위해 돌을 거두는 때를 말한다. 따라서 이 말은 나라의 부흥과 패망, 전쟁에서의 승리와 패전을 나타내는 것으로, 이 모두가 다 하나님의 주관 안에 있다는 것이다.

찢을 때와 꿰맬 때는 각각 언제를 말합니까?(전3:7)

'찢을 때' 란 슬픈 일을 당하여 그 슬픔의 감정을 표현할 때를 가리키고(창37:29, 욥1:20), '꿰맬 때' 는 슬픈 일이 지나 일상생활로 돌아와 찢었던 옷을 꿰매어 입는 때를 가리킨다.

한편 옷을 찢는다는 것은 이스라엘 왕국의 분열에 대한 상징적 표현이기도 하다(왕상11:30-31).

'우매자는 손을 거두고 자기 살을 먹는다' 는 격언은 무슨 뜻입니까?
(전4:5)

이 말은 '좀더 자자, 좀더 졸자, 손을 모으고 좀더 눕자 하면 네 빈궁이 강도같이 오며' (잠6:10-11)라는 말씀과 동일한 격언이다.

손을 거두고는 누워 잠자는 자의 모습을 나타내는 표현이며 '자기 살을 먹는다' 는 것은 힘을 소모하고 좋은 기회를 탕진하여 자신의 파멸을 자초한다는 의미인 것이다(민12:12, 시27:2, 사49:26, 미3:3). 결국 전도자는 우매자와 게으른 자를 동일하게 취급하고 그들의 결국은 자멸임을 강조하였던 것이다.

'네 발을 삼갈지어다' 라는 말은 무슨 뜻입니까?(전5:1)

이 말은 '행동을 조심하라' '네가 행하고 있는 바와 가고 있는 곳을 기억하라' 는 말이다(시119:59, 잠1:15, 4:26-27).

이 말은 성소에 들어가기 전에 발을 씻는 결례(출30:18-19)나 경외와 순종의 상징이 되는 것으로 거룩한 집에 들어갈 때에 신발을 벗는 습관에 대한 암시이기도 하다(출3:5, 수5:15). 그러므로 이 표현은 단순한 일상생활로부터 도덕적, 종교적 생활로 옮겨질 때의 태도를 말하는 것이라고 할 수 있다.

'네 입으로 네 육체를 범죄케 말라' 는 말은 무슨 뜻입니까?(전5:6-7)

이 말은 네 입으로 너의 전인격을 죄로 물들게 하지 말라는 말이다. 즉 이 말은 사사 입다(삿11:30)나 초대왕 사울(삼상14:24)처럼 경솔한 서원을 하여 끝내 인격적인 손상을 당하지 않게 하라는 의미이다.

'그 몸이 매장되지 못한다' 는 사실은 이스라엘 사회에서는 무엇을 의미합니까?(전6:3)

그 몸이 매장되지 못한다는 것은 이스라엘 사회에서는 가장 큰 불행이며 불명예스러운 것으로 간주되었다(사14:19, 20, 렘22:19). 반면에 시체를 장중하게 장사하여 열조의 무덤에 안치한다는 것은 고인이 경건하고 복된 삶을 살았음을 인정하는 후손들의 자발적인 사랑의 행위였던 것이다(왕상13:22, 사14:18-20).

전도자는 악인의 최후가 어떠하다고 이야기합니까?(전8:13)

잘 되지 못하며 장수하지 못하고 그 날이 그림자와 같다고 말했다.

여기에서 '장수' 는 악행 중의 악인의 장수(전7:15)가 뜻하는 바와는 달리 하나님께서 의인들에게 축복으로 주시는 진정한 의미의 장수를 가리킨다(출20:12, 왕상3:14, 욥5:26, 시91:16, 잠3:2, 사65:22, 슥8:4).

'그 날이 그림자와 같다' 는 것은 인간의 생명이 마치 해가 지면 없어져 버리는 그림자와 같다는 의미로(전6:12) 해 아래 살고 있는 인간의 운명을 잘 나타내 주고 있다. 한편 인생을 그림자나 안개에 비유하는 것은 성경의 보편적 표현법이다(대상29:15, 시102:11, 약4:14).

'지혜자의 마음은 오른편에 있고 우매자의 마음은 왼편에 있느니라' 는 말은 무슨 뜻입니까?(전10:2)

오른편은 능력 또는 정의를 의미하며, 왼편은 무능력 또는 불의를 의미한다(마25:31-46).

따라서 지혜자의 마음과 지식은 그를 바른 길로 인도하지만 우매자의 마음은 그를 그릇 인도한다고 할 수 있다(시16:11).

'네 식물을 물위에 던지라' 는 말은 무슨 뜻입니까?(전11:1)

이 말은 항구 도시의 곡식 무역 풍습에서 유래된 비유적 표현으로 거의 모험에 가까운 사업을 벌이는 것을 가리킨다(시107:23, 잠31:14).

그러나 여기서는 물에다 버리듯이 보상을 기대하지 말고 기쁜 마음으로 구제하라는 의미이다(마6:2-4, 눅6:32-35).

전도자는 인간의 육체가 쇠약해짐을 어떻게 표현하였습니까?(전12:3-5)

비 유	의 미
집 지키는 자들이 떨 것이며	팔과 손에 힘이 바쳐 떠는 것
힘 있는 자들이 구부러질 것이며	다리가 허약해져 몸을 지탱할 힘이 없게 됨
맷돌질하는 자들이 적어 그침	치아의 기능이 제대로 발휘되지 못함
창들로 내어다 보는 자가 어두워짐	시력이 약해져 옳게 분별하지 못함 (신34:7)
길거리 문들이 닫혀질 것이며	청각이 쇠퇴해짐
새의 소리를 인하여 일어날 것이며	신경이 예민해져 깊이 잠이 들지 못함
음악하는 여자들은 다 쇠하여질것	발성기관이 약해져 힘차게 노래하지 못함
살구나무꽃이 필 것이며	백발이 된 모습

22. 아가 (雅歌)

1) 서론

본서의 히브리어 명칭은 '노래들 중의 노래' 이고, 칠십인 역이나 라틴역 벌게이트(Vulgate)의 명칭은 모두 이를 따랐다. 흠정역 성경은 '솔로몬의 아가' (Song of Solomon)라 하여 저자의 이름을 밝혀 책명을 삼았다. 우리 한글 개역 성경의 제목은 아가(雅歌)라 하였고 그 뜻은 아름다운 노래라는 의미이다. 저자는 솔로몬으로 보는데 그 이유는 1:1이 책의 저자가 솔로몬인 것을 밝혀주고 있을 뿐만 아니라 본서에 솔로몬이란 이름이 일곱번(1:5, 3:7, 9, 11, 8:11, 12)이나 언급되고 있기 때문이다. 저작연대는 솔로몬의 통치시대(BC 971-931) 중에 기록한 것은 사실인데, 이 책의 배경이 되는 팔레스틴 북부의 아름다운 전원(4:8), 왕비와 비빈의 수효(6:8), 왕의 순수한 애정(6:9) 등에 대한 묘사는 솔로몬왕의 초기시대를 말하므로 일반적으로 BC971-960년으로 추정한다.

2) 본서의 내용

술람미 소녀를 향한 솔로몬 왕의 사랑을 대화 형식의 서정시로 표현하였다. BC 960년경에 번영을 누리기 시작하던 솔로몬 왕이 변장해서 지방을 순시하던 중에 포도원에 일하는 술람미 여인을 보고 자기의 진솔한 사랑을 고백하고 그를 권유하여 마침내 신부로 맞게 된다.

3) 본서의 해석 방법

본서의 해석방법은 여러 가지이나 두 가지로 요약할 수 있다. 첫째로 유대교의 전통적 해석 방법인 우화적 해석법을 취하는 견해가 있다. 이 견해는 본서의 내용을 순전히 우화로 보아 하나님과 이스라엘의 관계를 표시한다고 보나, 대체로 거부된다. 유대인의 전통적인 해석이라 볼 수 있는 미쉬나, 탈무드, 탈굼은 아가서를 하나의 풍유(諷諭), 즉 역사성이 없는 알레고리(Allegory)로 보아, 그 내용은 이스라엘의 역사에서 나타난 그의 택한 백성에 대한 하나님의 사랑을 순전한 비유로 나타낸 것으로 본다. 그들은 아가서 전체를 출애굽에서 메시야를 맞을 때까지의 역사를 비유한 것으로 본다.

둘째로 실제사건으로 보는 견해가 있는데, 여기에서도 둘로 나뉘어진다. 하나는 등장 인물을 2인으로 보아, 아가서를 솔로몬왕과 술람미 여인과의 사랑담으로 본다. 다른 하나는 술람미 여인의 전 애인 목동을 끼워 등장인물을 3인으로 본다. 즉, 솔로몬은 여인을 궁으로 데려오고, 온갖 방법으로 그녀의 사랑을 차지하려고 하나 실패하고, 그녀는 옛 애인에게로 돌아간다는 것이다. 만약 여기서 후자를 따르자면 솔로몬은 순결한 여자를 유혹하는 극단의 인물로 표현되어 본서의 정경적 위치가 부정된다. 따라서 본서가 영감된 하나님의 말씀을 전제할 때, 3인극이론(목자설)은 배격되어야 한다. 본서의 주인공은 2명이고 예루살렘의 딸들은 그 보조격인 것이다.

4) 영적 교훈

본서는 남녀의 사랑이 지나치도록 솔직하게 묘사되었다는 비난을 받기도 하였고, 구약시대 유대인은 30세가 될 때까지 본서를 읽지 못하도록 하였다. 이는 본서의 영적 의미를 제대로 이해하지 못한 데서 나오는 오해이다. 사실 신·구약 성경 곳곳에서 그리스도는 신랑으로 묘사되며, 교회는 신랑을 맞이하는 신부로 묘사되어 있는 것을 자주 찾아볼 수 있다. 따라서 본서에 나오는 솔로몬과 술람미 여인의 사랑도 그저 일반적인 남녀 관계를 의미하는 것이 아니라, 신랑된 그리스도와 신부된 교회의 연합을 암시한다 하겠다. 그러기에 본서가 성경에 포함되어 우리에게 아름다운 사랑의 진리를 전해주고 있는 것이다.

탐 구 문 제

신랑이 신부를 '잠근 동산이요, 덮은 우물이요, 봉한 샘' 이라고 비유한 의미는 무엇입니까?(아4:12)

'잠근, 덮은, 봉한' 이라고 한 것은 타인이 아닌 그 소유주에게만 공개된다는 것을 의미한다. 술람미 여인은 자신의 숨은 아름다움을 자신의 동산, 솔로몬의 동산이라고 하였고(아4:16), 잠언 기자는 아내를 누구에게도 공개할 수 없는 샘으로 표현하였다(잠5:15-18).

아무튼 이러한 사실은 전적으로 신부의 순결성을 가리킨다.

신랑은 신부를 어떻게 불렀습니까?(아5:2)

신랑은 신부를 나의 누이, 나의 사랑, 나의 비둘기, 나의 완전한 자라고 불렀다.

나의 누이라 함은 신부가 신랑과 같은 왕의 지위와 이름을 나누는 지위에 있음을 나타내며, 나의 사랑이라 함은 신부가 신랑에 의해 선택된 짝임을 나타낸다.

나의 비둘기라 함은 신랑이 결혼 전부터 사용한 호칭으로(아2:14) 순결함, 사랑스러움을 의미하며, 나의 완전한 자라 함은 나에게 완전히 헌신된 자를 말한다.

파수하는 자들이 신부의 웃옷을 벗겨 취한 것은 무엇을 의미합니까?(아5:7)

웃옷은 히브리어(라디드)로 면사포와 같이 얼굴이 비치며 예루살렘

귀부인들이 어깨 위에 걸쳐 늘어뜨린 겉옷을 말한다(사3:23, '너울').

그러므로 여인의 웃옷을 벗긴 것은 여인을 나체로 만들거나 능욕한 것이 아니라, 신부의 동기나 목적에는 관심을 두지 않은 채 그녀를 제지하는 모습을 표현하는 것이다.

'당신은 나를 인같이 마음에 두고 도장같이 팔에 두십시오' 라는 말의 의미는 무엇입니까?(아8:6)

'인' 이란 도장을 박은 가락지로서 때로는 가슴에 매달기도 하는데 이것은 마음에 더 가까이 있음을 나타내기도 했다(창38:18).

따라서 신부의 요구는 그녀의 모습이 남편의 마음에서 지워지지 않기를 바라는 것이며, 동시에 자기는 남편의 팔에 있는 도장과 같이 떼어질 수 없는 존재임을 의미하는(호11:3) 표현이다.

고대사회에서 인장은 대상물이 자신의 소유임을 밝힐 경우 이외에 자신의 신분과(창38:18) 권위, 동의를 표시할 때에도 사용되었다(창41:42, 에3:10).

23. 이사야

1) 서론

본서의 명칭은 저자의 이름을 따라 이사야라 하였다. 본서의 저자는 1:1에 나와 있는 대로 아모스의 아들 이사야이다. 본서의 기록연대는 정확히 알 수 없으나 이사야의 활동시기가 웃시야왕이 죽은 해(BC 739)부터 이사야가 왕에게 처형되기까지(BC 680)의 약 60년 동안인 것을 감안하면 이 기간 동안에 기록했을 것이다. 본서의 저자에 대해서는 그 동안 아무런 이견이 없었으나, 18세기에 들어와 독일의 합리적인 성서 비평가들이 40-66장까지를 전반부 내용과의 문체 차이를 들어 제2 이사야서라고 하여, 저자와 저작연대를 달리 보고 있으나, 보수정통주의 입장에서는 이를 문제시하지 않는다.

2) 시대 배경

이사야가 활동하던 시대는 국내외를 막론하고 격동기라 할 수 있다. 유다는 다섯 명의 왕이 바뀌었고, 이스라엘은 일곱 명의 왕이 교체되면서 완전히 멸망하였다. 한편 국제정세는 마치 폭풍우가 휘몰아치는 듯이 급변하였으며, 그 와중에서 이스라엘의 남·북왕국은 엄청난 시련을 겪어야 했다. BC 744년 권좌에 오른 앗수르의 디글랏 빌레셀은 영토 확장을 위해 강력한 서진 정책을 추진하였고, 그 뒤를 이어 사르곤 2세는 이스라엘을 공격하여 수도 사마리아를 함락하고 이스라엘을 멸망시켰다(BC 722). 그 가운데서 유다는 멸망의 위기를 모면하였으나 더 이상 독립 국가로서의 면모를 유지하지 못하고, 앗수르의 속국으로 전락하여 그 명령에 따라 모든 국사를 처리해야 했으며, 조공을 바쳐야 했다. 남쪽 애굽에서는 샤바코가 BC 715년경 전 애굽을 통일하고, 여타 동맹국들과 더불어 반앗수르 정책을 전개해 나갔다. 한편 북쪽의 앗수르와 남쪽의 애굽 사이에서 유다는 미묘한 정치적 갈등에 빠졌으며, 유다의 정가는 친앗수르파와 친애굽파 등으로 갈라져 당파 싸움에 시달려야 했다. 히스기야는 친 애굽정책으로 선회하려다가 앗수르왕 산헤립의 침공을 받았다.

3) 내용

본서의 내용은 크게 두 부분으로 나뉘어진다. 전반부인 1장에서 39장까지는 하나님의 공의로우신 심판을 선포하는 내용인데, 이 심판의 선언은 이스라엘과 유다는 물론이고 주위 열방들에게까지 적용됨으로써 하나님이 온 세상을 통치하시는 절대 주권자이심을 명백하게 보여준다. 특히 선택받은 나라인 이스라엘과 유다가 심판을 받게 되는 원인은 우상숭배 등 종교적 범죄와 더불어 환난 때에 여호와를 의뢰하기보다는 이방 세력에 의존하려고 하는 그릇된 외교 정책 때문이었다. 뿐만 아니라 하나님의 공의를 무시하고 약한 자를 억압하는 사회적 범죄와 도덕적 타락 또한 심판의 원인으로 지적되고 있다. 후반부인 40장에서 66장까지는 하나님의 백성들이 회복되리라는 밝고 희망찬 메시지를 전달한다. 이방국가들에게는 하나님의 심판에 관한 예언만 선포되지만, 하나님의 백성들에게는 심판과 아울러 회복의 약속도 함께 주어진 것이다. 한편 이사야는 예수그리스도의 탄생(誕生)으로부터 부활 · 승천에 이르기까지의 중요한 사항들을 예언하고 있으며 특별히 고난받는 종으로서의 메시야상을 뚜렷이 증거하고 있다. 참고로 메시야에 대한 예언을 살펴보면 탄생(7:14, 9:6), 족보(11:1), 성격(7:15, 11:3,4, 42:1-4), 모습(53:2), 죽음(53:8), 장사(53:9)등에 대한 다양한 증거들이 있다.

4) 문학적 특징

이사야서는 산문과 시 형식으로 기록되었다. 이사야서의 시적 아름다움은 구약에서 가장 탁월하다고 할 수 있다. 이사야가 즐겨 사용한 기법의 하나는 의인법이다. '달이 무색하며 해가 부끄러워하리니' (24:23), '광야와 메마른 땅이 기뻐하며' (35:1), '산들아 삼림과 그 가운데 모든 나무들아 소리내어 노래할지어다' (44:23), '모든 나무가 손바닥을 칠 것이며' (55:12) 등등 자연을 의인화하여 묘사한다. 또한 그는 하나님을 '반석' 이라 묘사하고(17:10), 리워야단과 라합과 같은 동물로 나라들을 묘사한다(27:1, 30:7, 51:9). 비유를 사용하는 이사야의 표현 능력은 30:27-33에서 잘 발휘되었고, 우상의 헛됨을 지적하는 데서 그의 풍자력은 탁월하게 드러나고 있다 (44:9-20).

5) 이사야의 생애

(1) 아모스의 아들
(2) 거의 예루살렘에서 살았고 결혼하여 두 명의 자녀를 낳았다. 이름은 스알야숩(7:3), 마헬살랄하스바스(8:3)
(3) 남조 유다에서 웃시야 - 요담 - 아차스 - 히스기야 - 므낫세에 이르기까지 5대 60년간 선지자로 활동(BC739-680)
(4) 전승에 의하면 므낫세왕에게 톱으로 켜임을 당해 순교당했다(히 11:37).

탐 구 문 제

'말일' 은 어떤 날을 의미합니까?(사2:2)

말일은 '날들의 끝' 이란 뜻으로 종말론적 개념으로 쓰여진 단어이다(렘23:20, 단10:14, 호3:5, 미4:1). 이 날은 여호와께 충성한 자는 구원을 얻고(사6:13, 암9:9) 만민에게 영을 부어주셔서 당신의 이름을 부르게 하시는 날이기도 하거니와(욜2:28-32), 악인에게 보응하시는 심판의 날이기도 하다(암5:18-20).

한편 종말론적 상황을 묘사하는 가장 빈번한 성경적 표현으로는 '주의 날' 이 있다.

'여호와의 싹' 과 '땅의 소산' 은 무엇을 의미합니까?(사4:2)

이 둘은 모두 메시야를 의미하는 말이다. 즉 메시야는 영적인 면에서 여호와로부터 나왔고 육신적인 면에서는 다윗의 자손에서 나왔기에, 하나님이 심어서, 다윗 땅에서 다윗의 자손으로 나셨다는 의미에서 그렇게 표현한 것이다(히7:14)(렘23:5, 슥3:8).

포도원 비유는 어떤 의미를 내포하고 있습니까?(사5:1-2)

일반적으로 포도나무는 이스라엘을 의미하는데(시80:8), 나중에 그리스도를 지칭하는 단어로 발전하였으며 성도들은 그 가지로 불리게 된다(요15:1,5). 들포도 열매는 그들의 악행을 가리키고, 나의 사랑하는 자는 하나님을 의미한다(사5:1). 따라서 이 비유는 하나님의 기대를 저버린 이스라엘의 잘못을 지적하는 비유인 것이다.

어떤 칭호가 메시야에게 주어졌습니까?(사9:6)

기묘자: 인간을 초월하여 신성을 가진 분(삿13:18)

모사: 구원자로서 완전한 지혜를 받아오실 것을 말함(요1:18, 고전 1:24, 엡1:17)

전능하신 하나님: 하나님의 위엄을 보여주는데 임마누엘이라 부른 것과 같다.

영존하시는 아버지: 당신의 백성들에게 불멸성을 부여하기 위해 오시리라는 뜻(요5:24, 요일3:14)

평강의 왕: 원수되었던 자들을 은총의 상태로 돌아가게 하고 그에 따른 화평도 약속(롬5:1, 빌4:7)

'이스라엘의 빛은 불이요 그 거룩한 자는 불꽃이라' 는 말은 무슨 뜻입니까?(사10:17)

이스라엘의 빛(사60:19, 시27:1, 84:11)과 거룩한 자는 모두 하나님을 가리키는 칭호이다. 빛은 포근함과 위로를 나타내기도 하지만 소멸하는 불로 나타나기도 한다(신4:24, 히12:29).

'날개치는 소리나는 땅이여' 라는 말은 무엇을 의미합니까?(사18:1)

구스의 강 건너편 땅에서 날개치는 소리가 나는 이유는 애굽과 구스의 풍부한 물로 인해 많이 생기게 된 곤충들의 날개치는 소리 때문이다. 그러나 여기서는 구스가 사자를 파송하여 각처에서 일으킨 군사들의 함성을 가리킨다고 보는 것이(사7:18) 타당할 것 같다.

장망성이란 무엇입니까?(사19:18)

장망성은 히브리어(일하헤레스)로 무너진 성읍이란 뜻이다. 고대 장망성은 애굽의 태양신을 숭배하던 중심지였는데, 바사의 캄비세스에 의해 이 성은 멸망당하게 된다.

하나님이 이사야에게 '네 허리에서 베를 끄르고 네 발에서 신을 벗고 벗은 몸과 벗은 발로 행하라'고 명하신 의미는 무엇입니까?(사20:2)

본래 베옷은 심히 애통함을 나타낼 때와 회개할 때 착용했는데(사3:24, 창37:34, 단9:3), 이 옷을 벗고 맨발로 다니는 것은 강도나 재난을 당하였을 때 또는 전쟁의 포로가 되었을 때의 복장이었던 것이다. 따라서 이사야의 이런 행동 예언은 앞으로 애굽과 구스가 극한 불행에 처하게 될 것이므로 유다는 그들을 의지하지 말라는 일종의 경고라 할 수 있다.

하나님께서 엘리아김의 어깨에 다윗집의 열쇠를 두실 것이라는 의미는 무엇입니까?(사22:22)

실제 히브리인들은 열쇠를 어깨에 걸고 다니는 습속을 지니고 있었는데 이것은 곧 최고의 권위를 지닌 자, 통솔권자임을 상징한다. 그것은 열쇠를 가진 자만이 집을 출입 통제, 관할할 수 있기 때문이다. 그래서 예수님도 '다윗의 열쇠를 가진 자'로 묘사되었다(계3:7).

엘리아김이 다윗집 즉 왕실의 열쇠를 받았다는 것은 왕으로서의 권위를 부여받았음을 의미한다. 따라서 엘리아김은 천국열쇠를 가진 자로서 하나님의 사명을 충실하게 감당하는 그리스도를 상징한다. 한편 예수님이 베드로에게 말씀하신 '천국열쇠'는 말씀 선포권을 의미한다(마16:19).

'날랜 뱀 리워야단 , 꼬불꼬불한 뱀 리워야단, 바다에 있는 용'은 무엇을 의미합니까?(사27:1)

이 세 가지는 일반적으로 하나님의 원수라고 지칭되는 앗수르, 바벨론, 애굽을 가리킨다.

즉 두 리워야단은 12-13절과 연관지어 볼 때 앗수르와 바벨론이 위치하고 있는 갈대아 왕국의 상징이고, 용은 애굽에 대한 지배적인 상징인 것이다(사51:9, 시74:13, 겔29:3).

한편 이들은 모두 사단의 세력을 상징하기도 한다(시91:13, 계12:7,9).

'아하스의 일영표' 란 무엇입니까?(사38:8)

아하스의 일영표는 서쪽을 향한 계단으로 해가 질 때 그 그림자가 위로 움직이는 것을 통해 시각을 측정하는, 일종의 해시계라 할 수 있다. 이러한 일영표의 제도와 모형은 아하스왕이 다메섹의 디글랏 빌레셀을 방문했을 때 거기서 본 따왔던 것이다(왕하16:10).

'여수룬' 은 누구를 가리킵니까?(사44:2)

여수룬이란 말은 히브리어로 '공의로운 자' 란 뜻으로, 실제적 명칭이라기보다는 이상적이고 시적 분위기를 풍기는 이스라엘의 별칭이다(신32:15, 33:5, 26).

이 명칭은 명예롭고 존경스러운 표현으로 후대에 와서는 의롭고 작은 백성이라는 애국적인 의미로 사용되기도 했다.

'오른손에 거짓것이 있다' 는 말은 무엇을 의미합니까?(사44:20)

성경에서 오른쪽은 보통 '의로운, 선한, 거룩한, 선택된' 이란 의미로 사용되었다(출15:6, 삿16:29, 전10:2, 마25:33, 계5:1). 따라서 우상숭배자들의 오른손에 거짓것이 있다는 말은 결국 그들의 행동이 하나님께로부터 떠난 불의한 것임을 의미한다.

한편, 왼손은 성경에서 죽음과 거짓 등 부정적인 의미로 사용되었다(삿3:15, 삼하20:9-10).

'나의 기름받은 고레스'란 의미는 무엇입니까?(사45:1)

원래 기름받은 자는 메시야에게만 붙이는 칭호로(단9:25), 다윗 계통에서(사11:1) 베들레헴에서(미5:2) 탄생하실 것으로 예정되어 있었다. 이 점에서 이방나라의 왕에 불과한 고레스는 메시야와는 전혀 무관한 인물이다. 그럼에도 하나님께서는 그를 기름받은 자로 여기셨다. 즉 고레스는 하나님의 구원사역을 수행할 수 있도록 기름부음을 받음으로써 일시적이나마 이스라엘의 구원자가 된 것이다.

'기념표를 문과 문설주 뒤에 두었다'는 말은 무엇을 뜻합니까?(사57:8)

본래 하나님께서는 이스라엘이 율법을 잘 준수하실 것을 바라셔서 율법을 손목에 매고 미간에 붙이며 문설주와 바깥문에 새겨 율법을 항상 따르라는 규례를 주셨던 것이다(신6:8-9).

그러나 패역한 백성들은 이 규례를 무시하고, 매우 가증한 우상인 기념표(남성성기를 본딴 우상인 것 같음)를 문과 문설주 뒤에 놓았던 것이다. 이것은 우상숭배에 현저하게 물든 유다 백성의 가정생활을 보여준다고 할 수 있다.

구속받은 백성에게 여호와께서 '새 이름'으로 정하신다는 것은 무슨 뜻입니까?(사62:2)

이 말은 이전 이름을 가지고 행하였던 모든 허물을 없었던 것으로 여기고, 새롭게 하시어 새로운 존재로서 대우하신다는 의미이다. 성경에서 이름은 매우 중요하게 취급되는데, 하나님께서는 사람들에게 이름을 주기도 하시고(사7:14, 호1:4), 이름을 바꾸거나 설명을 하기도 하시고(창17:5, 삼하12:25), 온전한 새 이름을 지어주기도 하신다(계3:12).

한편 성도들은 진노의 자녀라는 이름(엡2:3)을 갖고 죽을 수밖에 없었으나 그리스도로 말미암아 영영한 새 이름을 받았으며(사56:5), 그 새 이름은 하늘에 기록되었고(눅10;20), 심판날 그리스도께서 하나님과 천사들 앞에서 그 이름을 시인하실 것이다(계3:5).

'오직 너를 헵시바라 하며 네 땅을 쁄라라 하리니'의 의미는 무엇입니까?(사62:4)

'헵시바' 라는 말은 나의 기쁨이 그녀 안에 있다는 뜻이고, '쁄라' 라는 말은 결혼한 여자라는 뜻인데 결국 이 말은 유다사람들과 그 땅이 회복되어(사62:4-5) 결혼의 기쁨과 같은 즐거움을 갖게 된다는 말이다.

'동산에서 제사한다', '벽돌 위에서 분향한다'는 말의 의미는 무엇입니까?(사65:3)

동산에서 제사한다는 말은 자연물에 대한 숭배를 의미한다(사1:29,57:5).

벽돌 위에서 분향한다는 말은, 다듬지 않은 돌로 제단을 건축하라는 하나님의 명(출20:24-25)을 어기고, 앗수르인, 로마인들처럼 다듬고 구운 벽돌로 만든 제단에서 제사를 드렸다는 것이다(왕상18:32).

결국 이 말은 하나님이 지시하신 대로 섬기지 않고 인간의 풍습대로 편하게 제사드린다는 의미인 것이다.

24. 예레미야

1) 서론

본서의 명칭은 저자인 예레미야의 이름을 따라 붙인 것이다. 예레미야는 예루살렘 북쪽 5km의 아나돗에서 제사장 힐기야의 아들로 태어나 요시아왕 13년(BC 627년) 약 20세에 선지자로 부름받아(1:3, 25:1) 여호야김, 여호야긴, 시드기야왕을 거쳐 예루살렘 함락 이후까지(BC 586) 약 40년간을 활동하였다. 비록 내성적이고 연약하였으나, 그는 풍전등화와 같은 조국의 운명을 바라보면서 진실하게 하나님의 말씀을 선포하여 유다 백성이 죄에서 돌이킬 것을 눈물로 호소했다. 민중의 배척과 박해를 받으면서도 오직 여호와와 조국을 사랑했던 눈물의 선지자였던 것이다(9:1, 13:17).

2) 역사적 배경

예레미야가 처한 시대는 대내외적으로 대격변기라 말할 수 있다. 북조 이스라엘 왕국을 멸망시킨 앗수르는 신흥 바벨론에 의해 멸망되고(주전621년), 애굽왕 느고는 앗수르 멸망의 분깃을 얻으려 북상하였으며, 요시야는 친앗수르 입장에서 느고와 대전하다 므깃도에서 전사하였다(BC 608년, 왕하23:29-30). 그것은 이스라엘에 큰 충격을 주었고 이 때부터 예레미야의 활동도 본격화하였다. 요시야의 아들 여호아하스는 계승한 지(BC 607년) 3개월만에 느고에 의해 애굽의 포로가 되고, 느고는 그의 아우 여호야김을 대신 옹립하였다.(BC 607-597년, 22:13-17). 그 역시 악한 왕으로 백성은 중한 세금에 허덕였고 그는 호사하였다. 이 때쯤 앗수르를 멸망시킨 바벨론군은 수리아를 점령중인 애굽군을 갈그미스(Carchemish)에서 격파하여(BC 605년, 46:2) 근동의 패자가 되었다. 예레미야는 이스라엘의 바벨론 포로를 확신하여 예루살렘 함락의 예언을 제자 바룩에게 기록하게 하여 여호야김왕 앞에서 낭독케 하였으나 왕은 칼로 이를 찢어 불에 넣었다(36:11-26).

이 위기에서 여호야김은 죽고, 그 아들 여호야긴이 즉위했으나, 3개월만에 바벨론에 첫번째로 포로되어 갔고(BC 597년), 그의 숙부인 시드기야가 대신 세움 받게 된다(BC 596-586년, 왕하 24:17). 시드기야는 바벨론에 복종하다가 은밀히 친애굽정책을 취하였고, 이에 느부갓네살은 대군을 거느리고 예루살렘을 포위하여 2년만에 패망시켰다(BC 588-586년).

바벨론은 그다랴를 총독으로 임명하여 미스바에서 통치하게 하였으나, 얼마 후 그가 암살되어 바벨론의 압제는 더욱 가해지고 예레미야는 애굽으로 끌려갔다.

3) 내용

유다의 멸망이 이제 돌이킬 수 없는 막다른 길로 접어들게 되자 예레미야의 메시지는 범죄를 경고하는 것이라기보다는 차라리 이미 확정된 심판을 선포하는 것이었다. 즉 예레미야는 바벨론의 침입과 예루살렘의 함락을 범죄한 유다에 대한 하나님의 공의로우신 심판이라는 뜻에서 이해하였기에 백성들이 순순히 바벨론에게 항복하는 것이 오히려 하나님의 뜻에 순종하는 길이라고 외쳤던 것이다. 하지만 극단적인 국수주의자들은 예레미야를 즉각 민족에 대한 반역자로 몰아부쳤으며 심지어 예레미야의 목숨을 노리기까지 하였다. 자기 백성의 파멸을 선포하는 일만 하더라도 뼈를 깎는 아픔이었을 터이거니와 거기다 매국노라는 수치스러운 누명마저 감수해야했던 예레미야는 실로 눈물의 선지자요, 고독한 선지자였다.한편 예레미야서는 크게 세 부분으로 나뉘어진다. 1-45장까지는 유다를 향한 예언으로, 예레미야는 열두 편의 설교를 통해 심판의 불가피성과 회복의 언약을 반복 선포함으로 백성들이 회개하면서 한편으로는 소망을 갖도록 유도하였다. 46-51장까지는 이방 국가들을 향한 예언으로, 범죄한 나라는 하나님의 심판의 손길을 결코 피할 수 없음을 선포함으로 하나님의 공의를 강조한다. 마지막 52장은 예루살렘이 실제로 함락되었으며 유다인이 바벨론 포로로 잡혀가는 것을 보여주는 역사적 보충자료로서 예레미야를 비롯한 여러 선지자들의 예언은 반드시 성취되는 진실이었음을 분명히 증거하고 있다.

탐 구 문 제

'자산' (렘3:2), '푸른나무 아래' (렘3:6)는 당시 어떠한 장소를 가리키는 말입니까?

자산(赭山)이란 나무가 나 있지 않은 벌거벗은 민둥산을 의미하고, 푸른 나무란 상록수가 아니라, 잎이 시들기 전의 나무상태 혹은 대개 상수리나무를 가리킨다(겔6:13).

이 두 곳은 이스라엘 백성들이 이방신을 섬기던 중요한 장소였다(렘3:2, 21, 4:11, 7:29). 즉 이스라엘 백성들은 자산에서뿐 아니라 상수리 나무아래에서 제단을 쌓고 바알과 같은 이방신을 섬겼던 것이다(사1:29).

'하늘황후' 란 무엇을 말합니까?(렘7:18)

이것은 앗시리아와 바벨론에서 경배한 여신 아스다롯을 말한다(렘44:17). 이 여신 숭배는 므낫세왕 때 유다에 전래되어 요시야왕의 개혁때 일시 금지되었다가 여호야김왕 때 다시 성행되었다(왕하21:5).

'그 머리털을 모지게 깎은 자들' 이란 누구를 가리키는 말입니까? (렘9:26)

그것은 머리둘레를 네모 반듯하게 깎았던 아라비아 광야에 살던 아라비아 족속을 가리킨다(왕상10:15). 이렇게 머리의 둘레를 깎는 행위는 이방신을 섬기는 데서 비롯되었기에 모세 율법에는 머리를 둥글게 깎지 말라고 엄히 금하고 있다(레19:27).

'베띠를 허리에 띠고' 가 가리키는 것은 무엇입니까? (렘13:1)

'베띠 '는 원래 대제사장이 착용하던 허리띠이지만(출28:39-42) 여기서는 유다 백성을 가리키는 말로 쓰였다. 따라서 그 베띠를 허리에 두른다는 말은 하나님께서 유다 백성을 온전히 당신의 소유로 삼으시고 사랑하신다는 의미이다.

물을 구하지 못한 유다 사환이 '그 머리를 가리운다' 는 의미는 무엇입니까? (렘14:3)

이런 모습은 깊은 슬픔을 표시하는 방법이다(삼하19:4). 그러므로 사환들이 머리를 가리웠다는 것은 유다에 임한 가뭄이 견딜 수 없는 수치를 당한 괴로움처럼 심했음을 보여주는 말이다. 한편 다말이 암논에게 강간을 당한 뒤(삼하13:19), 다윗이 압살롬에게 배신당한 뒤(삼하15:30)의 부끄러움으로 이와 같은 모습을 보였었다.

예레미야는 하나님을 '속이는 시내' 라고 비유하였는데 이 말의 의미는 무엇입니까? (렘15:18)

속이는 시내란 마른 시내를 말하는데 만일 목마른 여행자가 물이 있는 줄 알고 가까이 가서 볼 때 물이 없으면 크게 실망하여 불만을 터뜨리게 마련이다(욥6:15). 그처럼 하나님을 구원자로 알고 있었음에도 오히려 자신의 백성들에게 미움을 받을 때(렘15:10) 하나님의 위로가 없자 예레미야는 하나님을 속이는 시내라고 말하며 불만을 털어놓은 것이다.

'슬플 때에 떡을 떼며' 란 말은 무슨 의미입니까?(렘16:7)

당시 유대 지방에서는 장사를 지낸 후 죽은 자의 친한 친구가 그 유족들에게 떡을 대접하던 풍습을 가리킨다(호9:4).

다윗도 자기 친척 아브넬이 죽음을 당해 슬퍼할 때(삼하3:27-34) 뭇 백성들로부터 떡을 들도록 권함을 받았다(삼하3:35). 그런데 이같은 역사 깊은 풍속이 없어지게 될 것이라는 하나님 말씀은 죽은 자들의 유족까지 죽음을 당할 것을 깨닫게 하기 위해서였다.

하나님께서 거짓선지자들에게 '쑥을 먹이고 독한 물을 마시우겠다' 는 의미는 무엇입니까?(렘23:15)

쑥은 그 수액이 몹시 쓴 식물이고, 독한 물은 양귀비잎의 즙으로 둘 다 하나님의 가혹한 심판을 의미하는 말로 자주 사용되었다(렘8:14, 9:15, 잠5:4, 애3:19).

예레미야는 왜 반역자, 매국노라는 오해를 받았습니까?(렘26:8-9)

예레미야는 유다 백성이 하나님의 말을 청종치 않으면 그들의 집을 실로같이 즉 하나님의 성전이 있는 곳이라도 황폐해지고, 그들의 성을 열방의 저줏거리로 만드시겠다는 하나님의 말씀을 외쳤다. 이에 백성들은 예레미야가 하나님의 이름을 빙자한 거짓 선지자로서 자신들의 나라와 성전을 모독했다고 여기고 그를 반역자로 몰아 죽이려 하였던 것이다.

❦ 유다의 장로는 어떤 사람들입니까?(렘26:17)

장로의 임명에 관하여는 이드로의 충고로 모세가 뽑은 자들(출18:13-27), 두령(신1:15), 장로(민11:16,17)등 3가지의 그 기원이 있다.

이들 장로들은 지방 통치자와 종교 지도자의 역할을 했으며(출24:1, 레4:15), 재판관으로 성문에 앉아 판결을 하기도 했다(신22:15). 또한 백성들에게 증인으로서의 역할을 하기도 했으며(룻4:4), 국가의 왕을 선택하는 일에도 관여하였다(삼상8:4, 삼하3:17).

❦ '아비가 신포도주를 먹었으므로 아들들의 이가 시다 하지 아니하겠고' 란 의미는 무엇입니까?(렘31:29-30)

선지자 예레미야는 '아비의 죄가 아들에게 전가된다' (출20:5)는 하나님의 말씀을 악용하여 자신들의 고난의 원인을 조상들의 허물로 돌리는 것을 책망했다. 또한 에스겔 선지자도 자신들의 고통을 조상들의 허물로 핑계대는 것은 하나의 불평에 지나지 않는다고 지적했다(애5:7, 겔18;2-3).

하나님은 공의로우신 분이기에 반드시 죄인들 자신에게 죄값을 치르게 하신다(신24:16, 사3:11, 겔3:18).

❦ 하나님이 이스라엘 민족과 새 언약을 맺으신 이유와(렘31:31-32), 새 언약의 내용은 무엇입니까?(렘31:33-34)

이스라엘 민족이 출애굽할 때 하나님과 언약을 맺었지만(출24:8, 왕상8:9) 그들이 먼저 그 언약을 파기하였기에 하나님은 새 언약을 맺으셨다.

새 언약은 영영한 언약이라고도 불리는데(렘32:40), 하나님께서는 율법적인 옛 언약을 폐하시고 새 언약을 통해 당신의 법을 그들 마음속에 기록하여 그들의 하나님이 되시고 그들의 죄를 다시 기억하지 아니하신다고 하셨다(겔37:26, 히8:6).

과거의 언약은 백성들의 귀에 들려지기는 하였지만 그들의 마음을 움직이지는 못했지만 새 언약은 하나님께서 친히 백성의 마음을 감동시키셔서 결코 변하지 않게 하시는 점에서 그 차이가 있다(렘50:5, 시89:34, 사55:3, 겔11:19).

그러나 새 언약은 아브라함과 모세에게 주신 언약이 계속 이어지면서 그 언약의 본체는 동일하지만 단지 형태만 바뀐 것이다(호2:23, 슥8:8, 계21:7).

예레미야가 밭을 사게 된 기업의 상속권이란 무엇을 말합니까? (렘32:7-8)

상속권(기업)에 대한 히브리 율법은 우선적으로 아들에게 돌아가지만 만일 아들이 없으면, 딸에게, 형제에게, 아비 형제나 가까운 친족순으로 돌리도록 규정하고 있다(민27:8-11).

일반적으로 장자는 다른 형제들의 상속분의 두 배를 받을 수 있었다(신21:15-17).

재산 상속의 경우 모친의 지위가 영향을 미치지 않았으며(창21:10), 딸이 상속할 경우 반드시 자기 지파의 사람과 결혼하여 재산이 다른 지파로 이동되지 않게 하였다(민36:3). 한편 과부는 재산 상속에 관하여 특별한 보호 규정이 없고 단지 수혼 규정을 통해 상속받을 수 있었다.

하나님께서는 유다 백성과 어떤 방법으로 언약을 맺으셨습니까? (렘34:18-19)

하나님께서는 송아지를 둘로 쪼개고 그 사이로 지나는 방법을 가지고 그들과 언약을 맺으셨는데, 아브라함이 하나님과 언약을 맺을 때도 이런 의식을 행하였다(창15:10).

이러한 언약이 폐기된 것은 하나님의 이름을 더럽게 한 일이나 마찬가지의 일로서, 언약을 폐기한 자들은 쪼갠 짐승처럼 죽어야만 하는 것이다(34:20).

예레미야는 시드기야에게 왜 바벨론에게 항복하라고 권했습니까? (렘38:17)

항복하라는 것은 예레미야의 사사로운 감정에서 나온 말이 아니라 '만군의 하나님 여호와' 의 불변하는 계획에서 나온 말이었기에 예레미야는 그렇게 권했던 것이다.

25. 애가 (哀歌)

1) 서론

본서의 명칭은 히브리성경에는 1, 2, 4장에 처음 나오는 단어인 '에카' 이다. 에카는 '아!', '아으!' 라는 극도의 비통함과 놀람을 표시하는 감탄사이다. 70인역에는 '예레미야가 예루살렘의 황폐함을 슬퍼한 노래' 라 하였고, 탈무드에서는 '만가(輓歌)' 라 하였다.

'슬픈 노래' 라는 뜻의 애가는 BC 586년 바벨론 정복자들에 의해 성전이 무너지고 예루살렘이 폐허가 되고 백성들은 포로로 끌려가게 되는 민족의 비극을 비탄에 잠겨 노래한 것이다. 70인역(LXX)과 벌게이트(Vulgate)성경은 다같이 본문 1:1 앞에 다음과 같은 표제문을 수록하고 있다.

이스라엘이 포로로 끌려가고 예루살렘이 무너진 후 예레미야가 앉아 이 애가를 갖고 슬피 울었으니 그가 노래하기를

이 말 뒤에 바로 1:1이 연결되어 나온다. 저자는 예레미야로 본다. 요시야왕이 죽었을 때 예레미야가 애가를 지은 기록이 있고(대하 35:25), 애가와 예레미야서의 문체상 통일성은 저자가 한사람임을 말해주고 있으며, 더욱이 예루살렘 파멸에 대한 묘사가 목격자의 필체임이 틀림없기에(1:13-15, 2:6,9, 4:1-12) 저자를 예레미야로 본다.

기록 시기는 예루살렘 멸망(BC 586) 직후로 여겨진다. 원래 히브리성경에서 애가는 룻기 · 아가 · 전도서 · 에스더와 더불어 한 권으로 되어 있었는데 70인역 이후에 예레미야 다음에 배치되어 있다.

2) 내용

본서는 5장으로 나뉘어져 있으며 각 장은 한편의 시로 구성되어 있다. 그리고 각 장은 22연으로 되어 있고 각 연의 첫 자가 히브리어 알파벳 순서대로 되어 있다(히브리 알파벳은 모두 22자). 다만 3장만은 66절로 되어 있는데 이것 역시 22절 구조(22×3)로 볼 수 있다.

내용을 보면 1장에서 4장까지는 예루살렘의 멸망을 애도하는 만가(輓歌)이며, 5장은 눈물로써 백성들의 회복을 간구하는 기도시이다.

특히 1-4장까지의 각 장은 히브리 알파벳의 순서대로 각 연의 첫 자를 배치하는 답관체 형식의 시작법(詩作法)을 사용하고 있는데, 이것은 조국의 멸망에 대한 슬픔을 유대인들의 가슴에 더욱 사무치도록 하기 위한 것이다. 따라서 본서는 처절한 비애감에 젖어 있다.

3) 영적 교훈

예루살렘이 폐허가 되고 언약 백성이 포로로 끌려간 이 참극은 이스라엘 백성에게 많은 의아심을 품게 했다. '하나님이 살아 계시는데 어떻게 예루살렘의 파괴를 묵인하시고 하나님의 백성이 포로로 끌려가게 내버려 두셨는가?' 이와 같은 질문에 대한 회답으로 주신 말씀이 바로 애가이다.

애가는 단순히 조국의 멸망에 대한 단장의 슬픔을 노래한 글이 아니라, 이스라엘의 멸망은 범죄한 백성에게 내린 하나님의 무서운 심판인 것을 가르쳐 주며 동시에 회개를 촉구하고 하나님의 구원을 바라보도록 소망을 갖게 하는 데 그 목적이 있다. 그래서 예레미야는 그 날을 기다리며 이렇게 간구하였다. '우리의 날을 다시 새롭게 하사 옛적 같게 하옵소서(5:21).'

탐 구 문 제

예레미야가 예루살렘을 '열방 중에 공주'라고 묘사한 이유는 무엇입니까?(애1:1)

과거 예루살렘이 이스라엘의 각 지방들 뿐 아니라 이방나라들까지 주관했기 때문이다. 이것은 다윗의 통치에서(삼하8:1-4), 솔로몬의 통치에서(왕상4:21, 24), 웃시야의 통치(대하26:6-8)에서 명확히 드러났다.

'사랑하던 자', '친구(애1:2)'와 '대적', '원수(애1:5)'는 각각 어느 나라를 가리킵니까?

사랑하던 자, 친구란 말은 예루살렘과 동맹을 맺었던 많은 나라들(애굽, 모압, 암몬, 베니게)을 가리키는데, 특히 유다 백성들이 가장 의지했던 애굽을 가리킨다.

한편 대적, 원수란 말은 유다를 압박하는 바벨론을 가리킨다.

예레미야는 예루살렘의 비극을 어떻게 묘사하고 있습니까?(애2:20-21)

여인들은 전쟁으로 인한 굶주림 때문에 자기가 기르던 아들을 먹게 되었고, 성전에는 살육 당한 선지자들의 시체가 널려 있었고 도로에는 매장되지 않은 채 버려진 시체들이 즐비했다(대하36:17). 이것은 갈대아인들이 유다 백성을 긍휼히 여기지 아니함을 말하기도 하지만 여기서는 특히 하나님께서 유다 백성을 긍휼히 여기지 아니하시고 죄값을 받게 하신 것을 말한다(렘14:16-18).

예레미야가 유다백성을 '광야의 타조'로 비유한 이유는 무엇입니까?(애4:3)

타조는 우둔한 동물로 알을 낳자마자 그것을 잊어버리고 그냥 떠나버리는 습관이 있다.

마찬가지로 유다 백성들은 자녀를 소홀히 대했고 오히려 우상 제물로 자식을 바치기까지 했기에(렘32:35) 잔인하다는 의미로 타조에 비유한 것이다.

'우리는 그 죄악을 담당하였나이다' 란 의미는 무엇입니까?(애5:7-8)

하나님께서 조상의 죄를 그 자녀들에게 보응하신다는 뜻이다.

예레미야가 이렇게 말한 의미가 그 후손을 벌하시고 열조는 벌하지 않으셨다는 뜻은 아니다(겔18:20). 하나님께서 모세를 통해 선언하셨듯이 자신의 복수를 삼사대까지 미치게 하시기 때문에(출20:5, 렘32:18) 자녀들이 열조의 죄악을 담당하는 것이다.

26. 에스겔

1) 서론

본서의 명칭은 저자인 에스겔(하나님께서 강하게 하신다)의 이름을 따서 붙인 것이다.

에스겔은 바벨론 2차 포로 때(BC 597) 여호야긴 왕과 함께 포로되어 가서 그발 강변 델아빕에서 거주하였다(3:15). 포로 5년만에 그발 강변에서 이상 중에 소명을 받고(당시 30세였던 것 같다) 22년 간 예언하였다(BC 592-570).

에스겔은 예레미야, 다니엘과 동시대 인물로서, 예레미야는 그보다 34년 선배였고, 예레미야는 예루살렘에서 에스겔은 바벨론에서 예언하였다. 에스겔보다 9년 전에 포로되어 갔던 다니엘은 에스겔이 포로되어 갔을 때 벌써 포로지에서 유명인사가 되어있었다. 다니엘이 정치가, 선지자인데 비해 에스겔은 전형적인 선지자였다. 두 사람은 교분이 있었던 것으로 믿어지며 에스겔은 다니엘을 인용하고 있다(14:14, 28:3).

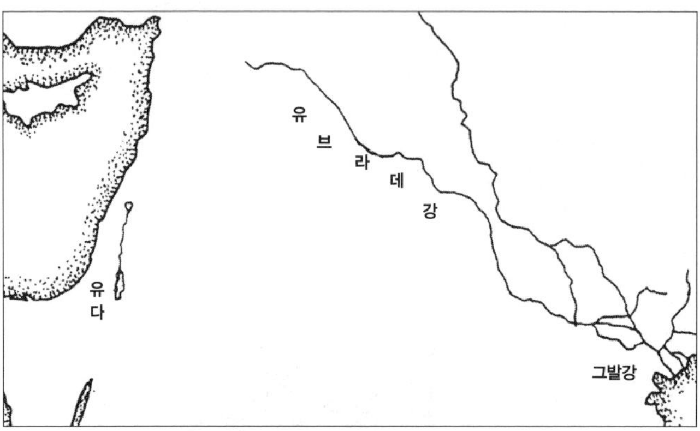

2) 시대 배경

에스겔이 처했던 시대는 팔레스타인 역사의 격동기였다. BC 722년에 북조 이스라엘 왕국을 멸망시킨 앗수르 제국은 신흥 바벨론의 세력에 압도되어 점차 그 위세를 잃어가다가 결국 BC 621년에 바벨론과 메대 연합군에게 패망당했다. 새롭게 근동의 패자로 등장한 바벨론은 BC 605년에 갈그미스 전투에서 애굽 군대를 전멸시키고 블레셋 평지까지 이르는 광활한 지역을 지배하게 되었다. 같은 해 즉위한 느부갓네살 왕은 유다의 여호야김에게 충성을 약속받았다. 몇 년 후인 BC 601년에 바벨론은 애굽을 공격하였으나 실패했다. 여호야김은 이 기회를 이용하여 바벨론 왕을 배반하였다(왕하24:1).

이 때 예레미야는 여호야김에게 바벨론을 섬길 것을 권유하였으나 그는 이를 거절하였다. 이에 느부갓네살 왕은 곧 예루살렘에 군대를 보내어 성을 공격하였다. 이 때 여호야김은 성 안에서 죽고 말았다. 여호야김의 뒤를 이어 여호야긴이 왕위에 오르게 되었으나 그는 겨우 3개월 10일 밖에 왕위를 차지하지 못했다. BC 597년에 느부갓네살 왕이 다시 공격해 왔을 때, 수많은 왕족과 귀족, 유능한 사람들과 함께 그는 바벨론으로 사로잡혀 가고 말았기 때문이다. 이 때 에스겔도 포로가 되어 바벨론으로 끌려가게 되었다. 느부갓네살 왕은 여호야긴 대신에 그의 숙부인 시드기야를 왕으로 세웠으나 시드기야는 5-6년 후에 바벨론을 배반하였다. 그래서 느부갓네살 왕은 BC 588년에 예루살렘을 다시 포위하고 맹공격을 가하여 BC 586년 드디어 성을 함락시켰다. 그때 도시는 물론 하나님의 성전까지 모두 불타버리고 말았다.

3) 내용

당시 바벨론에 포로로 잡혀가 각처로 흩어졌던 유대인들 중에는 망

국민의 울분으로 깊은 절망 가운데 빠져든 자들이 있는가 하면, 자포자기의 심정에서 바벨론의 이방 풍습에 동화되기에 급급하여 경건한 여호와 신앙을 내팽개쳐 버리는 자들도 있었다. 또 어떤 사람들은 예루살렘이 멸망되지 않을 것이며 그들이 곧 유대 땅으로 귀환할 수 있게 되리라는 거짓 예언을 믿고서 지레 마음이 들떠있기도 했다.

이러한 상황 가운데서 예언 활동을 시작한 에스겔은 예루살렘이 함락(BC 586)되기 전까지는 유다와 주변국가에 대한 심판을 예언했다. 즉, 1-24장까지는 유다에 대한 심판을 예언하고 그 다음 25장에서 32장까지는 열방(암몬, 모압, 에돔, 블레셋, 두로, 시돈, 애굽)에 대한 심판을 예언하였던 것이다. 그러나 예루살렘이 멸망당한 뒤에는 이스라엘의 회복에 대한 예언을 하였다. 즉, 33-48장에서는 이스라엘의 재건과 부흥, 새 성전과 예배, 거룩한 새 땅을 보여주고 있는 것이다.

4) 특징

본서는 다니엘서와 함께 묵시문학을 대표하는 책으로 환상과 상징들이 많이 나온다. 신약 요한계시록의 배경이 되는 책이다. 특별히 37장에서 골짜기에 가득한 마른 뼈가 서로 연결이 되고 힘줄이 생기고 살이 오르고 가죽이 덮이더니 마침내 지극히 큰 하나님의 군대가 되더라는 환상은 이방 땅에서 망국의 한에 사무쳐 탄식했던 포로민들에게는 사막의 오아시스와 같은 신선한 생기와 소망을 불어넣어 주었을 것이다.

5) 에스겔의 생애

(1) 사독 계열의 제사장, 부시의 아들(1:3, 40:46, 44:15)

(2) 바벨론 2차 포로 때(BC 597) 여호야긴 왕과 많은 방백과 더불어 포로됨

(3) BC 592년(당시 30세)부터 570년까지 22년 간 예언
(4) 아내는 느부갓네살의 3차 침입 때 죽었다(24:16-18).
(5) BC 570년경에 순교
(6) 예레미야, 다니엘과 동시대 사람(전설- 두 사람과 교분이 있었다.)
(7) 예언자적인 정열을 갖고 강경하게 예언

탐 구 문 제

하나님께서는 에스겔에게 어떤 호칭을 사용하여 부르셨습니까?(겔2:1)

하나님께서는 에스겔을 인자라는 호칭을 사용하여 부르셨다. 이 호칭은 에스겔과 다니엘에게만 사용되었다(단8:17). 여기서 인자의 의미는 작고 보잘 것 없는 존재를 말하는 것으로 에스겔이 연약한 피조물임을 나타내는 것이다(시8:4).

하나님께서 에스겔에게 '곡식을 보리떡처럼 만들어 먹되, 인분으로 불을 피워 먹으라' 고 말씀하신 의미는 무엇입니까?(겔4:12)

여기서 보리떡은 숯불에 구운 과자떡으로 여행 중이나 비상시 곧 포로 중의 궁핍한 상황에서 먹었다(왕하4:42, 호9:3). 그런데, 인분 불에 피워 먹는 것은 매우 부정한 행위로서 율법에서도 금하고 있는 것인데(레5:3, 7:21) 이것을 하나님께서 명하신 것은 이스라엘 백성들이 너무도 타락하여 부정한 이방 민족과 같음을 보이기 위함이었다(겔5:6).

'아비가 신포도를 먹었으므로 아들의 이가 시다' 는 속담은 무슨 뜻입니까?(겔18:2)

이 속담은 포로생활을 하던 당시 흔히 사용된 속담으로 아비가 범한

죄값이 아들에게 미친다는 의미이다. 즉 이스라엘 사람들은 자신들의 현재 고난이 조상의 죄 때문이라고 보았다. 이것은 그들이 "아비로부터 아들 삼사대까지 이르게 하겠다"(출20:5)는 말씀을 오해한 데서 기인하였다.

그러나, 이 말씀은 그 자손들이 아비와 같은 죄를 범하면서 자신의 죄를 뉘우치지 않는 경우를 지적하는 말이다(출34:7, 레26:39, 민14:18). 그러므로 하나님의 의는 결코 무죄한 자에게 벌을 내리지 않는 것이다.

'오홀라', '오홀리바' 라는 두 여인은 각각 무엇을 의미합니까?(겔23:4)

오홀라는 '그녀의 장막' 이란 뜻인데, 여기서 장막이란 성소를 가리킴을 생각할 때, 이 이름은 북이스라엘이 하나님이 지정해 주시지 않은 자신의 성소에서 우상을 섬긴 사실을 지적한 것이라 볼 수 있다(왕상 12:28-33).

오홀리바는 '그녀 안에 있는 나의 장막' 이란 뜻으로 하나님께서 예루살렘에 자신의 성소를 세우신 사람을 의미하는 명칭이라 할 수 있다(창36:18).

'가마' 의 비유에 대해 설명해 보세요.(겔24:4-5)

가마를 끓이는 불은 전쟁의 불 곧 바벨론 군대의 강력한 포위 공격을 의미한다(겔20:47).

가마솥의 내용물인 '양떼에서 고른 것', '모든 좋은 덩이', '고른 뼈' 는 이스라엘의 왕과 왕족, 재능 있는 자들을 가리키며(겔11:3), 이들이 바벨론 공격으로 죽거나 포로로 잡혀가는 모습이 '뼈가 무르도록 삶을지어다' 라는 표현으로 묘사되어 있다(렘39:9-10).

에스겔이 환상 중에 본 성전의 의미는 무엇입니까?(겔40장)

예루살렘에 성전이 다시 세워진다는 것은 곧 이스라엘의 회복을 의미한다.

따라서 이것은 이스라엘 포로들이 다시 고국으로 돌아가 새 성전을 지어 하나님과 연합된 삶을 살 수 있으리라는 희망을 갖게 한다. 물론 이 회복은 성전 내 성소, 지성소의 크기가 솔로몬 성전과 동일하다는 사실로 미루어 완전히 새로운 차원의 첫 출발이 아니라 옛 것을 복구하고 개축하는 차원에서 이루어지는 것이다.

'성전 문지방 밑에서 흘러나온 물' 은 무엇을 의미합니까?(겔47:1-5)

이 물은 사해의 물을 정화시켜 모든 생물을 살게 하는 생명의 근원이자, 하늘 보좌에서 흘러나오는 생명수 강을 상징한다(계22:1-3). 이 물의 근원이 성전인 것으로 미루어 보아, 하나님의 성전을 통해 모든 사람들이 영원한 생명을 얻는 것을 가리킨다고 볼 수 있다.

27. 다니엘

1) 서론

본서의 명칭은 저자의 이름을 따서 다니엘서라고 하였다. 예수께서도 본서의 예언들을 선지자 다니엘이 말한 것으로 인정하셨다(마24:15, 막13:14). 이는 예수께서 이 책의 제목이 다니엘의 이름을 따라 붙여진 사실뿐만 아니라 그가 이 책의 저자임을 증거하신 것을 의미한다.

다니엘은 바벨론의 느부갓네살의 첫 번째 침공 때(BC 606, 1:1) 10대 소년으로 포로되어 간 유대 왕족이었다. 요셉처럼 꿈을 잘 해몽해서 느부갓네살 왕 때 총독으로 임명된 것을 계기로 그 뒤를 이은 벨사살 왕, 메대 다리오 왕, 바사 고레스 왕에 이르기까지 중직을 맡고 활동하다가 90여세에 바벨론에서 사망했다.

그러므로 본서의 역사적 기간은 70년 간이 된다. 즉, 1차 포로로 잡혀 갈 때부터 시작하여 티그리스강 기슭에서 마지막으로 환상을 본 고레스 3년(BC 536)까지의 기간이다. 유대인들은 다니엘을 선지자로 보지 않고 정치가로 다루어서 다니엘서를 예언서에 넣지 않고, 성문서에 배치했다. 그러나 70인역 이후에는 선지서로 포함시켜 대선지서로 분류했다.

기록 연대는 BC 6세기 후반 다니엘의 말년에 기록했다고 본다.

2) 시대 배경

다니엘이 활동하던 때의 왕들은 다음과 같다.

(1) 느부갓네살(Nebuchadezzar, BC 605-562) : 그는 부친인 나보폴라살의 뒤를 이어 왕이 된 후 갈그미스에서 애굽을 격파하고 수리아와 팔레스틴을 정복하여 그의 지배권을 넓혔다(BC 605, 대하

35:20, 사10:9, 렘46:2).

(2) 에월므로닥(Evil-Merodach, BC 562-560) : 그는 통치 기간 중에 여호야긴을 옥에서 풀어 그의 지위를 회복시켜 주었다(왕하 25:27-30).

(3) 네르갈사레셀(Nergalsarezer, BC 560-556) : 느부갓네살의 명령에 따라 예레미야를 옥에서 석방시켰다(렘39:13). 특히 신을 모독하고 왕위를 찬탈한 사건은 그에게 있어서 중요한 기록이다.

(4) 라바시말둑(Rhabashi-Marduk, BC 556) : 그는 왕위 계승 9개월 만에 제사장들에 의해 폐위되었다.

(5) 나보니두스(Nabonidus, BC 556-539) : 기록에 의하면 그는 신 바벨론 왕국의 마지막 왕이었다. 다니엘 5장과 고고학 자료에 의하면 BC 539년에 메대 · 바사에 의해 망하기까지 나보니두스는 그의 아들 벨사살와 함께 나라를 다스렸다고 한다.

(6) 고레스(Cyrus, BC 539-530) : 그는 바사제국의 설립자로서 혼란한 제국을 잘 조직하여 안정된 국가로 만들었으며 또한 메대를 병합하여 메대 · 바사 제국을 이룩하였으며, 그는 즉위하면서 유다 백성을 포로에서 해방시키기 위한 조서를 발표하였다(대하36:22,23, 스1:1).

3) 내용

다니엘서는 크게 두 부분으로 나뉘어져 있다. 1-6장까지는 역사 편으로 꿈과 환상을 해석하는 특별은사를 받은 다니엘이 느부갓네살 왕의 두 꿈을 해몽한 기사(2장, 4장)와 벨사살 왕에게 벽에 쓰인 글자를 해석해준 내용과 다리오 왕 때 세 총리 중의 한 사람이 되었다가 모함을 받아 사자굴에서 기적적으로 구원받은 사실이 기록되어 있다. 7-12장까지는 다니엘이 본 여러 가지 환상 즉 네 짐승의 환상, 숫양과 숫염소, 칠십이레에 관한 환상, 이스라엘 장래에 관한 환상 등이 나타나 있다. 특별한 것은 다니엘은 느부갓네살의 꿈을 통해서나(2장) 자신이 직접 본 이상(異像)을 통해서 열국의 장래를 예언했다는 점이다. 젊을 때부터 우상의 제물에서 자기의 신앙을 깨끗이 지켰던 다니엘에게 하나님은 인류의 장래를 예언해 주셨던 것이다.

* **참고**: 열국과 인류 역사와 관계된 느부갓네살의 꿈과 다니엘의 환상

번호	느부갓네살의 꿈	다니엘의 환상
바벨론	정금으로 된 머리(2:32)	사자(7:4)
메대 · 바사	은으로 된 가슴과 팔(2:32)	곰(7:5)
헬라	놋으로 된 배와 넓적다리(2:32)	표범(7:6)
로마	철과 진흙으로 된 종아리와 발(2:33)	열뿔가진 짐승(7:7)

참고로 2장에 나오는 느부갓네살의 꿈은 바벨론이 멸망한 후 메대 파사가 일어나고 메대 바사가 망한 다음 헬라가 일어나고 헬라가 망한 다음 로마가 지배할 것을 보여주었는데, 7장에 나오는 다니엘의 환상 역시 이 사실을 밝혀주고 있다.

첫 번째 짐승은 사자 같고 독수리의 날개가 있었다고 했는데, 사자는 짐승들의 왕이요 독수리는 새들의 왕이다. 그러니까 그것은 가장 귀한 금, 머리와 같은 것이고 이는 곧 바벨론을 의미한다. 두 번째 나온 짐승인 곰은 사자보다는 못해서 금보다 못한 은에 해당하나, 곰은 잔인하기 때문에 약탈을 일삼는 바사제국을 가리킨다. 세 번째 짐승은 표범 같은데 새의 날개 넷이 있었다고 했는데, 네 날개를 가지고 먹이를 찾아다니는 것은 하나의 세계제국을 나타내는 헬라를 의미한다. 더욱이 네 머리는 알렉산더가 죽은 후 헬라 제국이 4명의 장군으로 분열된 것을 의미한다. 마지막 네 번째 짐승은 무섭고 놀라우며 극히 강하며 또 철로 된 이가 있다고 했다. 이는 여러 민족을 짓밟아 세계제국을 이

룩한 로마를 가리키며, 그 발이 얼마는 철이요 얼마는 진흙이라는 것은 로마가 나중에 동서로 나뉘어진 것을 의미한다.

탐구문제

느부갓네살이 풀무불에서 본 제 4의 인물은 어떤 모습을 하고 있었습니까?(단3:25)

느부갓네살은 그 넷째 사람은 '신들의 아들'과 같은 모습을 하고 있었다고 말했다.

이 말은 바벨론적인 신 관념에서 말을 한 것이다. 한편 여기서의 제4의 인물을 그리스도라고 보는 견해(크리소스톰)가 있지만, 28절에 비추어 당신의 백성을 보호하기 위해 하나님이 보내신 하나님의 사자로 보아야 할 것이다(칼빈).

벽에 나타난 글씨 '메네메네 데겔 우바르신'의 해석은 무엇입니까?(단5:24-28)

'메네'는 하나님께서 왕의 시대를 세어서 끝나게 하셨다는 의미이고, '데겔'은 왕이 저울에 달려 부족함이 되었다는 뜻이고, '베레스: 복수형은 우바르신'는 왕의 나라가 나뉘어 메데 바사 사람에게 준 바 되었다는 뜻이다. 한편 이것은 글씨를 해석해 준 그 날 밤에 벨사살이 죽임을 당하고 메대 사람 다리오가 나라를 얻음으로 성취되었다(단5:30-31).

이천삼백 주야가 의미하는 기간은 구체적으로 언제를 말합니까?(단8:14)

본 절은 환난이 끝나는 기간을 예언하고 있는데 그 기간을 산출하는 방법은 저마다 조금씩 차이가 있다. 즉 2300주야를 2300개의 낮과 밤을 합한 1150일 동안 아침 제사와 저녁 제사를 드리지 못할 것으로 보는 견해가 있으나, 2300이라는 숫자대로 안티오쿠스 에피파네스가 유대인들을 압제하며 폭정을 행하던 6년 4개월의 기간으로 보는 견해가 있다(칼빈).

히브리적 사고에서는 주야가 개별적으로 계산되지 않고 함께 하루를 구성하는 것을 근거로 하는 것을 생각할 때 후자의 견해가 옳을 것이다.

다니엘이 예레미야서를 읽다가 크게 깨달은 사실은 무엇입니까?(단9:2)

여호와의 말씀이 예레미야에게 임하여 고하신 연수를 깨달았는데, 그 내용은 예루살렘의 황무함이 70년 만에 마치리라는 것이었다. 즉 하나님께서는 바벨론으로 하여금 범죄한 유다를 치게 하시고 70년이 지난 후 회복시켜 주실 것을 약속하신 것이다(렘25:11-12, 29:10).

힛데겔 강가에서 다니엘이 본 사람은 누구입니까?(단10:5-6)

다니엘이 본 사람의 모습은 거룩함을 상징하는 대제사장의 옷(레16:4)인 세마포옷을 입었고 허리에는 정금띠를 띠었다. 10:6에 묘사된 그의 모습은 사도요한이 본 일곱촛대 사이를 거닐던 인자의 모습(계1:12-16)과 같았고, 에스겔이 본 영광의 모습(겔43:1-5)과 같은 것이었다.

28. 호세아

1) 서론

본서의 명칭은 저자의 이름을 따라 호세아서라 칭하였다. 히브리어 원전은 호세아서를 비롯하여 말라기까지의 12권을 12소선지라 하며, 한 권으로 되어 있다. 소선지서 역시 대선지서와 같이 이스라엘과 유다의 멸망사라 할 수 있다. 타락한 이스라엘과 유다의 죄를 공격하고 하나님의 무서운 심판이 임할 것을 경고하고 있는 것이다.

호세아는 유일한 북왕국 태생의 선지자로 남왕국 출신의 아모스와 같이 북왕국 이스라엘에서 활약하였다. 호세아는 북왕국 여로보암 2세가 이스라엘을 통치하던 때(BC 793-753)에 하나님으로부터 사명을 받고 예언 활동을 시작하여 유다의 히스기야 왕시대(BC 728-697)까지 예언 활동을 하였다(1:1). 이 때 남왕국에서는 이사야, 미가가 선지자로 활동하였다.

기록 연대는 이스라엘 왕국이 멸망한 사건(BC 722)을 언급하지 않는 것을 볼 때, 본서는 BC 722 이전에 기록한 것으로 여겨진다. 참고로 12소선지서의 연대는 다음과 같이 추측된다(Delizsch).

(1) 오바댜(BC 889-884년)
(2) 요엘(BC 875-848년)
(3) 요나(BC 824-783년)
(4) 아모스(BC 810-783년)
(5) 호세아(BC 790-725년)
(6) 미가(BC 758-710년)
(7) 나훔(BC 710-699년)
(8) 하박국(BC 650-628년)
(9) 스바냐(BC 628-623년)

(10). 학개(BC 519년)
(11) 스가랴(BC 519년)
(12) 말라기(BC 433-424년)
※ 학자에 따라 연대는 다소 차이가 있다.

2) 시대 배경

북이스라엘은 여로보암 2세(BC 793-753)의 통치 하에서 최고의 전성기를 맞이하였다. 유능한 여로보암 2세는 40여 년 동안 왕국을 다스리면서(왕하14:23) 영토를 솔로몬 시대의 판도와 같은 '하맛 어귀에서부터 아라바 바다까지' (왕하14:25) 확장시켰으며, 팔레스타인의 주변 국가에까지 영향력을 행사하였다. 정치적 안정 속에서 경제적으로 윤택한 삶을 향유할 수 있었다.

그러나 영적으로 크게 타락하여 하나님의 은혜와 도우심을 망각한 채 율법을 무시하고 음란하게 우상을 섬겼으며, 이웃에게 불의를 자행하였다. 이 때 호세아는 하나님의 심판 곧 이스라엘의 멸망을 경고하면서 강력하게 회개를 촉구하였다. 하지만 그들은 호세아의 경고와 호소를 무시하고 계속해서 범죄했기에, 결국 북이스라엘은 앗수르의 살만에셀 5세의 공격으로 수도 사마리아가 함락되어 멸망당하였다(BC 722). 그리고 그 지도자들과 백성들은 포로가 되어 앗수르로 끌려가는 비극을 당하였다(참조: 왕하17:1-23).

* **참고** : 호세아가 예언활동을 한 64년간(BC 790-726) 북조 이스라엘의 역대 왕계표

(1) 여로보암 2세(13대) - 전성기 (41년 통치)
(2) 스가랴(14대) - (6개월 통치), 피살
(3) 살룸(15대) - (1개월 통치) 피살
(4) 므나헴(16대) - (10년 통치)

(5) 브가히야(17대) – (2년 통치) 피살

(6) 베가(18대) – (20년 통치) 피살

(7) 호세아(19대) – (9년 통치) 앗수르에 포로

(8) 북왕조 멸망 – BC 722년 앗수르에 의해

3) 내용

호세아는 동시대에 같이 활동하였던 의의 선지자 아모스와는 대조적으로 사랑의 선지자였다. 철저히 가정적인 인물로 신약적 사랑을 구약에서 실천한 선지자였다. 본서는 크게 두 부분으로 나뉘어져 있다. 1-3장까지는 역사적인 부분으로 비극적인 호세아의 가정 역사가 나온다. 하나님의 명령에 따라 음란한 여인인 고멜과 결혼하고, 후에 간음하여 정부의 품에 있던 간부(姦婦)인 그의 아내를 값을 치르고 다시 데려온다. 4-10장까지는 하나님의 무서운 심판을 경고하고 다음에 하나님의 사랑과 하나님의 회복을 예언하고 있다.

4) 영적 교훈

호세아가 아내 고멜의 음란한 행동을 끝까지 인내하면서 사랑했던 모습을 통해 하나님께서 이스라엘을 끝까지 사랑하실 것을 보여주고 있는 것이다.

탐 구 문 제

'이 나라가 여호와를 떠나 크게 행음하였다' 란 말은 무엇을 의미합니까?(호1:2)

'여호와를 떠나' 라는 말은 '여호와를 따르는 데서 떠나' 라는 뜻으

로 이스라엘 백성이 하나님을 섬기지 않고 우상을 숭배하는 행위를 가리킨다. 이같은 그들의 행위는 하나님께서 이스라엘과 시내산에서 맺은 언약(출19:1-8)을 깨뜨리는 즉, 영적 순결을 잃어버린 행위였던 것이다.

'이스르엘의 피를 예후의 집에 갚으며' 라는 구절의 의미는 무엇입니까?(호1:4)

이것은 이스라엘 왕국을 통치하던 예후의 왕가의 멸망을 선포하는 말씀이다.

예후는 하나님의 명령에 순종하여 아합의 집과 바알 숭배자들을 멸망시킨 장본인이었으나, 정작 그 자신과 그 후손들은 우상을 숭배하며 패역한 일을 계속하였다(왕하10:29,31). 따라서 하나님께서는 예후의 집이 상징하는 예후의 왕가와 이스라엘 왕국을 함께 멸망시킬 것이라는 뜻이다.

하나님께서 '아골 골짜기로 소망의 문을 삼아 주실 것' 이라는 말의 의미는 무엇입니까?(호2:15)

'아골' 은 환난이라는 뜻이며 아골 골짜기는 이스라엘 백성이 환난을 당한 골짜기를 가리킨다(수7:24-26).

그러므로 본문은 하나님께서 이러한 환난의 골짜기를 매우 비옥하고 즐거운 골짜기(사65:10)로 바꾸어 주심으로 인해 이스라엘 백성들은 아골 골짜기에서의 탄식이 변한 소망을 맛보리라는 말씀이다.

하나님께서 '길갈로 가지 말며, 벧아웬으로 올라가지 말라' 하신 의미는 무엇입니까?(호4:15)

길갈은 북이스라엘 가운데 가장 극심한 우상 숭배의 중심지이고(호

12:11, 암4:4), 벧엘은 금송아지를 섬김으로 우상의 집이 되었기에 벧엘(하나님의 집)이 아닌 벧아웬(죄악의 집)으로 언급한 것이다.

따라서 이 말은 북이스라엘의 길갈과 벧아웬의 행위를 본받지 말라는 뜻이다.

하나님께서 유다 방백들이 '지계표를 옮기는 자와 같다'고 하신 의미는 무엇입니까?(호5:10)

지계표란 돌로 재산이나 땅의 경계를 삼았던 표적(신19:14, 잠22:28)으로 하나님께서는 이 지계표를 옮기는 자를 저주하셨다(신27:17).

그런데 유다 방백들은 시리아와의 전쟁으로 이스라엘 정세가 혼란한 틈을 타 이스라엘 영토를 점령하였고, 이스라엘을 본받아 바알을 숭배하였다. 그러므로 하나님께서는 지계표를 옮기는 자들에게 저주를 선언하셨듯이 유다가 하나님의 심판을 받게 되리라고 선언하신 것이다.

하나님은 패역한 에브라임을 무엇에 비유하였습니까?(호7:8)

뒤집지 않은 전병 즉, 뒤집지 않아 한쪽은 타고 다른 한쪽은 밀가루 반죽 그대로 있어 그 어느 쪽도 사용할 수 없는 떡으로 비유하였다. 이 말은 한편으로는 진정으로 하나님을 섬기지 않는 위선적 삶을 살고, 다른 한편으로는 이방풍습과 우상숭배를 좇아서 세속화된 상태에 있는 이스라엘의 혼란한 상태를 책망하는 말인 것이다.

호세아는 당시 이스라엘의 패역함이 '기브아의 시대'와 같다고 했는데 이 말의 의미는 무엇입니까?(호9:9)

'기브아의 시대와 같이'란 베냐민 지파에 속한 기브아의 비류들이 레위 사람의 첩을 강간하여 죽게 한 사건을 가리킨다(삿19:22-30).

이로 인해 베냐민 지파는 이스라엘과의 싸움에서 패배하여 전멸되고 600명만 겨우 살아남을 수 있었다. 마찬가지로 이스라엘도 우상숭배와 도덕적 타락이 기브아 시대의 베냐민 지파와 같아서 하나님의 준엄한 심판을 받게 되리라고 경고하였던 것이다.

29. 요엘

1) 서론

본서의 명칭은 저자의 이름을 따서 붙인 것이다(1:1). 요엘은 잘 알려진 인물이 아니다. 요엘이라는 이름이 비록 구약성경에 12번이나 나오지만 본서 저자와는 아무런 관계가 없다. 본서에 브드엘의 아들인 요엘이라고만 언급되어 있다. 다만 사도행전(행2:16)에 한번 이름이 언급된 것이 전부이다.

요엘은 '여호와는 하나님이시다' 라는 뜻이기에 경건한 가정 출신임에 틀림이 없다. 요엘의 아버지 브드엘은 제사장이었다고 추측된다. 요엘은 유다왕 요아스 때(BC 835-796, 왕하11:21) 활동한 선지자이다.

본서의 기록 연대는 다소 이론이 있으나 대부분의 학자들은 요아스왕 재위기간내 일것이라고 추정한다.

2) 내용

요엘서는 역사적인 사실과 예언을 잘 조화시켜 이스라엘 백성들에게 회개를 촉구하고 있다. 전반부(1:1-2:17)는 메뚜기 재앙의 발생과 그로 인한 피해, 참상을 기록하면서 이같은 천재지변은 이스라엘 백성의 죄에 대한 하나님의 심판 때문인 것을 지적하고 또한 미래에 찾아올 여호와의 날에 있을 심판을 상징적으로 나타내면서 회개를 촉구한다. 후반부(2:18-3:21)는 택함받은 백성들이 회개하면 누리게 될 축복과 원수들로부터의 구원 그리고 그 후에 있을 원수들과 택함받은 백성들에 대한 심판을 선포하고 있다.

3) 신학적 의미

본서에는 중요한 신학적 의미를 갖는 것이 있다. 그것은 성령 강림에 대한 약속이다. 즉, 구약시대 특정한 사람에게 국한되었던 성령강림이 모든 사람에게 내려질 것을 약속하였던 것이다(2:28-32). "그 후에 내가 내 신을 만민에게 부어 주리니 너희 자녀들이 장래 일을 말할 것이며 너희 늙은이는 꿈을 꾸며, 너희 젊은이는 이상을 볼 것이며 그 때에 내가 내 신으로 남종과 여종에게 부어줄 것이며...(2:28-29)"라고 예언했다. 한편 신약시대 베드로는 오순절 때에 군중 위에 내려진 성령강림 사건(행2:1-4)은 요엘의 예언이 성취된 것임을 선포하였다(행2:16-21). 이처럼 본서는 성령강림에 대해 처음 예언함으로서 성령시대라 할 수 있는 신약시대의 도래를 선포한 중요한 책이다. 그래서 구약의 '성령행전' 이라는 별명을 붙인다.

탐구문제

본서에 나오는 메뚜기는 어떻게 해석해야 합니까?

본서에 나오는 메뚜기는 이스라엘 적군을 상징하는 것으로(풍유적 해석), 실제 동물로서 메뚜기 재앙을 의미하는 것으로(문자적 해석), 메뚜기 재앙을 실재하는 사건이자 미래에 있을 전쟁으로 인한 피해를 상징하는 것으로 해석하는(계시적 해석) 3가지 방법이 있다.

그런데 1:2-4를 보면 메뚜기 재앙이 역사적으로 실재하였음을 알 수 있으며 1:6, 2:4-11을 보면 메뚜기 재앙이 이방군대의 침략 행위를 상징하는 것임을 알 수 있기에 계시적 해석 방법이 타당하다 할 것이다.

'여호와의 날이 가까웠다' 는 의미는 무엇입니까?(욜1:15)

이 말은 앗수르 군에 의해 이스라엘이 멸망할 날과 주님이 세상을 심판하시기 위해 재림하실 날이 가까웠다는 의미이다. 이처럼 하나님은 당면한 메뚜기 재앙을 통해 가까이는 이스라엘의 멸망과 멀리는 주님의 재림 때의 심판을 예시하셨던 것이다.

하나님께서 제사장들에게 '시온에서 나팔을 불라'는 의미는 무엇입니까?(욜2:1)

전통적으로 나팔은 전쟁 때(민10:9, 수6:4, 삼상13:3), 예배 때(레25:9, 민10:10), 축제 때(왕상1:34) 불었는데 여기서는 전쟁을 알리는 경종으로 불었던 것이다. 그것은 백성들의 범죄로 역사상 유래를 찾기 힘든 큰 재앙을 당했으므로 그 백성들을 긴급히 불러모으기 위해서였다.

하나님께서 당신의 신을 누구에게 부어주시겠다고 하셨습니까? (욜2:28)

하나님께서 만민에게 부어주시겠다고 하셨다. 이것은 특정한 때에 특정한 사람에게만 임했던(민24:2, 대상12:18) 하나님의 계시가 남녀노소 심지어는 종에게도 임할 것임을 선포하는 말이다. 이 예언은 신약시대에 이르러 오순절 성령 강림사건(행2:17-21)로 성취되었다.

30. 아모스

1) 서론

본서의 명칭은 본서의 말씀을 선포하고 기록한 선지자 아모스의 이름을 따라 지칭한 것이다(1:1). 아모스는 예루살렘에서 남쪽으로 약 16Km 정도 떨어진 드고아 출신이다(삼하14:2, 대하 11:6, 20:20, 렘 6:1). 양을 치고 뽕나무를 재배하던 가난한 목자요 농부였던 아모스는 소명을 받고 주로 북왕국 벧엘에서 활동하였다(7:13). 당시 여로보암 2세가 거주하였던 우상의 중심지 벧엘에서 그의 설교가 심한 반발에 부딪히자 그는 유다로 돌아와 거기서 자신의 예언을 글로 기록하였다.

기록 연대는 본서가 예언한 재난(7:9)이 BC 745년부터 시작된 앗수르의 디글랏 빌레셀 3세의 침략을 말하는 것이므로 반드시 그 이전에 기록되었을 것이며, 이스라엘과 유다의 번영이 현실로 기록된 점으로 보아 BC 760년 이후로 추정한다. 대체로 BC 760년에서 745년 사이로 본다.

2) 시대배경

아모스는 남쪽 유다의 웃시야 왕(BC 792-740)과 북쪽 이스라엘의 여로보암 2세(BC 793-754) 때 활동했다. 당시의 국제정세는 이스라엘에게 유리하게 전개되었다. 이스라엘을 괴롭히던 앗수르는 앗수르 북쪽에서 남쪽으로 세력을 확장하려는 아라랏과의 전쟁에 휘말려들어 이스라엘과 그 주변에 뻗고 있던 힘을 아라랏 전선으로 옮기지 않을 수 없었다. 이 힘의 공백을 교묘히 이용하여, 여로보암 Ⅱ세는 주변 국가를 속히 점령하여 솔로몬 시대의 판도를 회복했던 것이다(왕하 14:25). 이와 같이 정치적 안정과 경제적 번영을 누릴 수 있었으나 신앙적으로는 크게 타락하였다. 즉, 육체적인 쾌락과 인간의 욕심을 부추기는 우상에 깊이 빠져들어 갔고, 정의와 윤리가 붕괴되고, 도덕적으로도 크게 타락하여 힘있는 자가 힘없는 자의 것을 빼앗고 가정의 순결이 붕괴되는 등 사회 전체가 크게 부패되어 갔다.

3) 본서의 내용

호세아를 사랑의 선지자라고 한다면, 아모스는 공의의 선지자라 할 수 있다. 그는 하나님의 공의를 특별히 강조했다. 공의와 정의가 무너진 이스라엘을 향하여 "오직 공법을 물같이 정의를 하수같이 흘릴지로다"(5:24)라고 외쳤다. 그의 계시는 명확하고 그의 예언은 철저하며 사회 정의감 또한 준엄하여 그를 '선지자의 아버지'라 부르기도 하였다.

본서의 내용은 크게 세 부분으로 되어 있다. 1-2장까지는 열방과 이스라엘의 심판을 예언했고, 3-6장까지는 이스라엘의 회개를 촉구하였으며, 7-9장까지는 메뚜기 환상, 불 환상, 다림줄 환상 등 그가 본 다섯 가지 환상이 나온다.

탐구문제

두로가 '형제의 계약을 기억지 아니하였다'는 말의 의미는 무엇입니까? (암1:9-10)

여기서 형제의 계약이란 두로의 왕인 히람이 이스라엘의 왕이던 다윗과 솔로몬과 맺은 동맹 관계를 의미하는 것으로, 여기서는 이스라엘 사람들을 노예로 팔지 못한다는 조항이 삽입되어 있다(삼하5:11, 왕상5:1-12). 그런데 두로는 이스라엘 포로들을 에돔인들에게 팔아 넘기고 자신들의 이익만 고려하였던 것이다(겔27:13).

모압이 '요란함과 외침과 나팔소리 중에서 죽을 것' 이란 의미는 무엇입니까?(암2:2)

이 말은 모압 족속들이 전쟁의 요란함과 어지러움 속에서 처참하게 멸망당하게 된다는 의미이다(사9:5).

'모든 단 옆에서 전당잡은 옷 위에 누우며'의 의미는 무엇입니까?(암2:8)

전당잡은 옷은 겉옷을 지칭하는데 이것은 가난한 자들의 이불로도 사용되었다. 율법서에 의하면 가난한 사람들이 겉옷을 전당잡혔을 때 그옷은 밤이 오기 전에 그 사람에게 되돌려 주어야만 하였다(출22:25, 신24:12). 따라서 이 말은 이스라엘 지도자들이 가난한 자들에게서 빼앗은 것들로 자기 만족을 누리는 것을 의미한다.

'바산의 암소' 란 무엇을 의미합니까?(암4:1)

바산은 이스라엘 땅에서 가장 비옥한 땅이기에 바산의 암소는 가장 살진 암소를 말한다. 여기서는 사치와 방종에 탐닉하고 있는 부자나 권세가들을 의미한다(사3:17-4:1, 32:9-12).

'사자를 피하다가 곰을 만나거나… 벽에 손을 대었다가 뱀에게 물림 같다' (암5:19)라는 말의 뜻은 무엇입니까?

악인들이 하나님의 형벌에서 피할 수 없음을 가리키는 말이다. 즉 악인들은 어려운 일을 당할 때 하나님께서 피할 길을 주셔서 구원 얻을 줄 알고 있지만 결코 재앙을 피할 수 없다는 말이다.

‘오직 공법을 물같이 정의를 하수같이 흘릴지로다’의 의미는 무엇입니까?(암5:24)

물이 수로를 따라 자연스럽게 흐르듯 공법과 정의도 자유롭게 시행되게 하라는 의미다.

즉 재판관과 통치자는 법을 옳게 시행하여 편파와 뇌물로 인해 공법과 정의의 흐름이 막히지 않게 하라는 말이다.

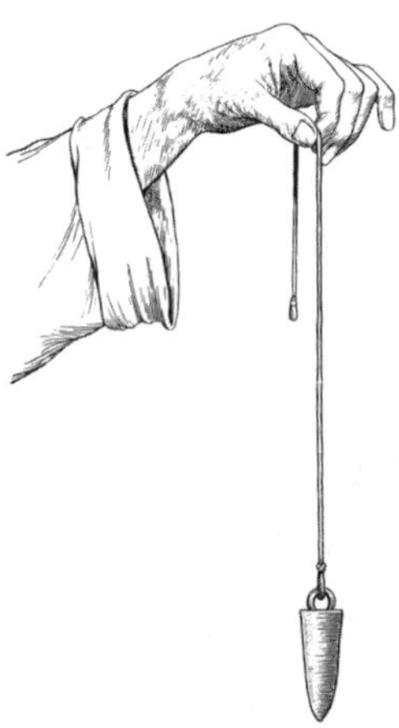

31. 오바댜

1) 서론

본서의 명칭은 저자의 이름을 따라 붙여진 것이다. 오바댜는 남왕국 유다에 살았던 것으로 추측된다. 친척 관계나 부친에 관한 언급이 없는 것으로 보아, 왕족이나 제사장 계열의 신분은 아닌 듯 하다. 성경 중에는 오바댜라는 인물이 12명이나 된다. 하지만 본서에는 '오바댜'라는 이름 외에, 그의 가문, 사회적 지위, 직업, 활동 연대 등에 대해서는 전혀 언급이 없으므로 본서의 오바댜가 정확히 누구인지는 알 수 없다.

본서의 기록 연대를 살펴볼 때 여호사밧이 세운 국무 장관들 중의 한 사람이며, 유다 나라에서 율법을 가르쳤던 오바댜가 본문의 오바댜가 아닌가 추측할 뿐이다(대하17:7).

오바댜서는 1장 21절 밖에 되지 않아 구약 성경 가운데 가장 짧은 성경이다. 그러나 가장 강도 높은 심판의 메시지를 담고 있다.

2) 역사적 배경

오바댜서에는 왕의 이름이 한 번도 언급되지 않는다. 따라서 10-14절에 언급된 예루살렘 함락 시기를 역사적 배경의 기준으로 삼는다. 그러나 이 사건의 시기도 확정하기는 어렵다. 구약시대에 있었던 예루살렘의 침략에 관한 기사가 성경에 4회 기록되어 있다.

① BC 926년, 르호보암 때 애굽왕 시삭의 침범(왕상14:25,26),

② BC 848-841년, 여호람 때 블레셋의 침범(대하21:16,17),

③ BC 790년, 아마샤 때 이스라엘왕 요아스의 침범(왕하14:13,14),

④ BC 606-586년, 바벨론의 침범(왕하24-25장) 등이다.

이 중 에돔인의 관여 가능성은 ②와 ④의 경우이다. 여기서 ②의 경우이냐 ④의 경우이냐에 따라 두 학설로 나누어진다. 후자의 가능성이 보다 크다고 보는 사람은 본서의 기록 연대를 BC 586년이라고 주장하나, 바벨론 침공 때에는 예루살렘을 얻기 위해 제비를 뽑지 않았던 것을 볼 때(1:11) 후자의 경우는 부적절하므로 여호람 통치시대(BC 848-841)라고 주장하는 학자들도 있다.

3) 본서의 내용

오바댜서의 내용은 한 마디로 에돔의 심판에 대한 예언이다. 에돔은 본래 야곱의 형 에서의 후손으로서, 야곱의 후손인 이스라엘 민족과는 형제 나라였다. 그러나 에돔은 BC 586년 유다가 멸망당할 때 도와주기는커녕 오히려 주변국과 합세하여 이스라엘 민족을 유린하는 불의를 행하였다. 강한 자의 편을 들어 형제의 의리를 저버린 불의한 에돔은 당장은 평안할 것 같았으나, 결국은 영원한 심판을 피할 수 없었다는 것이 본서의 주된 메시지이다.

전반부 1:1-16까지는 하나님을 대적하는 에돔에 대한 철저한 멸망을 선포하고, 후반부 1:17-21까지는 범죄하였으나 하나님의 백성으로 택함받은 이스라엘의 회복을 예언하고 있다.

4) 영적 교훈

당시 나라를 잃고 주변국의 멸시와 천대를 받고 살던 이스라엘에게, 하나님은 힘이 없어서 택한 백성을 이방 민족에게 내어주신 것이 아니며, 또 이스라엘을 사랑치 않으셔서 심판하신 것도 아님을 보여 줌으로써, 거듭 이스라엘의 회개를 촉구하는 동시에 앞날에 대한 소망을 갖도록 해 준다. 뿐만 아니라 여호와는 온 세상을 통치하시는 하나님이심을 보여준다.

탐구문제

"너의 중심의 교만이 너를 속였도다"라는 말의 뜻은 무엇입니까?(옵1:3)

그것은 에돔이 하나님을 믿지 않고 훌륭한 요새만을 의지하여 교만하고 방심하였다가 그 요새가 무너져 멸망하리라는 뜻이다(시10:5).

에돔은 그들 자신의 힘만 믿고 하나님의 심판을 무시하다가 마침내 비참하게 멸망당하게 된다.

여호와께서는 에돔이 어디에 있더라도 끌어내리라고 하셨습니까?(옵1:4)

하나님은 에돔이 독수리처럼 높이 오르며 별 사이에 깃들지라도 거기서 끌어내리라고 하셨다. 이것은 하나님이 심판하실 때에는 에돔이 독수리처럼 험준한 곳에 숨거나 별처럼 사람이 닿을 수 없는 곳에 있다 하더라도 철저하게 심판하시는 것을 말하고 있는 것이다.

왜 에돔이 이스라엘을 반역한 것이 그토록 큰 죄가 됩니까?

에돔은 히브리어로 '빨강' 또는 '붉다' 라는 뜻이다. 이것은 에서가 장자 상속권을 자기 동생 야곱의 붉은 죽 한 그릇과 교환한 것을 기념하여 붙여진 이름이다(창25:30). 이와 같이 에돔은 바로 야곱의 형제로서 형제의 나라를 반역한 것이 되어 하나님 앞에 그렇게 큰 죄가 되었던 것이다.

야곱 족속은 불이 될 것이요 요셉 족속은 불꽃이 되리란 말은 무슨 뜻입니까?(옵1:18)

야곱 족속이란 유다 왕국을 가리키며 요셉 족속이란 북이스라엘을 가리키는 말이다. 그러므로 야곱 족속과 요셉 족속을 불과 불꽃으로 비유한 말은 두 왕국이 재통일되어 회복될 것을 의미한다(사11:13, 렘3:18, 겔37:16, 호3:5, 슥10:6).

32. 요나

1) 서론

이 책의 명칭은 주인공이요 저자인 요나의 이름을 따라 붙여졌다(욘 1:1). 요나는 북이스라엘 가르헤벨 출신으로 북조 이스라엘이 가장 번영을 누렸던 여러보암 2세(BC 792-753) 때 활동한 선지자이다(왕하 14:25). 본서에는 요나가 직접 기록했다는 증거는 없지만, 요나가 겪은 일에 대해 직접 체험자가 아니면 쓸 수 없는 생생한 경험담이 적혀 있어서 요나가 그 저자임을 잘 증거하고 있다.

히브리인의 전승에 의하면 그는 엘리야가 살려준 사렙다 과부의 아들이었으며(왕상17:17-24), 엘리사가 예후(BC 841-814)를 이스라엘의 왕으로 기름 붓기 위해 보냈던 그 소년(왕하9:1-6)이라고도 전한다.

2) 시대 배경

요나 당시 이스라엘 북쪽에 위치하여 항상 이스라엘을 괴롭혔던 앗수르의 수도는 길가였고 니느웨는 큰 성읍(1:2, 3:3)에 불과하였다.

그러나, BC 700년경 산헤립(Sennacherib)(BC 705-681)이 확장하여 앗수르의 수도로 삼은 이래로(왕하19:36, 사37:37) 니느웨는 BC 612년 바벨론과 메대 연합군에게 함락될 때까지 앗수르의 수도로서 기능을 다하였다. 요나 당시 앗수르왕은 아슈르단 3세(Ashurdan Ⅲ, BC 771-754)였으며 당시 앗수르는 국가적으로 큰 어려움에 빠져 있었다. BC 765년에는 무서운 질병이 유행했고, BC 763년에는 일식이 일어나 국민들의 마음을 더욱 불안하게 만들었고, 같은 해 또다시 역병이 크게 퍼졌다. 이러한 국가적 어려움 때문에 아슈르단 3세는 요나의 회개 메시지를 쉽게 받아들였던 것이다.

3) 본문의 내용

본서는 4장으로 편성되어 있는데, 1장은 도망가는 요나를, 2장은 기도하는 요나를, 3장은 전도하는 요나를, 4장은 배우는 요나를 각각 증거하고 있다.

본서의 내용에는 기적담이 많다. 곧, 배가 파선하기 직전에 바다가 잔잔해진 일(1:15), 큰 물고기가 요나를 뱃속에 넣어둔 일(1:17), 다시 요나를 땅 위에다 토해낸 일(2:10), 박넝쿨(4:6), 벌레(4:7), 바람(4:8) 등을 준비한 일과 이방의 니느웨 사람들이 회개하고 구원을 얻은 일 등이 그것이다.

4) 영적 교훈

요나서는 여호와 하나님은 단순히 이스라엘 백성의 하나님만 되시는 것이 아니라, 이방인의 하나님도 되시는 것을 보여주면서 이방 세계에 대한 선민 이스라엘의 선지자적이며 제사장적인 사역을 강조하고 있다. 특히 요나가 물고기 속에서 3일간 체류한 것은 인류의 구속을 위해 성육신하신 예수 그리스도의 죽으심과 부활사건을 예시하는 중요한 구속사적 예표였던 것이다(마12:40).

5) 본서에 대한 논란

요나가 고기뱃속에서 3일동안 지냈다는 등의 믿어지지 않는 내용들을 우화 또는 비유로 보아서 요나는 불순종하는 이스라엘을, 바다는 이방인을, 큰 고기는 바벨론을, 고기 뱃속에 들어간 3일은 이스라엘의 바벨론 포로기를 의미하는 것으로 해석하는 견해가 있다.

그러나 예수께서 본서의 내용을 시인하시면서 이를 주의 부활의 그림자로 보셨고(마12:39-41, 16:4, 눅11:29, 30), 요나가 실존 인물이었으므로, 본서의 내용도 역사적 사실로서 분명한 목적에 의한 이적으로 받아들여야 한다. 현재 니느웨의 옛터 부근에 '네비 유누스'(선지자 요나)란 언덕이 있고, 그 곳에 '요나의 무덤'이란 고적이 보존되어 있다.

탐 구 문 제

요나는 니느웨로 가라고 하시는 하나님의 명령을 왜 거역하고 다시스로 도망하였습니까?(욘1:3)

니느웨는 이스라엘과 적대 관계에 있는 원수의 나라 앗수르의 성읍이었다. 그래서 요나는 자신이 그들에게 가서 하나님의 말씀대로 회개를 촉구하면 행여나 그들이 다 회개하여 하나님의 심판(멸망)을 면하게 될까 생각하였다. 즉 요나는 니느웨의 구원받는 것을 좋아하지 않았기 때문이다.

요나는 왜 하필이면 다시스로 도망갔을까요?

다시스는 구약성경에 달시스(창10:4)라고도 표기되어 있으며 서쪽 땅끝으로 여겨졌었다(시72:10). 지금의 스페인 남부 지브랄타르에 가까운 타르테수스(Tartessus)라고 생각된다. 요나는 그 멀리까지 도망하면 하나님의 힘이 거기까지 미치지 못하리라고 생각했을 것이다.

요나가 큰 물고기 뱃속에서 3일 동안 지낸 후 나온 것은 무엇을 의미합니까?(욘1:17)

요나가 하나님께 불순종한 대가로 물고기 뱃속에 있다가 뭍에 나온 것은 죄에 대한 회개와 그 결과 얻게 되는 새 생명의 진리를 깨닫게 한다(행11:18). 또한 요나가 사흘 밤낮을 물고기 뱃속에 있었던 것은 예수그리스도께서 사흘 동안 무덤 속에 머물러 계셨던 사실을 예표한다(마27:64,눅11:29-32).

니느웨 백성들이 요나의 선포를 듣고 어떻게 행하였습니까?(욘3:5)

니느웨 백성들은 요나의 선포를 듣고 금식을 하며 굵은 베를 입었는데, 이것은 그들이 하나님 앞에 자신들을 겸손히 낮추고 적극적으로 회개하였음을 가리킨다(왕상 21:27, 욜1:13-14).

33. 미가

1) 서론

본서의 명칭은 저자의 이름을 따라 미가서로 불려진다. 미가는 예루살렘 서남 40Km에 위치한 므레셋이라는 작은 마을 출신으로, 유다의 요담(BC 739-735)과 아하스(BC 735-725) 그리고 히스기야(BC 725-697) 시대에 활동한 선지자이다(1:1, 렘26:18). 그러므로 이사야(BC 758-698)와 같은 시대에 활동한 선지자이기에 미가서와 이사야서는 유사한 내용이 많이 발견된다. 가령 메시야 왕국의 예언에서 더욱 그러하므로(4:1-3과 사2:2-4) 미가서는 이사야서의 축소판이란 별명을 갖고 있다.

이사야가 궁중 선지자로 심오한 그리스도를 논한 데 반해, 미가는 평민 선지자로 주로 도덕 문제를 내세워 권력자의 불의와 압제를 공격하였던 것이다. 다만 미가의 예언은 이스라엘과 유다에 한정되었던 반면 이사야의 예언은 이스라엘과 유다 그리고 주변 국가들까지 포함하고 있는 점이 큰 차이점이라 할 수 있다.

2) 시대 배경

미가가 활동하던 당시 앗수르는 고대 근동지역을 정복하려는 야망에 불타 있었다. 빌레셋 3세, 살만에셀 3세, 사르곤 산헤립 등으로 이어지는 앗수르의 통치자들은 계속 이스라엘과 유다를 정복하려고 많은 노력을 기울였었다. 이러한 국가적 위기 앞에서도 이스라엘과 유다 백성들은 하나님께 돌아오기는커녕 오히려 음란하게 우상을 숭배하였으며, 도덕적으로도 타락의 구렁텅이에 빠져 들어갔다. 더구나 백성을 올바르게 다스려야 할 지도자들은 자신의 권력을 이용하여 백성들을 착취하고 수탈하였으며, 민족적 죄악을 시정해야 할 책임을 맡은 제사장들 또한 현실의 죄악과 타협하여 자기 배를 채우기에 여념이 없었다. 거짓 선지자들 역시 백성들의 인기에 영합하여 말씀 선포의 책무를 외면하였다. 이와 같이 죄악이 가득 찬 이스라엘과 유다를 향하여 미가 선지자는 하나님의 심판을 선포하였다.

3) 내용

미가서는 약자를 억압하는 부유층(2:1, 2, 9)과 타락한 지도자 및 종교인에 대한 비도덕적 행위를 신랄히 공격(3:1-3, 9-11, 6:6-8)하고 하나님의 무서운 심판을 선포하며 동시에 하나님의 구원도 함께 선포하고 있는데, 특별히 장차 다윗 계통의 한 새로운 왕이 베들레헴에서 나실 것을 예언하였다(5:2-4).

본서는 크게 3부분으로 나뉘어져 있다. 1-3장까지는 이스라엘과 유다에 대한 심판을, 4-5장까지는 메시야 왕국의 구원을, 6-7장까지는 여호와의 경책과 회개의 촉구를 기록하고 있다.

4) 메시야에 대한 묘사

미가는 BC 700년경에 이미 이스라엘을 다스릴 자, 즉 메시야가 탄생하실 것을 명확히 예언했다(5:2). 그는 베들레헴의 고대 이름인 에브라다(창35:16, 19, 룻4:11)를 덧붙임으로 더욱 메시야의 사역을 분명하게 제시했다. 즉 '떡집(the house of bread)' 이라는 뜻을 지닌 베들레헴을 통해 메시야로 오실 예수 그리스도가 생명의 떡이 되시고, 이 떡을 먹는 자에게 영생이 있음(요6:35)을 시사하였을 뿐만 아니라 '열매가 풍성하다' 는 뜻을 지닌 에브라다를 사용함으로 예수 그리스도께서 믿는 자의 마음 밭을 살찌우실 것(엡3:17)을 예견하였던 것이다. 또한 미가는 메시야의 기원을 창조 이전, 즉 태초에 두고 있으며(5:2) 이 메시야가 여인에게서 탄생할 것을 예언함으로써(5:3) 이사야의 예언과(사8:14) 동일한 입장을 취하였다. 장차 오실 이 메시야는 평강의 왕으로 오셔서(5:5, 사9:6) 앗수르로 상징되는 세상 나라의 권세에서 자기 백성을 보호하시고 구원하시며 세상 나라들을 심판하실 것을 예언하였다.

탐구문제

여호와의 심판 날에 악인들이 제비를 뽑고 줄을 띠어도 기업을 얻지 못할 것이라는 말의 의미는 무엇입니까?(미2:5)

제비를 뽑고 줄을 띤다는 말은 이스라엘 백성들이 기업을 받는다는 의미로 가나안 땅을 나누던 방식을 가리킨다(민34:13, 사34:17). 따라서 이 말은 여호와의 심판 날에는 하나님을 섬기는 자들은 제비를 뽑아 땅을 측량해 갖지만 악인들에게는 돌아갈 몫이 없다는 것이다.

부패한 지도자들로 인해 예루살렘에 어떤 징벌을 내리시겠다고 하셨습니까?(미3:12)

시온을 갈아엎은 밭이 되게 하시고 예루살렘을 돌무더기가 되게 하시며 성전 언덕은 잡초로 뒤덮이게 할 것이라 하셨다.

미가가 예루살렘을 향하여 멸망의 애가를 하고 있는 부분인데, 그 내용은 시온과 예루살렘이 완전히 멸망당하여 잿더미만 남게 되고, 성읍의 언덕은 수풀로 뒤덮일 것을 가리키고 있는 것이다.

'말일에 이르러는… 무리가 그 칼을 쳐서 보습을 만들고, 창을 쳐서 낫을 만들 것이며…' 란 의미는 무엇입니까?(미4:1-4)

말일은 구약시대의 끝 즉 메시야의 때를 가리키는데, 이 때에는 더 이상 무기가 필요 없고 보습이나 낫 같은 농기구만 필요하게 될 것이라는 뜻이므로, 메시야 왕국이 완전한 평화의 나라일 것을 의미한다(계21:1–4).

이스라엘을 다스릴 자는 어디서 탄생하신다고 하였습니까?(미5:2)

베들레헴 에브라다이다. 베들레헴은 '떡집' 이라는 뜻을 가지고 있고, 베들레헴의 고대이름인 에브라다는 '열매가 많다' 는 뜻으로 둘 다 풍요로움을 나타내고 있다(창35:16, 룻4:11).

이것은 장차 오실 그리스도께서 믿는 자에게 생명의 떡이 되실 뿐 아니라 믿는 자의 마음 밭을 살찌우실 분이라는 사실을 의미하고 있다(엡3:17).

이스라엘을 다스릴 자의 근본은 '상고에, 태초에니라' 는 말의 의미는 무엇입니까?(미5:2)

'상고에', '태초에' 라는 말은 그리스도께서 베들레헴에 태어나시기 전 곧 태초 이전부터 이미 존재하셨음을 가리키는 말이다(합1:12). 이처럼 이스라엘을 다스릴 자로 오실 그리스도께서는 태초에 하나님과 함께 계셨던 성자 하나님이셨다(요1:1–3).

34. 나훔

1) 서론

본서의 명칭은 저자의 이름을 따서 '나훔' 서로 칭하였다(1:1). 나훔에 대해서는 그가 엘고스(가버나움?)출신이라는 것 이외에는 전혀 알려진 것이 없다.

나훔은 BC 633-612에 예언 활동을 하였으며, 전적으로 앗수르의 수도 니느웨성의 멸망을 예언하였다. 니느웨성이 BC 612년에 함락되었기 때문에 나훔은 본서를 BC 612년 직후에 기록한 것 같다(2:11).

2) 역사적 배경

약 100년 전 요나의 선교로 성 전체가 회개하여 심판을 면했던 앗수르는 하나님에 대한 믿음을 그들의 후손에게 물려주지 아니하여 백성들은 그들의 이교적 풍습으로 돌아갔다. 그 결과 앗수르는 BC 722에는 북왕국 이스라엘을 멸망시키고 BC 701에는 예루살렘을 거의 점령하였지만 수도를 니느웨로 옮기면서 사악함과 교만함이 극에 달하였고 앗수르 제국은 그 말기 증상을 보이게 되었던 것이다. 반면 근동의 새로운 제국으로 떠오른 바벨론이 점차 강대해지면서 메대와 동맹을 맺고 앗수르를 위협하고 있었다.

3) 본서의 내용

본서는 요나서와 반대로 니느웨의 멸망을 선포하고 있다. 니느웨는 멸망받을 것이라는 것이 본서의 주제이다. 하지만 다른 한편으로는 하나님의 백성들을 권면하고 위로하고 있다. 주요 내용은 1장과 2장에서는 공의로우시며 전능하신 하나님의 품성이 소개되면서, 그 하나님의 거룩하심과는 반대되는 사악한 니느웨의 멸망이 하나님의 심판으로 곧 이루어질 것이라고 선포된다. 3장은 니느웨의 구체적인 죄악을 낱낱이 지적함으로 심판의 필연성 및 하나님의 엄정성을 증거하고 있다.

탐구문제

'여호와께 악을 꾀하는 한 사람' 은 누구를 말합니까?(나1:11)

이 사람을 랍사게(사36:13)로 보는 견해, 산헤립(왕하19장)으로 보는 견해, 하나님을 거역하는 앗수르 왕들로 보는 견해(미5:5-6)가 있다. 사36, 37장과 14절의 말씀을 고려해 보면 산헤립으로 보는 것이 적합하다.

유다 백성에게 '아름다운 소식' 이란 무엇입니까?(나1:15)

그것은 유다 백성을 괴롭히던 앗시리아가 하나님의 심판으로 멸망되었다는 소식이다.

한편 이 '아름다운 소식' 이라는 구절은 신약시대 예수 그리스도께서 이루어 놓으신 구원의 영원한 복음을 뜻하는 것으로 사도 바울에 의해 인용되기도 하였다(롬10:15).

35. 하박국

1) 서론

본서의 명칭은 저자의 이름을 따라 하박국서라 한다(1:1). 본서 이외에는 하박국에 대한 언급이 없다. 랍비의 전승에는 하박국을 왕하 4:16에 나오는 수넴 여인의 아들이라고 전한다. 또 구약외경(벨과용)에는 그가 사자굴에 있는 다니엘에게 식물을 갖다주었다는 기록이 있다. 본서에는 하박국 당시를 가름하는 연대가 나오지 않는다. 유일한 역사적 사실로 갈대아 사람의 침입(1:6)이 언급되고 있을 뿐이다. 그러므로 갈대아 사람의 침입을 어느 때로 보느냐에 따라 그 연대가 추정되는데, 일부에서는 BC 330년 알렉산더의 침입을 주장하는 학자들도 있으나 일반적으로 느부갓네살 왕의 1차 침입 때인 BC 605년으로 보아 본서의 기록 연대를 BC 625-605년으로 추정한다. 그러니까 하박국 선지자는 요시야 왕 때 활동했고 스바냐를 뒤이어 여호야김시대에 활동한 선지자였다.

2) 역사적 배경

유다를 항상 위협하던 앗수르 제국이 멸망당하자 유다 백성은 마치 자기 세상을 만난 것처럼 날뛰며 요시야 왕이 주도한 신앙 부흥 운동도 다 집어치우고 종교적으로 도덕적으로 크게 타락하여 그 부패상이 극에 달하였다.

이러한 극한 상황에서 하박국 선지자는 '하나님이 왜 타락한 유다 백성을 심판하시지 않고 묵과하고 계시느냐' 고 하나님께 질문을 던졌던 것이다.

3) 본서의 특징

본서는 그 주제와 문장 구성이 다른 구약 성경의 책들과는 전혀 다른 특징을 갖고 있다. 일반적으로 선지자는 하나님의 말씀을 받아 백성에게 선포하는 형식을 취했는데 본서는 하박국 선지자가 품고 있었던 회의를 하나님께 질문하고 그 질문에 대해 하나님이 답변하는 형식으로 구성되어 있다.

4) 본서의 내용

본서는 크게 두 부분으로 나뉘어져 있다. 1-2장에는 하박국이 제기한 두 가지 문제에 대한 하나님의 답변이 나오고 3장에는 확신에 찬 찬미가 나온다. 하박국이 제기한 첫 번째 문제는 '왜 의인이 고생하며 악인이 도리어 흥왕하나이까' 하는 문제였고 여기에 대한 하나님의 답변은 그런 현상은 일시적인 것이고 미구에 바벨론을 통하여 심판하리라는 것이었다. 두 번째 질문은 이스라엘을 징계하시는데 '왜 이스라엘보다 더 악한 자를 통하여 징계하시느냐' 는 의문이었고 여기에 대한 답변은 역설적인 현상 때에 의인은 진정한 믿음으로 산다는 것이었다. 3장에 가서는 이 비밀을 터득한 하박국의 확신에 찬 감사로 끝을 맺는다.

"비록 무화가 나무가 무성치 못하며 포도나무에 열매가 없으며 감람나무에 소출이 없으며 밭에 식물이 없으며 우리에 양이 없으며 외양간에 소가 없을지라도 나는 여호와를 인하여 즐거워하며 나의 구원의 하나님을 인하여 기뻐하리로다"(3:17-18)

5) 본서의 공헌

하박국의 회의는 모든 진지한 성도들이 한 번쯤은 가질 수 있는 것으로 신앙 생활의 현장에 빛을 주고 있다. 더구나 두 번째 질문에 대한 회답인 '의인은 그 믿음으로 말미암아 살리라'(2:4)는 말씀은 만고의 대진리로 신약에서 세 번이나(롬1:17, 갈3:11, 히10:38) 인용되었으며, 바울을 통해 신약의 구원론으로 정립되었고, 루터를 통해 종교개혁의 원동력이 되었다.

탐 구 문 제

'바다의 어족', '주권자 없는 곤충'과 '낚시' '그물', '초망'은 각각 무엇을 비유한 말입니까?(합1:14-15)

낚시 그물 초망은 갈대아 군대를 비유한 말로 이스라엘 백성은 갈대아 사람들에게 대항해 보지도 못하고 여기에 사로잡히는 바다고기와 곤충에 비유된 것이다.

'담에서 돌이 부르짖고 집에서 들보가 응답하리라'란 말의 의미는 무엇입니까?(합2:11)

이것은 갈대아인들이 뭇사람들의 피를 노략한 재료들을 가지고 자신들의 주거지를 아름답게 꾸미지만 그 건축물에 사용된 무생물인 재료들이 갈대아인들의 잘못을 고발한다는 사실을 비유적으로 표현한 말이다(창4:10).

'광선이 그 손에서 나오니'란 말의 의미는 무엇입니까?(합3:4)

이 말은 '광선이 손에서 비치니' 라는 뜻인데 손이 몸체의 옆에 있으므로 햇빛 같은 광명이 하나님의 측면에까지도 둘리워 있다는 의미이다(겔1:13, 단10:6).

즉 이것은 하나님께서 이스라엘 백성을 구원하시기 위해 현현하실 때는 그 분의 양측에 찬란한 빛이 둘리울 것을 나타내는 말이다(시104:2).

36. 스바냐

1) 서론

본서의 명칭은 저자의 이름을 따서 붙인 것이다. 스바냐는 히스기야 왕의 4대손으로 선지자 가운데 유일한 왕족이다. 그러므로 스바냐의 조상은 4대까지 기록되었으며(1:1) 상류사회의 생활을 자세히 알고 있었기 때문에 왕족과 방백들의 죄를 많이 지적할 수 있었다(1:8, 9, 3:3).

스바냐는 요시야왕 때(BC 640-609) 활약하였으며, 요시야왕으로 하여금 종교 개혁(BC 621)을 단행하도록 준비를 해 준 선지자였다. 기록 연대는 앗수르왕이 니느웨의 멸망(BC 612)을 예언하였던(2:13) 것으로 보아 BC 640-612 사이라고 추정된다.

2) 시대 배경

스바냐가 예언 활동을 한 시기는 BC 640-612으로 요시아왕 시대였다. 이 때는 이미 형제 나라인 북왕국이 끝내 타락하여 앗수르 제국의 말발굽에 짓밟혀 망한 지 거의 100년이라는 세월이 흐른 뒤였다. 그러나 유다 사람들은 역사 속에 분명히 나타난 하나님의 진리를 깨닫지 못하고, 종교적으로는 우상 숭배에 사회적으로는 각종 부패와 타락에 물들어 갔다. 바로 이런 때에 스바냐 선지자가 등장하여 타락한 유다에 심판을 경고하고 회개를 촉구하였던 것이다. 그리고 이는 결실을 맺어 요시야왕의 종교 개혁을 가능케 하였다.

3) 본서의 내용

본서의 주제는 '여호와의 날' 이다. 본서에 7회나 언급된다. 이날은 하나님의 심판의 날이요 진노의 날이다. 희생의 날(2:8), 분노의 날, 고통의 날, 황무와 파괴의 날, 캄캄하고 어두운 날, 구름과 흑암의 날(2:14)로 묘사된 여호와의 날은 가깝게는 바벨론군의 침입 때 벌어질 유다에 대한 심판의 날이며, 멀리는 종말적 최후의 날을 가리킨다.

스바냐는 왕족 출신이요 상당한 지위에 있었으므로 당시 지도자들을 혹독하게 책망하였으며(3:3-6) 그의 예언은 직선적이고도 단호한 어법과, 생동감 넘치는 언어로 구사되고 있다(1:2,14 2:1,2 3:8,17). 또, 다른 한편으로 하나님의 심판 가운데서도 살아남은 자가 하나님을 섬길 것을 예언하고 있다. 남은 자(3:12,13) 사상과 심판 사상이 본서의 중심사상이라 할 수 있다. 전반부(1:1-3:8)는 유다의 심판과 열방의 심판을 예언하였고 후반부(3:9-20)는 이방인의 구원, 이스라엘의 구원을 예언하고 있다.

탐 구 문 제

'그마림' 이란 무엇을 의미합니까?(습1:4)

어원이 불명확하기에 정확한 뜻은 알 수 없다. 그러나 아람어에서는 이방신들의 제사장, 일반적인 제사장을 의미하는 폭넓은 의미를 갖고 있으며, 구약에서는 산당의 제사장(왕하23:5)나 송아지 우상의 제사장(호10:5)들을 지칭하는 데 사용되었다. 그러므로 이 말은 일반적으로 우상을 섬기던 제사장을 가리키는 말로 규정할 수 있다.

'문턱을 뛰어 넘는다' 는 것은 무엇을 의미하는 말입니까?(습1:9)

이것은 문턱을 거룩하게 생각하여 밟지 못하고 뛰어넘는 것으로 블레셋의 신 다곤을 경외하는 관습을 말한다(삼상5:5).

역사적으로 볼 때, 이 관습의 유래는 블레셋이 하나님의 궤를 다곤의 신전에 두었을 때 다곤 신상이 부서진 후부터 다곤 신전에 들어가는 자는 문지방을 밟지 않는 관습이 생겼던 것이다(삼상5:5).

여호와께서 이 땅 모든 거민을 멸절할 때 어떻게 하신다고 하였습니까?(습1:18)

그들의 재산이 그들을 건지지 못할 것이며, 온 땅이 여호와의 질투의 불에 삼킬 것이라 했다. 하나님의 심판 앞에서는 어느 누구도 피할 수 없으며, 그 무엇도 하나님의 진노에서 구원해 줄 수 없다.

37. 학개

1) 서론

본서의 명칭은 본서의 예언들을 선포한 선지자 '학개'의 이름을 따라 학개서라 칭하였다. 본서의 저자는 문체상 약간의 문제(학개 선지자가 3인칭으로 묘사됨)가 있지만 많은 학자들은 학개가 본서의 저자라고 생각한다. 학개에 대해서는 별로 알려진 바가 없지만 그는 바벨론에서 출생하였으며, 1차 귀환 때 스룹 바벨과 함께 예루살렘으로 돌아왔다고 한다. 전승에 의하면 당시 학개는 젊은 나이였다고 한다.

학개는 포로 귀환 시대에 가장 먼저 활동한 선지자였으며, 활동 기간은 바사 다리오 왕 2년(BC 520)에 4개월 동안 활동하였다. 그의 임무는 중단된 성전 건축을 재개시키는 데 있었다. 강경한 어조로 성전 재건을 독려하고 있다.

2) 시대 배경

BC 536년 바벨론을 멸망시켰을 때, 바사 왕 고레스는 즉시 유대인이 돌아가 성전을 재건할 것을 허락하였다. 스룹바벨의 인도로 약 오만 명이 예루살렘에 도착하여 곧 성전의 정초식을 거행하였다(스3:8-10). 그러나 고레스 왕이 죽게 되자 사마리아 총독이 귀환한 유대인들이 성막을 건축하여 바사(페르시아)를 배반하려 한다고(스4:11, 12) 고자질하는 바람에 성전 공사는 16년 동안 중단되었다. 그러다가 바사 왕 다리오 1세가 즉위하여(BC 521) 이미 성지에 있던 스룹바벨을 유다 총독으로 임명한 것을 계기로 하여 학개는 스가랴와 더불어 총독 스룹바벨과 대제사장 여호수아에게 성전 재건을 격려하게된다(스5:1). 그리하여 다리오왕 2년(BC 520)에 다시 공사가 진행되어 4년 후인 BC 516년 드디어 스룹바벨의 제 2성전이 낙성된 것이다.

3) 본서의 내용

본서는 네 가지 예언으로 구성되었고 각 예언마다 선포된 일자가 명시되어 있다.

첫 번째 예언(1:1-11)은 6월 1일 선포된 것으로 성전을 폐허 상태로 내버려둔 백성들의 무관심을 책망하고 있다. 둘째 예언(2:1-9)은 7월 21일에 선포된 것으로 백성들 중 일부가 지금 건축되고 있는 초라한 성전을 바라보면서 옛날 화려했던 솔로몬 성전에 비교하여 실망할 때에 "이 전의 나중 영광이 이전 영광보다 크리라"고 위로하였다. 세 번째 예언(2:10-19)은 9월 24일 전달된 것으로 겉으로만 애써 수고하는 그들의 잘못을 지적하고 진심으로 성전 재건에 힘쓰면 복을 주시겠다고 약속하였다. 네 번째 예언(2:20-23)은 세 번째 예언과 같은 날에 전달된 것으로 백성의 대표인 스룹바벨에게 주신 말씀이다.

탐 구 문 제

'판벽한 집에 거한다'는 말은 무슨 의미입니까?(학1:4)

판벽한 집이란 벽과 지붕이 완전히 있는 집에 조각한 판을 붙인 화려한 집을 말한다.

본절에서는 학개 선지자를 무엇이라고 칭하였습니까?(학1:13)

여호와의 사자라고 칭하였다. 사자라는 말은 구약시대 전기에는 주로 하나님의 뜻을 인간에게 전달하러 오는 그리스도와 천사를 가리키는 말로만 써 왔으나(창21:17, 31:11) 후대에서는 선지자들(사44:26)과 제사장들(말2:7)에게도 사용되었는데 선지자 개인을 가리켜 사자라고 하기는 학개 선지자가 처음이었다.

성전 건축을 중단한 때에 유다 백성에게 어떤 일이 일어났습니까?
(학2:16)

이십 석 곡식더미가 십 석뿐이었고, 포도즙틀의 포도즙 오십 그릇이 이십 그릇이 되었다고 했다. 이렇게 된 것은 이스라엘 백성들이 성전 공사를 중단할 때 하나님이 그 죄값으로 흉년의 재앙을 내리셨기 때문이다. 오늘 우리도 주의 일을 외면하고 자신의 안일만을 위한다면 소산이 메말라지게 될 것이다.

38. 스가랴

1) 서론

본서의 명칭은 저자의 이름을 따라 스가랴서로 정했다. '스가랴' 라는 이름은 유대사회에서 매우 흔한 이름이다. 본서의 저자는 제사장 잇도의 손자 베레갸의 아들인 스가랴이다(1:1). 바벨론에서 나서 조부를 따라 1차 귀환 시대에 돌아왔으며 학개와 같이 활동하였다. 그는 학개보다 나이는 많이 어렸지만, 학개보다 불과 2개월 뒤인 다리오 왕 2년 8월(BC 520, 1:1)에 예언 활동을 시작하여 다리오 왕 4년 9월(BC 518, 7:1)까지 2년 동안만 예언 활동을 하였다.

본서의 기록 연대는 BC 520-518년으로 추정한다. 스가랴는 학개와 같이 성전재건을 촉구하였으나, 학개가 언급하지 않았던 메시야에 대한 예언을 많이 하였다. 아람어 역본인 탈굼(Targum)이나 역사가 요세푸스(Joserhus)의 기록에는 사가랴가 성소에서 죽음을 당했다고 전하고 예수께서도 이를 확인하셨다(마23:35). 그러나 사가랴라는 이름의 인물이 구약성경에 무려 29명이나 나오기 때문에 순교자 사가랴의 신분을 정확히 확인할 수는 없으나, 일반적으로 본서의 저자라고 본다. 역사적 배경은 동시대 인물인 학개서를 참조하기 바란다.

2) 본서의 내용

본서에는 에스겔서와 같이 환상이 많이 나오고 이사야서와 같이 메시야의 예언이 많이 나온다.

본서는 크게 세 부분으로 나뉘어져 있다. 첫째 부분(1-6장)에는 '말들과 말탄 자들의 환상을 비롯하여' 스가랴가 본 9가지 환상이 나온다. 이 환상들은 이스라엘 민족의 장래에 대한 예언들이다. 둘째 부분(7-8장)에는 금식에 관한 교훈과 예루살렘의 회복에 대한 약속이 나온다. 하나님께서는 형식적인 금식보다도 당신에 대한 순종을 더 기뻐하셨다. 셋째 부분(8-14장)은 장차 도래할 메시야 왕국의 실현과 영광을 예언하고 있다.

3) 본서에 나타난 메시야에 대한 예언

스가랴는 이사야를 제외한 그 어떤 선지자들보다 메시야에 대해서 더 많은 예언을 남겼다. 본서에 나타난 메시야의 예언은 그의 초림(初臨)과 재림(再臨)에 관한 부분으로 나눌 수 있다. 초림에 관한 예언은 3:8, 9:9,10, 11:11-13, 12:10, 13:1,6절에 기록되어 있으며, 재림에 대한 예언은 6:12, 14:1-21절에 기록되어 있다.

본서는 오실 메시야에 대하여 여러 가지로 묘사하고 있는데, 첫째는 여호와께서 보내신 천한 종, 즉 순(筍, 3:8)으로, 둘째는 성전을 건축하는 제사장과 왕(6:13)으로, 셋째는 온유와 화평으로 그의 왕국을 건설하는 자(9:9,10)로, 넷째는 거절당하고 배신당하여 팔리는 자(11:11-14)로, 다섯째는 구원자(13:9)로 오실 것을 말하고 있다.

◀ 스가랴와 이사야의 메시야 예언에 대한 기록의 비교 ▶

구분	성경	구 절	예 언 내 용
인격	스가랴	3:8, 9:9, 10	겸손하심, 온유하심
	이사야	11:2-5, 42:2-4,6, 53:4, 7, 9-12	지혜로우심, 의로우심, 온유하심, 순결하심, 대신고난 당하심, 존귀하심
사역	스가랴	6:13, 11:11-14 12:10, 13:9	대제사장, 선지자, 왕, 구속자
	이사야	9:2, 11:3, 4, 42:4, 7 53:4-6, 12	심판자, 입법자, 자유케하는자, 중보자, 구세주

탐 구 문 제

스가랴에게 보여진 네 뿔의 환상은 무엇을 의미합니까?(슥1:18-19)

뿔은 원래 힘의 상징으로 많이 쓰였는데(왕상22:11, 렘48:25), 권력이나 그것으로 인한 교만함을 나타내는 경우가 더 많았다(신33:17, 시75:4, 겔34:21).

'넷(4)' 이란 숫자는 사방을 가리키는 것으로, 하나님의 백성 주위에는 항상 대적하는 세력이 있다는 것을 보여준다. 즉 북쪽에는 앗수르, 바벨론, 사마리아가, 동쪽에는 모압, 암몬이, 남쪽에는 애굽이, 서쪽에는 블레셋이 자리잡고 있어 유다를 포위하고 있었다.

'불에서 꺼낸 그슬린 나무' 는 누구를 가리킵니까?(슥3:2)

그것은 대제사장 여호수아를 가리킨다. 여기서 여호수아는 이스라엘의 대표자이며 그슬린 나무는 이스라엘 백성을 말하는데(암4:11), 이는 여호와께서 그들을 파멸시키지 않고 구원하심을 나타낸다.

'내 종 순', '돌' 은 무엇을 의미합니까?(슥3:8-9)

장차 오실 그리스도는 나무의 시작인 '순' 일 뿐 아니라 건물의 시작인 '기초석' 도 되시기에, 성경에서는 메시야를 종(사42:1, 50:10, 겔34:23), 혹은 순(렘23:5, 33:5), 혹은 돌(시118:22, 사28:16)로 칭하고 있다.

'여인을 에바 속에 넣은 후 납조각으로 덮었다' 는 것은 무슨 뜻입니까? (슥5:8)

이것은 하나님이 죄악을 에바 속에 넣으시고 뚜껑을 덮어 빠져 나오지 못하게 하신다는 뜻이다. 이는 회개하지 않는 자에게 임하는 심판의 절대성을 나타내는 것이다(욥27:22, 시139:7, 히12:25).

시날땅은 어디를 가리킵니까?(슥5:11)

시날은 바벨론을 시적으로 표현한 것으로 악의 본산지를 상징한다(사11:11, 단1:2). 시날땅은 인류가 하나님을 반역하여 바벨탑을 쌓던 곳이기도 하다(창10:10).

네 병거가 나온 '놋산'은 무엇을 의미합니까?(슥6:1)

놋은 고대인들 사이에 매우 가치 있는 것으로, 강력한 것을 의미한다(단2:39). 따라서 놋산이란 섭리의 영원성과 확고함을 보여주는 것으로 하나님의 심판이 나오는 곳 즉 하나님이 거하시는 장소를 말한다(슥14:4, 욜3:16).

유다에게서 나오는 '모퉁이 돌'과 '말뚝'과 '싸우는 활'과 '권세잡은 자'는 누구를 가리키는가?(슥10:4)

모퉁이 돌은 성전과 장차 올 하나님 나라의 기초로서의 메시야를, 말뚝은 중요한 것을 걸기 위해 벽에 박는 못이기에 그것은 메시야의 영광을 의미하며(사22:23, 33:20), 싸우는 활도 모든 원수들을 진멸하고 승리자로 오실 메시야를(시45:5), 권세잡은 자도 통치자로서 오실 메시야를 각각 가리킨다(마28:18).

39. 말라기

1) 서론

본서의 명칭은 저자의 이름을 따라 말라기로 부르게 되었다. 구약시대 최후의 선지자인 말라기에 대해서는 본서의 내용이외에 다른 자료가 없다. 유대인의 전승에 의하면 그는 레위인으로 대회당(Greet Synagogue)에 속한 유력한 인물이라고 전한다. 본서의 내용으로 보아 제사장으로 추측된다. 본서의 저자에 대하여 구약성경의 아람어역본인 탈굼(Targum)에는 본서의 저자를 에스라로 기록하고 있으며, 벨게이트역의 제롬(Jerome)역시 저자는 에스라의 것으로 여겼다고 증언한다. 그러나 전통적 견해는 '여호와께서 말라기로 이스라엘에게 말씀하신 경고' 라는 본서 1:1의 표제를 갖고 저자를 말라기로 인정한다.

기록 연대는 본문의 내용이 포로 귀국 이후 제 2성전이 세워진 것을 전제로 하여 전개되고 있는 점과 에스라가 율법을 재해석한 사실(스 7:10-26)과 모세 율법의 불이행 등이 기정 사실로 간주되고 있는 점등을 고려할 때 본서의 기록 연대를 BC 450-400년 사이로 생각할 수 있다.

2) 역사적 배경

말라기가 활동한 시기는 포로에서 귀환한 이스라엘 백성이 제 2성전을 완공(BC 516)하고 느헤미야에 의해 예루살렘 성곽도 완전히 보수한 뒤였다. 학개, 스가랴가 종교개혁을 한 지도 100년이 흘러갔다. 그러나 선지자들이 약속했던 그 번영은 돌아오지 않았고, 오히려 기근과 흉년이 계속되고 하루하루의 생활은 고통의 연속이었다. 그러자 그들은 하나님의 사랑을 의심하기 시작하였고(1:2), 하나님의 공의로운 통치에 회의와 의문을 품기 시작하였다(2:17). 종교적으로 도덕적으로 점점 타락하기 시작하여 제사장들은 부패한 제사를 드리고 있었고, 성전 의무를 불경스럽고 형식적으로 수행하였다(1:13). 그들은 하나님께 드리는 제물은 좋은 것으로 드려야 함에도 불구하고, 흠있는 것들만 골라서 드림으로써 백성들까지도 그릇된 길로 인도하였다. 한편, 백성들도 젊어서 맞은 아내를 버리고 이방 여인과 결혼하기도하였다(2:14). 그래서 당시에는 마술 · 간음 · 부정 · 약자를 압제하는 일 · 불경건(3:5) 등 모든 종류의 죄가 편만해 있었다.

3) 본서의 내용

기대했던 하나님의 영광이 빨리 도래하지 아니하고, 오히려 여러 재난으로 고난을 당하던 이스라엘 백성이 결국 회의를 품고 형식적인 신앙생활을 할 때에 말라기 선지자는 이스라엘 백성이 당하는 고난은 그들의 죄악 때문인 것을 증거하였고, 이어서 그들의 회개를 촉구했다. 본서에는 23개의 질문이 나오고, 그 질문에 대해 답변을 제시하는 형식을 취하고 있다. 그 중에서 중심 되는 질문 일곱 개를 들 수 있다.

① 주께서 어떻게 우리를 사랑하셨나이까(1:2)
② 우리가 어떻게 주의 이름을 멸시하였나이까(1:6)
③ 우리가 어떻게 주를 더럽게 하였나이까(1:7)
④ 우리가 어떻게 여호와를 괴로우시게 하였나이까(2:17)
⑤ 우리가 어떻게 하여야 돌아가리이까(3:7)
⑥ 우리가 어떻게 주의 것을 도적질하였나이까(3:8)
⑦ 우리가 무슨 말로 주를 대적하였나이까(3:13) 등이다.

탐 구 문 제

하나님께서 결혼 제도를 만드신 목적은 무엇입니까?(말2:15)

경건한 자손을 얻기 위한 것이다. 경건한 자손이란 하나님의 씨 혹은 하나님의 자손인데(창6:2), 경건한 자손을 얻는다는 말은 하나님을 섬기는 부부가 자녀들을 그 분의 말씀으로 잘 양육하여 하나님의 나라를 확장시켜 나가는 것을 의미한다.

'학대로 옷을 가리우는 자' 란 무슨 의미입니까?(말2:16)

옷을 가리운다는 말은 아내를 사랑으로 대하지 않고 미워하며 남편의 의무를 불성실하게 행한다는 의미이다.

하나님은 이스라엘 사람들이 무엇을 도적질하였다고 책망하셨습니까?(말3:8)

하나님은 그들이 하나님의 것을 도적질하였다고 책망하셨다. 하나님의 것이란 십일조와 헌물을 말하고(레27:30,겔44:30), 도적질하였다는 말은 온전한 십일조와 헌물을 하나님께 드리지 않았다는 뜻이다.

하나님은 어떠한 자에게 풍성한 축복을 약속하셨습니까?(말3:10-12)

온전한 십일조란 자신의 소득 중 10분의 1을 모두 드린다는 말이다(대하31:5-12). 구약시대에 십일조는 이스라엘 백성들의 의무로서(신14:22) 충성과 순종의 표시이다. 이것은 신약시대에서도 폐지되지 않았다(마23:23).

'의로운 해', '치료하는 광선' 은 무엇을 의미합니까?(말4:2)

의로운 해를 구원의 성취와 연관시켜 여호와의 의로 해석하는 견해가 있으나(유대인 주석가들), 대부분의 학자들은 그리스도로 보고 있다(사9:1, 요1:4).

의로운 해가 치료하는 광선을 발한다는 것은 죽어 가는 세상에 의의 태양이신 그리스도께서 구원의 날개를 펼치셔서 그 은총을 베푸신다는 말이다.